샐러리맨의 두 얼굴
공노동| 샐러리맨, 근무시간을 훔치다

EMPTY LABOR
IDLENESS AND WORKPLACE RESISTANCE

Roland Paulsen

"An indispensable analysis of idleness at work."
Corinne Maier, author of *Bonjour Paresse*

샐러리맨의 두 얼굴

초판인쇄	2018년 02월 26일
초판발행	2018년 03월 12일

지은이	로랜드 포울슨
역자	김영환
발행인	조현수
펴낸곳	도서출판 더로드
마케팅	최관호 최문순 신성웅
편집교열	맹인남
디자인 디렉터	오종국 Design CREO

ADD	경기도 고양시 일산동구 백석2동 1301-2
	넥스빌오피스텔 704호
전화	031-925-5366~7
팩스	031-925-5368
이메일	provence70@naver.com
등록번호	제2015-000135호
등록	2015년 06월 18일
ISBN	979-11-87340-71-3-03320

정가 28,000원

파본은 구입처나 본사에서 교환해드립니다.

Empty Labor
Idleness and Workplace Resistence

샐러리맨의 두 얼굴

공노동 | 샐러리맨, 근무시간을 훔치다

저자 | **로랜드 포울슨** • 역자 | **김영환**

캠브리지대학교 출판부

"An indispensable analysis of idleness at work."
Corinne Maier, author of *Bonjour Paresse*

도서
출판 **더 로드**
The Road Books

✿ 역자 일러두기

[이 책의 요지]

이 책은, 일이 행복의 원천이며 희망이라는 전통문화를 뒤집고, 일은 족쇄 이며 노예노동이라고 냉소하며 시간을 훔쳐 자유를 즐기라고 훈수 하는 내용입니다. 일을 만드는 CEO, 일을 감독하는 관리자, 일을 수행하는 샐러리맨 모두가 책 안에서 주역으로 등장합니다.

[이 책의 단점]

샐러리맨과 기업 사이에 벌어지는 갈등 묘사 속에 삼국지를 능가하는 스릴과 서스펜스가 담겼지만, 교과서 풍의 서술 때문에 재미가 떨어집니다. 공노동을 학문으로 승격시키려는 욕심 때문이며, 저자도 이것을 인정하고 지루하면 건너뛰어도 좋다고 양해합니다.

[들어가는 맥점]

이 책은 샐러리맨과 기업 사이를 투쟁관계로 진단하고, 기업에 눌려 지내는 샐러리맨이 반격할 수 있는 공노동 전술을 설계합니다. 대륙철학에서 자아 개념을 차용하여 샐러리맨을 무장시키지만, 일을 공급하는 기업 역할이 소외되어 허전한 여운을 남깁니다.

2017. 12. 20 역자

[공노동]

사람들은 장시간 일을 한다고 말하지만, 국제 통계자료는 종업원 한 사람이 하루 평균 2시간 일 아닌 활동을 한다고 말한다. 이것이 어떻게 가능한가, 그리고 종업원이 일에서 손을 빼는 이유가 무엇인가? 우리 생각을 뒤집는 이 책에서 로랜드 포울슨은 조직부정행위를 밝힌다. 특히 출근하여 개인적 활동에 시간을 보내는 '공노동(空勞動)' 현상을 해부한다.

저자는, 불완전 고용에서 작업장 저항에 이르는 다양한 방향에서 원인을 찾는다. 그는 풍부한 인터뷰 자료에 기반한 광범위한 실험적 조사연구에서 나온 질적 계량적 결과를 이용하여, 현대 작업장에서 일어나는 공노동 형태를 구체적으로 분석하고 밝힌다. 이 책은 주관성과 합리성 그리고 일에 대한 전통적 가정에 새로운 빛을 비추고, 조직사회학–조직연구–인적자원관리 연구자에게 흥미를 줄 것이다.

ROLAND PAULSEN은 룬트대학교 경영학부에서 포스닥 리서치페로우로 있으며, Nordic Sociological Association과 International Labor Process Conference에서 수상한 바 있다. 그의 첫 저서 '노동사회: 노동이 어떻게 기술에서 살아남았는가' 는 스웨덴에서 일의 의미에 관한 국가적 논담을 촉발했다.

✿ Contents | 차 례

✿ 저서 소개

　　　　고용노동의 중요성과 긍정적 성격은 사회적 담론이나 연구에서 당연한 것으로 받아들여진다. 물론, 열악한 근로조건은 기피 대상이지만, 일 자체는 긍정적인 어떤 것으로 인식되어 왔으며 사람의 욕구와 필요 충족에 필요불가결한 것이다. 복지사회가 재정지원을 하여 실업자의 고통을 덜어주더라도 실업은 문제가 많다. 일을 통하여 의미있는 삶을 확인하고, 일감이 없는 사람의 고통을 해소하는 데는 완전고용 또는 유사완전고용이 이상적이다. 이것이 일이다. 풍요한 사회를 지나 탈풍요사회에 진입한 선진경제에서는 기술이 대부분의 생산활동을 차지하지만 일의 의미는 같다. 물론, 일에서 연유하는 성과물의 사회적 가치는 때로 논쟁되기도 한다.

동시에, 너무 많이 일한다거나 또는 과다한 실적 요구에 시달린다는 우려가 나오는 것도 사실이다. 경계선이 없는 일-가혹한 작업속도-스트레스-불확실하고 일시적인 고용조건-실적이 처지는 사람을 용납하려고 하지 않는 점 등은 토론과 연구의 주제가 된다. 경쟁이 격화되는 오늘날 자본주의 속에서, 노동현장에 나온 사람들은 점점 쥐어짜는 직장의 가혹한 요구에 직면하고 있다. 이것이 우리가 듣는 말이다.

일의 사회학에서는, 이러한 틀 속에 파고들어 진실을 찾고 연구의 주류흐름에 합류하려고 시도하는 것은 있을 수 있는 것이며 흥미도 있다. 이들 서술에 의미가 있다는 것을 부인하지 않더라도, 밝혀야 할 다른 이야깃거리도 있다. 노동시장의 모든 부분이 치열한 경쟁에 내몰려 작업자의 하루 일을 가혹하게 만드는 것은 아니다.

로랜드 포울슨의 책은 노동 연구의 주류 밖에 속한다. 그는 일이 축복이라는 가정(물론 열악한 근로조건에서 해방된 경우에 한하지만)에 편승하지 않는다. 그리고, 합리화된 경제와 직장생활은 종업원을 일에 집중시켜 건강과 직무만족을 해친다는 주제에도 동행하지 않는다. 주류 연구흐름에서 그가 이탈한 지점은 반대 방향: 일(유급 노동)은 자유의 반대편에 있다는 것이다. 그렇다고 일에 가해지는 빈틈없는 통제와 강렬한 압박이 보통사람들의 일상적 일하는 모습이라는 데서 연유하는 것도 아니다.

포울슨은 연구자들이 직장생활 내면의 역동성을 이해하지 못한다고 말한다. 연구자들은 스스로의 일 이데올로기에 사로잡혀 자기들에 유익한 지식 생산에 빠졌는지도 모른다: 주류 연구흐름에서 떠나는 지점을 알기 쉽게 말하면 일의 중요성과 일하는 조건의 문제점이다. 연구자들은 자기들이 가정하는 것이 있으면, 그것을 찾고 확인한다. 포울슨은 참신하고 흥미 있으며 생산적인 아이디어에서 연구를 진행한다―공노동 연구. 이것은, 돈 받고 일하는 시간에 사용자가 원하는 일을 하지 않고 낮잠 자기, 인터넷 서핑, 동료와 잡담하기 등 개인 용무에 빠지는 종업원 개인을 말한다. 이 공노동 연구는 주류 노동연구와 전혀 다른 현대 직장생활 이미지를 남겼다. 사람들은 자기 일을 긍정적으로 생각하지 않고 있으며, 근로계약이나 일 이데올로기에 얽매이는 것도 아니고, 관리자의 강압적 장악력도 별 힘이 없다.

여기에서 말하는 근본문제는 저항과 작업자에 관한 것이며, 그 속에는 일과 조직이 요구하는 이념적이며 실제적인 요구와 고용관계가 포함된다.
여기에서 주요 질문이 나온다: 우리가 일의 세계와 어떻게 대처해야 할 것인가? 적게 일하고 오래 살고 싶은 우리의 욕망은 어떻게 하면 좋은가? 우리가 살아가는 현상은 현실을 받아들였다는 뜻인가? 실현되지 않은 다른 생에 대한 우리의 바람은 어떻게 되는가?

이 책의 연구영역은 조직부정행위 – 작업장 적응과 저항 사이의 복잡한 관계로 통한다. 실험적 주제는 공노동의 동기를 이해하고 서술하는 것이다. 즉, 일한다고 돈은 받으면서 일을 안 하는 현상을 캔다. 여러 나라 연구 결과에 따르면 사람들의 근무일 하루가 다양한 공노동으로 특색지어진다. 하루 1.5 내지 3시간이 공노동으로 허송된다는 지적이 있다. 이런 현상이 포울슨을 자극하여 공노동 사이의 연결고리를 이해하는 포괄적 목표, 자아성과 노동자 저항이라는 두 질문이 나왔다:

어떻게? 일해야 하는 시간의 절반 또는 그보다 적게 일하고 도망치는 것이 어떻게 가능 한가? 그것은 개인적인 추구인가 아니면 집단적 조직이 있는가? 관리자에 알려진 것인가 숨겨진 것인가? 들키지 않으려고 어떤 요령을 피우 는가? 공노동으로 얻은 자유시간을 어떻게 보내는가?

왜? 공노동의 동기가 무엇인가? 게으름 피는 사람 자신은 공노동을 어떻게 생각하는가-반대의 표시인가 또는 단지 게으름인가? 그것이 동료나 친구에게 자랑거리인가 아니면 부끄러운 일인가? 정치적 동기가 있다면 상대는 - 관리자, 기업, 일 자체, 또는 무엇?

훌륭한 연구의 중심에는 좋은 설문이 있다. 좋은 설문은 창의성, 비판정신, 전통사고에 거스르는 능력을 찾는다. 이런 요소가 이 책의 질을 높이고 있다. 이 책이 보여주는 실험적 응답에서 이것이 증명된다. 조심스럽고, 사려 깊고, 때로 풍자적 서술이 빛나고, 원문에 가득한 비판과 통찰 그리고 향후 연구를 위한 번뜩이는 생각과 제언이 훌륭하다. 포울슨은 이 주제가 더 깊이 탐구할 영역임을 알렸다.

나의 연구생활 30년 동안 수없이 많은 글을 읽었지만 자료 속에 새로운 통찰이 결여되었다고 느낄 때가 많았다. 포울슨의 책은 분명히 예외에 속한다. 이 책은 최고 수준의 사회과학을 대표한다: 필요할 때에 중요한 말을 했고 그 말 속에 신뢰성과 우아함이 있었다.

Mats Alvesson
Lund University

✿ 저자 머리말

나는 아름다운 인도양 경관을 조망하면서 이 글을 쓴다. 뒤에 있는 풀에서는 물 튀는 소리와 어린이들의 웃음소리, 고성이 터지고, 아래에서는 부서지는 파도소리가 들린다. 스웨덴에서는 철로가 얼어붙어 마비되었다는 기사를 읽었다. 1년 중 2월 초순인 이때가 되면 스웨덴 집에서는 오후 3시 반이면 어두워진다. 사람들은 플랫폼에서 언 손가락을 비비고 마비되어가는 발을 동동거리며 말로 표현할 수 없는 혹한을 참고 차를 기다린다. 지금 내가 있는 이곳은 생활이 아주 딴판이다. 발리섬 노동자의 주 관심사는 도로 위에 계속 떨어지는 꽃을 치우는 것일지도 모른다. 우리는 이 섬에 두 번째 왔으며 다음 한 주쯤 더 머물게 될 것 같다. 공식적으로 우리는 방콕 회의에 참석하기 위한 여행을 하고 있다. 역시 연구자로 일하는 아내와는 달리, 이번 여행에 5주의 인도네시아 체재가 포함된 것을 아무에게도 알리지 않았다. 왜 내가 알려야 하는가? 내 생각으로는, 내가 연구하는 일을 하는 한 어디에서 언제 어떻게 일 하느냐는 중요한 것이 아니다. 이 순간에 머리에서 맴도는 의문은, 내가 일을 하고 있는가라는 것이다.

이 의문의 열쇠가 '일' 이라면, 내가 자랄 때 보던 부모가 하던 일과는 마냥 다른 것이다. 때때로 나는 아버지를 생각한다. 반평생을 주방에서 보낸 아버지의 두툼해진 손과 화상 흉터가 남은 팔을 떠올리면, 내가 사기치고 있다는 느

낌마저 든다. 내가 박사과정 공부를 하는 동안에도 종종 그런 생각에 빠졌다:
"그러나 일단 박사과정을 마치고 나면 일에 관하여 무엇을 할 것인가?" 오늘,
나는 일의 목표에 대한 막연한 불신감을 되씹고 있다—막연하지만 확실한 것
이다. 어떤 사람은 길게 뻗힌 해안에서 머리에 바닷바람을 쏘이며 "일"을 한
다는 것이 고작, 제대로 알지도 못하는 언어를 구사하여 무엇인가를 만들어
내려고 느슨하게 생각하고, 그런가하면 어떤 사람은 아무도 거들떠보지 않는
심신이 망가지는 일을 해야 하고, 그렇다고 스트레스를 풀려고 해도 학문적
으로 답이 없다면, 이것은 분명히 옳은 것이 아니다.

학문적 연구는 그냥 일이 아니라, 정신 차리지 않으면 지쳐버리는 힘든 일이
라고 동료들은 늘 말한다. 내 경험은 아주 다르다. 연구하는 일을 나보다 만족
하게 생각하지 않는 사람들에게 위로를 보낸다. 진실을 말하자면, 지금 당장
머리말을 쓰지 않고 윈드서핑에 나가고 싶다. 그러나 내 몸이 이런 충동에 반
응조차 하지 않는다. 추상적 의미의 "일"은 항상 옆에 있다—욕망같이, 도덕률
같이, 존 칼빈[1] 동상을 지고 있는 것과 같이 계속 압박한다: "당신은 정말로 이
것을 받을 자격이 있는가? 지금 쉬는 것이 정말로 문제없는가?"

사회과학자는 개인적으로 또는 이론적으로 규칙이 무엇인지 알고 있다. 우리
는 1세기 이상 그 연구를 했고 그 원칙이 지켜지지 않는 생활영역은 존재하지

---

1) 존 칼빈=John Calvin: 종교개혁을 이끈 프랑스 신학자, 일은 하느님의 소명이라는 주장이 프로테스턴트 직
   업윤리로 발전한다.

않는다. 사회학 고전 중에는, 규칙이 근대 노동자의 대표적 특성이라는 인상까지 남긴다. 이 책은 오늘날 종업원에 대한 색다른 이해방식을 보여준다. 규칙이 그 자리에 있다 하더라도 결코 절대적인 것이 아니다. 우리가 복종하는 권력도, 냉소적으로 그것을 기피하는 길이 열려 있는 오늘날, 권력은 규칙을 강요하는 힘이 아니라 이데올로기의 형식처럼 이해되고 있다. 어떤 때는 규칙이 지각되는 차원에서 또는 행동하는 차원에서 확실하게 살아 있지만, 어떤 때는 제스처 게임으로 끝날 때도 있다. 여기에 놀랄 사람은 없다; 크게 볼 때 임금노동은 잘 조련된 제스처 게임의 세트로 구성되었다. 그러나, 확대되는 조직"부정행위" 연구결과가 밝혀지면서 규칙 너머에 다른 사실이 있음이 나타났다. 일하면서 게으름피기[2]를 하는 것은 이미 알고 있는 바와 같이 널리 퍼진 조직부정행위 형식이다. 특히 게으름피기를 반복하기 위하여 은밀하게 숨기는 것도 역시 부정행위에 속한다. 이러한 은밀한 존재방식이 그동안 별로 연구되지 않은 이유라고 할 수 있다.

부정행위가 연구에서 멀어진 다른 이유는, 일할 시간에 잠자는 종업원의 존재가 임노동이 합리적이라는 가정에 대한 이론적 도전을 대표했기 때문이다. 이 연구를 시작할 때 나 자신을 고민에 빠뜨린 개괄적인 가정은 "원한다면 일은 언제나 있다"는 것과, 생산성 손실의 원인을 집중력 부족으로 일어나는 개인적 부적응 또는 기계 성능의 고장 탓으로 돌리는 것이었다. 이 연구에서 밝

---

2) 게으름피기=slacking, 저자가 공노동 유형으로 이름붙인 것, 이밖에 참고하기(enduring), 따라하기(coping), 꾀부리기(soldiering)가 있다(4장 공노동 밑그림 참조).

혀지는 것은, "수단적 이성"3)과 구별되는 별도의 근본원리가 현대 작업장 관리에 존재한다는 것이다. 근본적인 면에서, 땀 흘리며 열심히 일하는 것이 반드시 보상받는 것이 아니라는 점을 나는 강조한다. 당신이 무엇을 생산하건, 조직에 얼마나 큰 공헌을 하건, 그 일을 다른 사람이 인정해주지 않는 한 보상은 돌아오지 않는다. 작업장에서는, 당신이 무엇을 하느냐가 아니라 그것을 하는 당신이 어떻게 보이느냐가 중요하다. 이 질서는 순진한 사람을 항상 불리하게 만들고- 허상 같은 꼼수를 고무시킨다.

이러한 허상 같은 환경에서는, 일을 하지 않고 꾀부리는 것이 다면성이 있는 행위로 변한다. 그것이 저항인가, 적응 아니면 그 중간 어떤 것인가? 불행하게도, 이러한 의문을 풀기 위한 조직부정행위 연구를 하면서 행위가 일어나는 현장의 전후관계를 건너뛰는 경향이 보이는 것은 안타까운 일이다. 알게 되겠지만, 환경에 따라 무언의 반항 요소가 분명히 작용한다. 그러나 이러한 관찰이 과장되어 규칙의 존재가 부인되는 것은 금물이다. 내가 제안하려는 것은, 일에서 규칙을 세우는 힘이 완전한 것이 아니며, 일 속에 있다고 우리가 생각하는 합리성의 근거가 희박하다는 것이다. 비록 일에 걸고 있는 환상이 현재 상황에서 뿌리째 뽑히지 않는다 하더라도, 그런 환상을 지워나가도록 당신들 중 누군가를 이 책이 자극하기를 나는 기대한다.

---

3) 수단적 이성=instrumental reason(rationality): 특정 목표 달성의 가장 효율적인 수단을 추구하는 이성이란 의미, "왜"보다 "어떻게"가 중요하며 가치는 고려되지 않는다.

이 연구는 내가 3년에 걸쳐 실시한 일련의 면담을 바탕으로 한다. 나는 학계와 "실사회"에서 많은 사람들의 도움을 받았다. 면담에 응해준 분들이 친절하고 관대하게 소중한 시간을 할애하지 않았다면 쓸 것이 없었을 것이다. 이야기를 함께 하신 모든 분들께 감사드리며, 면담 참가 광고를 허락한 웹사이트 Maska.nu Crew에도 감사한다.

글을 쓰는 동안, 스웨덴 밖의 두 기관을 방문할 수 있었던 것은 행운이었다. 3개월 동안 나를 받아 주고 최상의 호의를 베풀어주신 Strathclyde대학교 인적자원관리학부 도라 스코라리오 교수와 폴 톰프슨 교수께 감사드린다. 독자들이 눈치챘겠지만, 폴 교수는 내가 이 책의 주제에 접근하는 방법에 큰 충격을 받았으며, 그분과 초고를 검토하고 아이디어를 교환한 것은 행운이었다. 코넬대학교 사회학부에서 보낸 1년은 내 인생 최고의 경험이었다. 이론을 짜는 기법을 지도하고 깊은 지성과 겸손이 어떻게 융합될 수 있는지 모범을 보여주신 리차드 스웨드버그 교수께 감사드린다.

이 책의 원고가 완성되는 과정에서 의견을 보태준 스웨덴 동료들의 노력이 큰 도움이 되었다. 여기에서 할 말은 많지만 특히 마이클 알빈, 매쓰 알베슨, 패트릭 아스퍼스, 우고 코르테, 에릭 해너즈, 카이 해카슨, 잰 칼슨, 라펠 런트비스트, 베세라 미시바, 레나르트 래터링크, 그리고 라나 솔에 감사한다.

이 책의 두 장은 다른 형태로 이미 발표된 것이지만 다시 사용하게 허락한 출판사에 감사한다. 제4장은 앞으로 나올 오가니제이션지의 "일 아닌 일: 저항 아니면 무엇인가?"에서 옮겼고, 제6장은 Outlines-Critical Practice Studies 1(2011):53-81에 실린 "벽돌공의 불만: 시간훔치기의 의미"를 재구성한 것이다.

내가 여기에서 감사의 인사를 드린 분 중에는 책 내용 속에 '중립적'이지 못한 부분을 발견하고 못마땅하게 생각할지도 모른다(나도 모르게 실수한 것은 말할 것도 없고). 그분들이 이 책 구성과 완성을 도와주셨지만 결과에 대한 책임은 전적으로 나 자신에 있음을 말씀드린다. 나 말고 다른 사람이 질책을 받아야 한다면 그것은, 나의 사랑, 창작의욕을 준 여신, 실수의 동반자, 그리고 헌신적으로 원고를 읽어준 안나 린트비스트이다. 고마워요 안나, 이 연구를 시작하도록 아이디어를 주었고 그래서 우리 여가시간을 바쳤으며 결국 일의 부조리를 밝혀냈다. 이 책을 당신에게 바친다.

Roland Paulsen

이 책의 주요 내용은 사람들이 근무시간의 많은 부분을 왜 그리고 어떻게 사적 활동에 보내느냐는 것이다. 이것이 왜 연구할 가치가 있는가? 이 질문은 이 책의 다른 면이다. 이 연구를 끌고 가는 두 줄기 흐름이 있다: 하나는 이론적인 줄기다 – 우리가 일하면서 저항할 생각을 어떻게 품게 되며 왜 그 문제에 관하여 아는 것이 별로 없는가? 다른 줄기는 경험적인 것이다 – 우리가 근무시간의 큰 부분을 사적 활동에 쓰는 것이, 그동안 알려지지 않은 일에 대한 저항 형태라고 한다면 의미가 있겠는가? 물론, 앞으로 나가면 이 두 줄기가 서로 엮이게 되겠지만 교육학적 이유로 분리해서 출발한다.

1-1 이론적 문제

이 책의 문제 일부는 내가 답을 찾으려고 시도한 다른 저서, 일의 비평(포울슨, 2010)에서 유래한다. 생산성이 올라가고 '일자리 창조' 구호가 크게 칭송되면서 오랜 전통을 가진 일의 평가가 관심을 끌기 시작했다. 일의 평가는 플라토와 아리스토텔레스까지 거슬러 올라가는 보수적 주제이며, 그들이 일을 무력하게 묘사한 요소가 오래 전부터 검증되었다(애플바움,1992; 베더,2001; 틸거,1931). 일의 비판 중에는 무정부주의적 요소도 있다. 즉, 임노동에 내재하는 힘의 구조가 자유롭고 존엄한 삶과 양립할 수 없다고 비판한다(브랙,2009; 일리히,1978; 크로포트킨,19277[1892]). 사회학 연구 주류흐름에도 일의 평가가 등장한다(바우먼,2004; 벡,2000; 라이트,2010). 일의 비평은 (초기)비판이론4)의 중심에 있었고(아도르노 및 호크하이머,2010[1956]; 마르쿠제,1955), 유럽철학의 영역 밖에서도 실적을 남겼다(케인즈,1991[1931]; 레온티프,1986; 러셀,1996[1935]). 그 밖에 일의 비평은 환경운동과도 밀접하며(고르,1994; 잭슨,2009; 쇼르,2010) 급진적 여성운동과도 관련된다(메다,2008; 솔라나스,1967; 위크스,2011).

그 다양한 담론 속에서 일 비판은 사회이론의 어두운 면을 대표한다. 그 속에는, 일사회가 왜 그 기술을 발달시키는가, 그리고 일의 상징적 시간주기 파기가 왜 어려운가에 관한 진보적 설명이 포함되지만, 사회생활의 가장 우울한 면이 나온다. 근본적인 쟁점은, 일이 단지 외적 현상이라거나 생명에 대한 위협일 뿐만 아니라– 일이 생명을 파고들어간다는 것이다. 일은 시간, 사고력 그리고 감정을 구성한다. 일부 논자에 따르면, 일의 식민화5) 국면이 최근 대

---

4) 비판이론=critical theory: 문학에도 비판이론이 있으나 사회학과 정치철학에서는, 프랑크푸르트학파(1923년에 설립된 프랑크푸르트대학부설 사회과학연구소 학자)의 네오마르크시스트 철학을 지칭한다. 이들이 처음 추구한 것은 인간을 노예로 만드는 환경을 개혁하는 인간해방이었으며, 목표와 이론전개가 전통적인 규범을 벗어났기 때문에 주목을 받았다. 앞으로 자주 인용되는 마르쿠제, 아도르노, 호켄하이머는 1세대, 하버마스는 2세대에 속한다. 이들은 마르크스의 계급혁명론에 따르지 않고 자본주의 문화 공격으로 방향을 잡았다.

5) 일의 식민화 국면= colonizing aspects of work: 자본주의 '일'을 식민지 착취에 빗댄 말이다.

단히 강렬해졌기 때문에 일이 심지어 생명을 흡수한다고 말한다. 그 결과, 일과 결부된 우리자신의 실제모습에서 벗어날수 있는 영역이 점차 줄어들고 있다. 결국 우리는 비굴종적이고, 자기발현적이며, 완강한 존재방식에서 멀어지고 있으며, 자율을 옹호하는 대신 우리는 그것을 두려워한다.

이들 우울한 주장을 뒷받침하는 구체적 직장생활 풍경이 여기 저기 들어나고 있다. "경계가 없는 일"(알빈 외,2011)에서 밝혀지는 것은 "일이 생활이 되고 있다"는 어렴풋한 경향을 가리키는 심리적 개념일 뿐만 아니라; 더 긴 작업시간, 무한 책임, 빨리 흘러가는 작업공정, 급속한 불안정화, 뒤집힌 "직장생활의 균형"과 같은 구체적 현상에 관한 것도 있다(호크스차일드,1997 참조)[6]. 이러한 변화의 중심에 작업자의 감각기능이 요구되지 않는 비물질적 노동으로 가는 경향이 나타나고(고르,1989; 세넷트, 1998), 태도 및 개성에 대한 요구증대와 동행하는 기능무용화 과정[7](브레이버먼,1998[1974])이 있다. 이와 같은 경향과 서비스산업 발달은, 일을 점점 정도에서 일탈하게 만들고 우리는 본질적으로 "일"같지 않은 것을 하고 보상받는다. 일의 사회학에 친숙한 주제는 감정노동이다, 말하자면, 우리가 보상받는 일은 상품이나 서비스 생산이 아니라, 감정 표현이다(호크스차일드,1983; 밀즈,1951 참조). 더욱 최근에 우리는 노동시장에서 미적 또는 성적 매력이 붙은 노동이 자리잡아 가는 것을 알게 되었다, 말하자면, 사용자의

---

6) 경계가 없는 일=Work Without Boundaries: Psychological Perspectives on the New Working Life, Michael Alvin et.al, 2011. 요지는, 일을 규격화하고 통제하는 전통적 조직에서 일의 완성을 맡기고 고용도 스스로 책임지는 조직으로 권력이 이동하고 있으며 이 속에서 일이 생활이 되고 있다는 것이다. 저자는 이런 환경변화 가운데서 노동자에 불리한 면을 선별해 나열한다.

7) 기능무용화=deskilling: 브레이버맨의 저서 Labor and Monopoly Capital: The degradation of work in the twentieth century(1974)의 중심 개념, 인간의 기능이 단순화되고 기계에 예속되는 과정을 고발한다.

요구는 일 수행과 감정에만 관계되는 것이 아니라, 종업원의 외관과 "섹스어필"을 포함한 육체성에도 관계된다(와허스트 및 닉슨,2007,2009 참조). 이러한 유형의 경향은 "생명을 흡수하는 일" 논리를 방어하는 토론에서 종종 언급되었으며, 실제로 그랬다. 우리가 "남을 위하여 일하면서[8]"보낸 시간의 양을 생각하면, 이들 변화가 우리 생활에 안긴 충격은 과장하는 것이 아니다.

한편, 노동자가 일에 흡수되었다는 관념을 일반화시킨 비관적 논리구성 속에는 틈새가 보이고 과장된 면도 있다. 만약 우리가 모두 일에 흡수되었다면, 일 비평이 어떻게 나올 수 있겠는가? 전형적 비판이론의 구학파 대답은 자본주의가 모든 것을 흡수한다는 것이다, 심지어 자본주의 부정까지 포함하여(아도르노,2005[1951; 마르쿠제,1955]). 오늘날 우리는, 이 담론을 한 단계 끌어올리는 베일에 가려진 신기능주의[9] 형태를 본다(콘투,2008; 프레밍,2009; 지제이,2009); 자본주의는 상징적으로 일어나는 모든 형태의 반대를 통합할 수 있을 뿐만 아니라, 바로 이 반대에서 자양분을 받는다: "기업패권 심장부에서 냉혹하게 억압된 종업원이 자기는 공산주의자가 되고 싶다고 선언할 때가 지금이다. 심지어 CEO까지 일이 빨아들인다는 것에 동의한다. 자본주의는 이러한 비판적 의식 풍조에도 불구하고가 아니라 그 때문에 밀고 나간다"고 칼체더스트룀 및 피터 프레밍은 주장한다(2012:29). 그러나 공산주의자가 되고 싶다고 선언하는 종업원이 회사에 "편입 당한"것인지 또는 서서히 스스로 자각하는 것인지 어떻

---

8) 남을 위하여 일하면서=working for the man: the man은 미국 속어로 힘을 가지고 있는 기관 또는 사람을 의미한다. 여기에서 일이 강제노역임을 암시한다.

9) 신기능주의=neo-functionalism: 신기능주의는 거시적 접근으로 일관하는 구조주의와 달리 미시적으로 행위자 개인을 중시한다. 이것은 구조가 행위를 결정한다고 생각하는 구조주의를 수정하고 갈등을 인정하는 것이다. 이 책에서는 신기능주의가 공노동저항을 음지에서 양지로 나오게 하는 계기를 만든다는 입장이다.

게 알 수 있겠는가? 모든 형태의 종업원 저항이- "사실은"- 관리적 수단으로 "준비되고" "선택된" 것임을 부정하기가 쉽지 않은 것인가?

자본주의 내부에서 일어나는 것은 모두 자본주의를 강화시킨다는 논담을[10] 옆으로 치운다면, 일 사회의 일상적 부정행위는 무시하기 어렵게 된다. 조용히 앉아 있기를 고집스럽게 거부하는 어린이, 십대들의 학교 무단결석, 자기 경력을 의심하는 우울한 사십대, 이 모든 사례는 누구나 자기 내부에서 인식하거나 주변에서 느끼는 것이다. 몇몇 주요 경제권(미국, 영국, 독일, 이스라엘, 벨지움을 포함하여)에서는 일하는 인구의 다수가 경제적 가능성만 있다면 하는 일을 그만두고 싶다고 말한다(개관을 보려면 포울슨, 2008 참조). 최근 갤럽 조사에 따르면, 세계적으로 13퍼센트의 종업원만 실제로 일하러 가기 원한다. 그 조사에 따르면, 63퍼센트는 "몰입하지 않고" 있으며- 이들은 근본적으로 "정상"으로 취급된다. 그리고 나머지 24퍼센트는 일하는 것이 즐겁지 않을 뿐만 아니라, "크건 작건 자기 회사의 손실 편에 있다"(갤럽, 2013:17). 스웨덴에서는 점점 많아지는 다수가 미래의 생산성 이득을 임금 인상보다 근무시간 단축으로 현금화하기를 선호한다고 말한다(산네, 2007:50). 많은 사람들은 심지어 더 많은 시간을 자유롭게 하기 위하여 현재의 물질적 부의 수준을 협의할 준비가 되어 있다: 워킹맘의 40퍼센트는 소득이 줄어들더라도 근무시간을 줄이고 싶다고 말한다(라슨, 2010:8). 일해야 하는 의무를 약화시키려는 욕구가 그렇게 강하다면, "일자리 창출"을 위한 강력한 정치정당의 주된 노력은 어떻게 되는 것인가, 적어도 미묘한 현상이다. 심각하고 공식 조직화된 반대운동이 존재하지 않은 것과 관련하여 보

---

10) '자본주의를 강화시킨다' 는 표현은 자본주의 강점인 '자정능력'(1930s 대공황, 최근의 재정위기 극복)을 냉소하는 논법이다.

면, 위에 언급한 몇몇 저자들의 비관론은 연구비 제공이 잘된 것이다. 그렇다면 의문이 나온다: 우리가 일 사회에서 어떻게 살아남을 것인가? 적게 일하고 더 살려는 우리의 욕심을 어떻게 할 것인가? 현상유지는 수용으로 연결되는가? 실현되지 않은 소망이 다음 생애에서 무엇으로 나타날 것인가? 사람들은 왜 저항하지 않는가를 설명하는데 초점을 맞추면, 일 비판이론은 어떻게 누가 반항할 수 있는가 발견하기 어렵게 된다.

우리가 발견할 수 있는 얼마 안 되는 반대행위에 관한 논문에서는 임노동과 그 경제적 힘을 무시하는 것이 보통이다. 그 논문들은 상징적이며 별로 해가 없는 형태의 저항에 초점을 맞추거나, 또는 곧 진압될 공개적 반항의 단독행위에 맞추어져 있다. 이들 저항이 혁명 전조가 아니라는 인식이 커짐에 따라, 소위 피동적 저항에 관심이 고조된다(세르튜, 1984; 그래버, 2004; 스콧트, 2012 참조). 페데리코 캄파그너가 최후의 밤11)에서 말한 대로:"지금은 공격할 시기가 아니라 물러설 때다." 앞으로 우리는 "개방된 전쟁터의 영웅"을 볼 날이 올 것이다(캄파그너, 2013:44), 그러나 현재 상황에서는 효과적인 저항은 다른 전술을 요구한다.

조직부정행위의 연구분야 확대가(아크로이드 및 톰프슨, 1999; 톰프슨 및 아크로이드, 1995) 우리에 제공하는 것은, 이들 전술이 임노동 영역에서 의미하는 깊은 내면적 이해력이다. 먼저, 상부에서 어떤 관리지침이 떨어져도 종업원들은 곧 현실로 받아들인다고 쉽게 생각하는 조직행위 이론가에 의미가 있을 뿐 아니라;

---

11) 최후의 밤= The Last Night: Anti-Work, Atheism, Adventure, 2013, 캄파그너는 이태리 아나키스트로, '일' 반대 · 개인적 아나키즘 · 극단적 무신론 등을 주제로 글을 쓴 저술가. 2013년 환경에서 혁명봉기를 기약하는 저술이 나왔고 이것을 저자가 인용하고 있다는 점이 주목된다.

비슷한 이유로 비판이론가들에도 의미가 있다. 작업장 사보타지, 좀도둑질 등 여러 형태의 부정행위 연구는 소망과 좌절을 암시하며 이것은 일에 흡수된 노동자 개념과 어울리지 않는다. 내가 이 연구작업을 시작했을 때, 일 사회에서 일어나는 일상적 반대행위에 관한 인식에 명백한 정치적 의미를 추가할 차례였다. 시범 면담에서 용기를 얻은 막연한 나의 직관이 말해 주었다—"일할 시간에" 일을 안 하는 사람들은 살아있는 인간이 어떻게 작업장에서 반격할 수 있는가를 이해하는 열쇠라고… 더 일반화시키면, 우리의 가장 억압적 권력구조물이 세워진 바로 그 제도 속에서 어떻게 자아가 활약할 수 있는지를 알려주는 것이다. 그러나 내가 발견한 것은 훨씬 복잡한 현상으로, "저항" 그리고 "적응" 사이의 명백한 구분선을 긋는 것, 나아가 합리적 기업개념[12] 을 세우는 것이었다.

1-2 경험적 문제

공노동은 작업장에서 당신의 일이 아닌 것을 당신이 하는 모든 것이다. 일하는 사람은 누구나 무엇이 공노동인지 안다. 우리는 모두 쉬는 시간을 갖는다; 우리는 모두 화장실에 간다. 우리 가운데 많게는 일하는 동안에 사적인 전화를 걸고, 사적으로 이메일을 하며, 개인적 목적으로 웹서핑을 한다. 우리 대부분은 일과 무관한 이러한 유형의 활동에 많은 시간을 보낸다. 또 다른 보고서에 따르면, 종업원 한 사람당 공노동 평균시간은 하루 1-5에서 3시간 사이이다

(블란차드 및 헤늘, 2008; 블루 기타, 2007; 볼초바, 2005; 캐롤, 2007; 구메이어, 2012; 조스트, 2005;

---

12) 합리적 기업개념: notion of rational firm: 비판이론 시각에서 설계하는 합리성을 말한다.

말라초브스키 및 시모니니, 2006; 밀즈 등, 2001). 색인목록에 올려진 인터넷 사이트 전자 방문자 흐름 측정에서, 새 천년에 들어와 미국 인터넷 교통량 70퍼센트는 음란물을 통과했으며 모두 근무시간대에 이루어졌다. 그리고 온라인 구매의 60퍼센트는 오전 9시에서 오후 5시 사이에 있었다(밀즈 등, 2001:3). 이러한 유형의 "사이버 떠돌기"는 미국에 국한되지 않고 있으며(대부분의 조사는 미국에서 이루어졌다), 싱가포르(비비엔 및 톰프슨, 2005), 독일(로드린 및 베르데르, 2007), 그리고 핀란드(그란, 2001)와 같은 나라에서도 만연되고 있다.

이러한 서베이 결과에도 불구하고, 공노동에 관한 연구는 아주 드물고, 경영과 무관한 학자가 주도한 것은 더 희소하다(말하자면, 통제방법을 찾으려는 관리적 목적, 공노동 득실 조사). 이런 현상에 쏠린 최근의 미디어 관심을 고려하면, 이것은 직장생활 연구에서 상당한 "괴리"가 있음을 의미한다. 결과적으로, 일이 공적으로 논의되는 방법과 직장생활 학자들이 일을 연구하는 방법이 상당히 다른 것을 알 수 있다. 왜 이런 차이가 일어나는가?

다음 헤드라인을 보자:"스웨덴 사람은 근무시간에 빈둥거린다"(다겐스 니헌터), "페이스북은 50억 불 시간낭비 라벨을 붙였다"(시드니 모닝 헤럴드), "당신은 직장에서 이 순간에 시간을 낭비하고 있습니다. 아닌가요?"(타임:웨스트, 2007; 화이트, 2012; 제노우, 2011). 이것은 새로운 현상이 아니지만, 미디어 관심은 서서히 공노동을 집단심리 속에 확실하게 심어주고 있다. 여기에는 여러 이유가 있을 수 있다. 예를 들면, 근무시간 중 우리의 사적 활동을 사회미디어가 더 공식화시키고 있다. 우리가 이메일을 보내거나 페이스북 자료를 업데이트하고, 또는 트위터에 메시지를 띄울 때마다, 언제 그리고 때로는 어디에서 우리가 했는가를 모든 수신자가 알 수 있다, 그러므로 그동안 사적인 것으로 인정되어 오던 것이 뒤집힐 수도 있다. 검색하고 모니터링하는 소프트웨어 개발에 선수를 쓰는 기업이 있으며, 이런 기업들이 신문기사화 되는 "연구" 뒤에 도사리고 있다. 종업원들의 사이버 방문이 대체적으로 사용자에 얼마나 비용을 발생시키는가 예상을 다룬 기사를 추적하다 보면, 신문 발표 내용 이상 접근할 수 없을 경우가 종종 있으며 연구가 어떻게 진행되었는지는 별로 밝혀지지 않는다.[1] 이와 같은 악의가 숨겨진 가짜 과학사업의 목표는 어처구니가 없는 것이며, 그들이 어떻게 신뢰받는 신문에 수시로 끼어드는지 설명하는 것은 그 자체가 다른 책의 주제가 될 수 있을 것이다.[2]

그렇기는 하지만, 모든 헤드라인이 흐릿한 원천에서 나온 것이 아니라고 생각할만한 근거가 충분히 있다. 공노동에 관한 보다 신뢰할만한 연구는 대부분 조직심리학 그리고(비판적이 아닌) 경영학에서 나왔다. 이들 연구의 특수성은 현상을 설명하기 위하여 사용하는 용어에서 이미 들어난다. "시간낭비"가 가장 빈번하게 사용되는 용어로 들어나며, 무엇이 "낭비"이고 무엇이 아닌지는 스스로 판단한다. 또 한편에서는, 공노동을 빗대어 : "반사회적 행위"(페니 기타, 2003), "생산역행적 작업행위"(완즈 및 비스베스바렌, 2003), "저품질 작업"(완즈 및 비스베스바렌, 2003), "빗나간 행동"(헤늘 및 블란차드, 2008), 그리고 "빈둥거리기"(밀즈 등, 2001) 라고 말해 왔다.

사회학의 다른 일부를 분점하는 학자들이 공노동을 더 연구하지 않은 주요 이유는, 노동강화[3] 논담이 유행하는 분위기 속에서 공노동 현상을 띄우기가 불가능은 아닐지라도 어렵기 때문이다. 나의 연구가, 풍부한 계량적 연구로

뒷 받침 되는 통상적 관념을 뒤집는 것은 아니다. 즉, 일과 관계된 긴장과 압박의 증가, 더 기술적으로 말하면 근무시간당 수행된 효과적 작업비중 상승이 거짓이라고 말하는 것은 아니다. 내가 말하고 싶은 것은, 이들 데이터 뒤에 노동강화 정도가 계층으로 분화되어 있으며 이것이 밝혀져야 한다는 것이다.

우선, 노동강화를 측정하는데 보통 사용되는 척도가 몇 가지 결함을 안고 있다. 노동강화를 집중적으로 기술한 토니 엘거는, "노력과 작업속도의 흐름추정은 적절한 종합자료가 별로 없기 때문에 몹시 힘들다고 말한다"(엘거, 1990:83). 이 분야에서(주로 영국) 전국 차원의 서베이를 수행한 얼마 안 되는 사람 중의 하나인 프란시스 그린은, 이런 연구와 연결된 또 다른 문제가 있음을 인정한다(그린, 2001, 2004). 한 예를 들면, 가장 빈번하게 채택되는 주관적 보고형태는, 위에서 언급한 시간기준 추정보다 정확도가 상당히 떨어지는 측정방법이다. "이 작업장에서 사람들이 얼마나 열심히 일하는가를 5년 전과 비교할 때 어떤 변화가 있었습니까?"와 같은 설문은 리커트 척도14)에 따른 다섯 항목의 응답 선택지가 주어지지만(그린, 2004:723), 일의 강도에 관한 주관적 경험의 변화만 밝혀진다. 바쁜 것이 새로운 "영예의 훈장"이 된 오늘날이기 때문에(게르슈니, 2005), 사람들의 응답에 따라서는 응답편향성15)을 의심해야 될 것이다(하퍼즈 및 스니르, 2002). 그린이 수집한 통계를 면밀하게 보면, 이들 주관적 경험은 서로 상당히 다르다. 그의 한 서베이는(그린 및 매킨토시, 2001:295), 응답자의 30퍼

---

13) 노동강화=work intensification

14) 리커트척도=Likert scale: 설문을 통한 리서치에 이용되는 심리측정 척도로 처음 개발한 심리학자 Rensis Likert의 이름을 딴 것이다. 5단계 척도를 사용하는 것이 보통이지만 그 이상도 가능하다.

15) 응답편향성=desirability bias=social desirability bias: 사회과학 리서치 용어로, 서베이 응답자가 남들이 좋아할 내용을 선별하여 응답하는 경향을 뜻한다. '좋은 행동'으로 과대 보고하기 또는 '나쁜 행동'으로 과소 보고하기 등 형태를 취한다.

센트가 근무시간의 절반 이상을 "대단히 빠른 속도로 일한다"고 주장했으며, 30퍼센트는 "결코 그렇게 하지 않는다" 17퍼센트는 "거의 그렇게 하지 않았다"고 응답했다. 이렇게 되면, 절대다수가 상대적으로 조용한 직장생활을 즐기는 동안 하루 종일 능력의 정점에서 일하는 층은 얇다는 것을 의미한다. 이 얇은 층에 합세하는 사람이 7퍼센트에서 10퍼센트로 늘어난다면, 일의 평균적 강화가 있었음이 나타난다. 그러나 이 강도는 모든 사람에 영향을 미치지 않는다.

나의 초점은 극단적 반대편, 결코 열심히 일하지 않는 사람들에 맞추어져 있다. 일의 사회학은 이 집단에 대하여 왜 그렇게 적은 글을 쓰고, 스트레스에 지친 부분에 관한 논문과 저술은 수천을 헤아리고 있는가? 나의 이론적 검토는 이 이슈에 관한 것이다. 분명히, 흔들리지 않고 게으름피는 부류는 사회적 문제가 별로 되지 않는다, 그러나 그들이 직장생활에서 가치있는 무엇인가를 말해 주고, 노동강도 심화의 깊은 부분 이해에 무엇인가 도움을 주지 않을까?

1-3 (비)합리적 제도

근대사회학은, 비판적 입장 및 합리화추구 입장 모두를 포함하여, 자본주의 생산의 합리성을 강조하는 긴 전통을 가지고 있다. 이러한 강조는 작업장 부정행위 연구에서도 나타난다; 관리자는 이름이 들어나지 않은 거의 비개인적인 힘으로 묘사되는 경향이 있는데 반하여, 관리자에 저항하는 사람들은 감정과 욕구불만을 가진 개인으로 – 비합리적인 인간으로 묘사된다. 합리적 구조와 비합리적 개인 사이의 이 분리는, 불행하지만 내가 공노동 분야에 접근하기 시작할 때의 초기 관념 속에도 있었다. 그러나 이 연구는, 비합리적으로 보이는 것은 (사람이 아니라) 노동과정 조직의 "구조"라는 것을 충분한 사례를 들어 제시할 것이다. 한동안, 나는 피면담자가 나에 말한 것이 대단한 것이라고 굳게 믿었다. 지금은, 사회과학자 집단 외부에서 누가 나의 연구결과에서 놀라움을 발견할지 자신이 없다.

언론보도로 돌아가면, 종업원의 온라인 활동과 관계되는 스캔들과 그에 관한 보도가 짧은 간격을 두고 계속 늘어났다. 2010년 스웨덴에서는, 스물이나 되는 지방자치단체가 "부적절한" 인터넷 사용을 이유로 종업원을 해고했다고 보도했다 (린트스트룀, 2010). 스웨덴 이민국과 같은 공공기관에서 일부 종업원이 한 달 동안 사적으로 40시간까지 웹서핑을 한 것이 들어나자, 종업원 행동에 관한 도덕 논담이 폭증했다 (브랫트버그, 2007; 한편, 이 스캔들에 뒤따른 공론에서는 주로 사용자가 설치한 종업원 통제용 전자감시장치 정도를 다루었다). 이렇다 할 실적 감소 없이 장시간 웹서핑할 수 있는 가능성에 관해서는 별로 말이 없었다.[3]

스웨덴 민간항공관리소 예를 들면, 근무시간의 75퍼센트까지 성인용 웹사이트를 이용해온 것이 들어난 사람을 포함하여 일곱 사람이 일자리를 잃었다: 그런데 실망한 요점은 성인용 웹사이트를 이용했다는 분명한 일탈에 관한 것이었으며, 모든 면에서 제대로 교육받은 전문직이 자동감시시스템 안에서 아무도 감지하지 못하는 사이 근무시간의 75퍼센트를 (아주)사적인 활동에 보낼 수 있었다는 사실에는 아무 반응도 없었다 (루스 홈보그, 2009 참조). 왜 그랬을까?

내 생각을 말하면, 사회학자 눈에는 경험적 분노로 비치는 것이 "계몽되지 않은 대중"16)눈에는 그저 사소한 일상으로 비칠 수 있다는 것이다. 일의 사회학 내부에서 뿐만 아니라, 사회학의 광범한 "충돌 전통17)"(콜린스, 1994 참조) 내부에서도, 합리성의 환상18)이 생산을 지배한다고 오랫동안 믿어 왔다. 생산을 가속시키고 인간사회를 식민화하는(그 체제가 폭발할 때까지) 무자비한 자본주의 합리화과정 개념은, 마치 그것이 익명의 자연법칙에 지배되는 것처럼 이미 칼 마르크스 시대에도 있었다. 마르크스는 노동강화를 처음 예측한 사람 중의 하나다. 그의 말을 빌리면, 일단 "작업시간이 법으로 정해지는 근무일"이 설정되면, "작업시간 내내 땀구멍을 채워나가거나 또는 시간 제약 속에 일을 마쳐야 하는 응축된 노동"을 우리는 하게 될 것이다(1976[1867]:534).

합리성의 "무쇠 새장19)"으로 잘 알려진 막스 베버에서 우리는, 근대 합리성에 대한 비슷한 사례를 많이 발견한다. 그리고 충돌이론을 떠나서 에밀리 두르크하임은 자본주의 시스템 "질서"를 신나게 칭찬하였으며 처음 그는 이것이 분업에서 왔다고 생각했다. 이들 위대한 할아버지 뒤를 이은 사회학자들이

---

16) 계몽되지 않은 대중=unenlightened mass: 비판이론은 '계몽된 소수 지식인' 만 지배에 저항할 수 있다는 시각이지만, 여기에서는 세계정복 게임(Metal Gear Excelsus) 주제가 속의 "계몽되지 않은 대중은, 심판의 소리를 내지 못하고, 자유의지를 영원히 포기하여, 굴종에 빠진다...."를 암시하는 것 같다.

17) 충돌전통=conflict tradition: K.마르크스의 계급충돌 논리를 본따서 다양한 충돌 현상이 사회학의 연구영역을 형성했으며 이것을 '충돌전통' 이라고 부른다. 마르크스 자신은 자본과 노동의 계급충돌에 중점을 두었으나, 지금은 충돌이 사회에 편재하는 양상으로 본다.

18) 합리성의 환상= pahntom of rationality: 저자는 자본주의경영이 추구하는 합리주의의 허구성에서 공노동 정당화 계기를 찾는다.

19) 합리성의 무쇠새장=iron cage of rationality: 이 말은 막스 베버의 저서 '프로테스턴트 윤리와 자본주의 정신' 영역판(1930)이 나오면서 영어권에 알려진 말이다. 그는 합리적 계산, 목적론적 효율 그리고 관료주의적 통제에 바탕을 둔 시스템을 튼튼한 무쇠새장에 비유했으며, 인간을 중세 암흑세계에서 자유세계로 해방시키는 계몽주의 이상을 과학과 합리성에서 찾았다. 마르크스가 말하는 19세기 방직공장의 무자비한 합리성과 계몽주의 합리성을 동렬에 세우고 있다.

우리 제도, 특히 일 속에서 합리성의 차이(냉정한 수단성에서 모든 것을 포용하는 기능주의에 이르기까지)를 구분하려고 애써 왔다는 것은 이상한 일이 아니다. 그러나 많은 종업원에게 일이 냉소적 농담[20] 이상이 아니라면? 일은 반드시 생산과 관계가 있어야 한다는 생각이 근거가 없다면?

지난 15년의 서구 대중문화에 친숙한 사람이면 사회학자가 서술하는 일과 대중을 즐겁게하는 생산이 일이라고 묘사하는 사이에 큰 괴리가 있다는 것을 알 것이다. 텔레비전 시트콤 사무실[21]이나 인기영화 사무실 공간[22]을 연상해 보라. 이들 내용은 패러디에 불과하지만, 사무실 일에 합리성과 의미가 모두 결핍된 것이 분명하며 이것이 해학을 낳은 것이다. "실망의 열쇠를 무관심의 라커에 넣어라" 사무실에서 작가는 한 등장인물을 통하여 말한다, "평범의 손잡이를 천천히 틀고 낙담의 문을 열어라 – 일상적 사무실의 하루에 온 것을 환영한다." 이것은 아주 분명한 메시지다, 일부 의도는 설혹 웃음을 자아내기 위한 것이라고 하더라도 "유머는 의미심장한 무엇인가를 표현하는 방식"이라고 말할 수 있을 것이다(T.S.엘리어트). 우리들이 최근에 본 직장생활에 관한 작품에서 가장 영향력 있는 것은(말하자면 대중에 알려진), 사무실 노동자 자신들에 의해서 유머러스하게 쓰여지고 대부분 성공적이었다. 코린 마이에르는 베스트셀러인 안녕하세요 나태(懶怠)[23]라는 책에서, 기업세계의 가치있는 내부 모습

---

20) 냉소적 농담=bad joke: '이혼의 가장 큰 이유는? 결혼' – 이런 유형의 농담. 여기에서는 공노동이 일을 우습게 본다는 은유다.

21) 사무실=The Ofiice: 미국 NBC가 2005,3~2013.5 사이 방송한 다큐멘터리 형식의 시리즈. 제지회사에서 일어나는 일상적 사무실 생활을 묘사한 것으로, 매일같이 개성 충돌, 부적절한 행동, 지루함이 연속된다.

22) 사무실 공간=Office Space: 1999년 미국 코미디영화로, 한 소프트웨어 회사의 일상적 직장생활을 해학적으로 묘사한 것이다.

을 보여주지만, 저자에 따르면 "미스터리에 쌓여 있다"고 말한다. 저자는 사회과학이 사무실노동 미캐니즘을 이해하는 데 처참하게 실패했다는 선언으로 책을 시작한다(결국 저자의 일자리가 희생되었다): "수백만 명의 사람들이 기업에서 일한다, 그러나 그 세계는 불투명하다. 그 이유는 기업내용을 가장 많이 이야기하는 사람이-나는 대학교수를 의미한다-기업에서 일한 경험이 없기 때문이다; 그들은 아는 것이 없다"(마이에르, 2006:4).

저자가 주장하는 것은, 일이 점차 "위장하는 것"으로 격하되고 있으며, 사무실에서는 "이미지가 제품보다 세고, 유혹행위가 생산행위보다 세다"(마이에르, 2006:49). 이와 같은 환경에서, 위장된 복종과 가짜 충성이 노동과정의 일부가 되어 가짜틀에서 조금만 벗어나면 모든 사람의 집단적 곤혹스러움으로 이어지기 쉽다. 저자는 회상한다:

> 어느 날, 동기에 관한 회의 도중에, 나는 식탁에 먹을 것을 올리는 것이 일하게 된 유일한 이유라고 감히 말했다. 15초의 침묵이 이어졌으며, 모두 불편한 기색이 보였다. 프랑스어 일 travail이 어원학적으로 고문도구에서 유래했다 하더라도, 환경에 관계없이, 일이 재미있어 일한다고 알게 만드는 것이 필수적이다(마이에르, 2006:34).

이와 같이 "일에 흡수된 노동자"가 하나의 역할임이 인정되었다면, 저자 주장

---

23) 안녕하세요 나태= Bonjour Paresse: 이 책은 프랑스 기업문화를 냉소적이고 유머러스하게 비판한 것으로, '기업 사다리 뛰어내리기' '왜 노력해도 보상이 따르지 않는가?' 등 부제를 붙인 출판사도 있다. 저자는 2004년 기업 청문회에 섰다.

의 백미는 입으로 하는 것과 실제로 하는 것의 차이점이라고 할 수 있다. 이미지와 실체 사이에 벌어지는 이 간극이 스콧트 애덤스의 딜버트 시리즈[24])에서 반복되는 주제다. 애덤스는 계속해서 일과 합리성의 연계뿐 아니라, 일과 생산성 사이의 관계도 의심한 것 같다: "일은 '당신이 하고 싶지 않은 어떤 것이라고 정의될 수 있다.' 생산성은 다른 문제다"(애덤스, 1996:95). 애덤스는 연재만화 당신이 가치를 추가하는 척하는 곳이 이 부분이다의 머리말에서, 애덤스는 크록커국민은행과 퍼시픽 벨에 근무한 십육 년의 개인적 느낌을 허심탄회하게 털어놓는다:

> 만약 나의 십육 년 간 직장생활을 한 마디로 표현해야 한다면, '가치를 추가하는 척하는 것'이 될 것이다.... 기업은 누가 아프거나, 휴가를 가거나, 또는 최근에 누가 죽더라도 쌩쌩 돌아간다는 것을 당신은 이미 알고 있었을 것이다. 어느 특정한 날의 어느 한 사람의 가치는 보이지 않을 정도로 작다. 경력상승의 열쇠는 가치있는 것으로 보이지만 엄연한 모든 증거는 반대로 나타난다....오늘 당신이 회사에 어떤 실제적 가치를 추가하더라도, 당신의 경력은 옳은 방향으로 움직이지 않기 쉽다. 실제 일은 회사에 남으려고 생각하는 바닥에 있는 사람들을 위한 것이다(애덤스, 2008:6).

이와 같은 형태의 분석을 저술한 사무실 노동자 리스트는 더 길게 댈 수 있다. 데이비드 볼초바는 살아있는 죽은 사람[25])에서, "사실을 압도하는 이미지, 투

---

24) 딜버트(Dilbert)는 미국 만화작가 Scott Adams의 연재만화 타이틀 캐릭터, 풍자적 사무실 유머로 인기를 끌고 있다. 여기 나오는 딜버트 원칙은 1995년 월스트리트저널에 게재된 것이다. 회사는 능력이 떨어지는 사람을 승진시키는데, 그 이유는 실제 일을 하는 것보다(불안하다) 부하에 커피나 시키고 큰소리 치는 것이 쉬운 일이기 때문이다. 심장수술 의사, 컴퓨터 프로그래머, 그 밖의 똑똑한 사람은 경영진에 없다.

명을 압도하는 혼미, 일 수행을 압도하는 정치를 안타까워한다."(볼초바, 2005:68). 그리고 환멸을 느낀 "사업과 의사소통 전문가" 스티브 맥크빗트는 도시의 게으름뱅이26)에서 우울하게 선언한다: "연출이 모든 것을 끝내주는 사회에서는 당신이 무엇을 하는가가 아니라 당신이 하는 일이 어떻게 보이는가가 중요하다"(맥트빗트, 2006:32). 흉내내기, 얼버무리기, 의미 상실, 은어, 게임, 사무실정치, 중대한 기로, 권태, 실망, 그리고 허구같은 느낌– 이런 것들이 직장생활에 널리 퍼져 화제에 오르내리는 내용들이다.27) 이러한 고발들이 대중문화에만 나타날 때의 위험은, 그것이 우리자신의 직업에나 해당되는 은유 또는 과장에 그치고 일 전반에 관한 것이 아니라고 간주하기 쉽다는 것이다. 만약 우리가 직장생활에 "심각하지 않은" 이들 화제를 심각하게 여기기 시작한다면 무엇이 일어나겠는가?

데이비드 포스터 월레스의 마지막 소설 창백한 왕28)을 생각해보자, 미국 국세청 직원이 책상에 앉은 채로 죽었으나 며칠 동안 아무도 그가 죽었다는 것을 알지 못했다는 묘사가 나온다(월리스, 2011:27). 이것은 무의미한 일이 목숨을 빨아들였으나 죽었는지 살았는지 아무도 몰라본 기발한 풍자라고 읽을 수 있

---

25) 데이비드 볼초바(David Bolchover)는 영국의 경영분야 저술가로, 그의 저서 '살아있는 죽은 사람'(The Living Dead)은 의욕을 잃고 일에서 멀어진 종업원을 주제로 다룬다.

26) 도시의 게으름뱅이=City Slackers: Workers of the world...you are wasting your time(2006), 저자는 닷컴 사업가로 이 책에서, 컨슈머리즘이 통제를 벗어난 세상, 원가는 세세히 알지만 가치는 아무것도 모르는 세상에서 도시의 게으름뱅이는 어린이라고 말한다.

27) 이와 정반대의 '노동자 저술'이 한국에 있다: 김규환, 어머니 저는 해냈어요, 2001, 여기에서 자자는 '회사일'을 생명의 은인으로 생각하고 자기 일처럼 충성하여 마당청소부에서 기능장으로 성장한다.

28) 창백한 왕=The Pale King(2011): 저자 데이비드 포스터 월리스(David Foster Wallace;1962-2008))는 미국의 작가, 대학교수로 활동했고, 창백한 왕은 그의 미완성 마지막 작품이다.

을 것이다. 그러나 엄격한 정신으로 보면 풍자가 아니다. 2004년, 세무신고서를 체크하는 핀란드 세무공무원이 아주 똑같은 방법으로 죽었다. 같은 층에 100여명의 직원이 있었고 그가 일하는 감사부서 직원이 삼십 여명이나 되지만, 그가 죽은 것을 알기까지 이틀이 걸렸다. 친구가 지나면서 점심을 같이 하자고 들렸을 때 처음 발견되었으며, 아무도 그와 접촉한 사람이 없었다(BBC, 2004). 우리가 보는 것은 모두, 속절없이 저항하거나 합리화와 일 강화의 힘에 깨지는 무력한 개인이라면, 일하다 죽은 다음 이틀 동안 관심밖에 있었던 시체의 존재를 어떻게 설명할 수 있는가? [4]

1-4 목표와 범위

다음 두 장은 합리적 무쇠새장 개념에 대한 비판적 탐구를 할 것이다. 합리적 무쇠새장 속에서 순종하는 종업원은 관리명령과 일 강화 프로그램의 희생자에 지나지 않는다. 이 예비적인 작업은, 노동자저항과 관리의 비합리성을 예외라고 보는 시각에서 공노동 현상에 접근하기 위하여 필요할 뿐만 아니라, 진행 중인 비판적 작업장 연구에 대한 논의도 제기한다. 비판적 작업장 연구는 비판이론[29]에 깊게 뿌리박힌 것이다. 내가 주장하는 요점은 비판적 작업장 연구 논담에서 자아에 대한 명백한 개념이 빠졌다는 사실이다─ 자아는 개인마다 자기의 자치능력을 인식하는 것이며, 그 능력은 무엇보다도 서로 다른 권력 원천에 대한 저항행위로 실현되는 것이다.[30] 이 개념에 파고드는 이론가 사이에서는 답을 얻지 못한 의문이 많이 남아 있다. 가장 근본적인 것은,

---

29) 비판이론=critical theory: 1-1 이론적 문제, 각주4) 참조

자아가 임노동 영역 밖에서 주로 이론화되었다는 점이다. 임노동은 권력이 항상 옆에 붙어있는 형태의 사회관계를 의미하기 때문에(말하자면 사용자와 종업원 사이), 거기에서는 자아성 표현을 다른 곳에서와 같이 기대할 수 없다. 앞으로 검토하겠지만, 양자택일 현상으로서의 저항과 순종 관념은 작업장저항 연구를 크게 손상시켰다. 이 책의 첫 부분은 범주화되기 이전의 사전이해를 위한 공노동연구가 되도록 개관하려고 한다.

나는 이미 공노동을 다음과 같이 정의했다: 우리 일이 아닌 활동에 우리가 사용하는 우리 근무시간의 일부라고. 물론, 이 정의는 확대될 수 있고 끝없이 추구될 것이다. 당장 스스로 제기하는 문제는 "일", "노동" 또는 "직업"을 어떻게 정의하는가이다(에플바움, 1992; 아렌트, 1958; 카알슨, 1986; 코지크, 1979 참조). 나는 노동자 자신이 생각하는 "일"과 "일 아닌 것"에서부터 진행함으로써 가능한 한 실용적이고자 노력했다. 실험적 자료는 종업원과의 면담에서 나왔고, 그들은 근무시간의 많은 비중을 공노동에 사용한다. 피면담자를 선정하면서 나는, 자기들 스스로 "항상 일한다"고 떠드는 연구자, 기자, 그리고 "기업인"을 제외시키기 위하여 괴물같은 "일"의 의미론을 섭렵했다. 확실히, 이 실용주의 우회법으로 문제를 완전히 피할 수는 없었다, 그래서 이 책 말미에 다시 그 문제에 돌아가지만, 나의 목적에는 부합된다. 애담 스미드의 일 개념[31]에 돌아가기보다는 "차라리 하지 않겠다"는 것과 공노동 사이에 선을 긋는 데 어려움

---

30) "자아"는 유럽철학에서 인간자율을 논하는 핵심 개념이며, 여기에서 저항을 자아에 내재하는 능력으로 보고 공노동의 정체성 구성에 접근한다. 영미의 분석철학은 자아개념이 추적하기 어렵다는 평가를 하며, 마음에 없으면 보아도 보이지 않는다(大學 正心章)는 말은 동양적인 자아의 표현이라고 할 수 있을 것이다.

31) A. 스미드는 국부론에서 사람들이 '검약, 노력, 자기이익에 눈뜨기'를 강조했다.

을 겪는 사람을 별로 만나지 않았다(피면담자 중에는 없다).

작업장 전선의 평온 및 조직부정행위 출판을 계기로, 폴 톰프슨과 스테펜 아크로이드는 광범한 연구자료를 수집하고 종합함으로써(주로 노동과정 연구학파32)에 속하는) 작업장저항 행위에 대한 무관심한 판국을 돌리려고 하였으며, 그들이 "조직부정행위"라고 명명한 분야의 공식적 틀을 잡았다. 그들은 조직부정행위를 "작업장에서 자기 일이 아닌 것을 하는 행위"라고 정의하였다(아크로이드 및 톰프슨, 1999:2). 이것은 정립된 학문 "조직행위론"에 반대되는 것이다.33) 아크로이드와 톰프슨은 노동과정이 종업원과 경영 사이의 끝없는 투쟁의 산물이라고 주장한다34). 그 투쟁요소 중에는 "훔치기"가 있다— 정체성, 생산, 일, 그리고 시간 훔치기가 그것이다35). 공노동은 작은 자투리시간에서 심각한 시간 낭비에 이르기까지의 모든 훔치기 사례를 망라한다. 그러나 공노동은 반드시 조직부정행위를 포함하는 것은 아니라는 중요한 차이점이 있다. 시간 훔치기는 공식적으로 사용자에 속하는 시간을 종업원이 능동적으로 찾아내는 것이므로 자아를 필요로 한다. 물론 공노동은 다른 이유로도 나올 수 있다. 일의 합리성에 관한 선입관으로 인하여, 이 연구를 시작할 때 작업장에 따라서는

---

32) 노동과정 연구학파= school of labor process studies: 마르크스의 자본주의 노동과정 비판을 업데이트한 브레이버맨 추종 학파: 디스킬링을 통한 무자비한 노동과정 합리화를 강조하고 노동자를 기계의 톱니바퀴로 세운다(H. Braverman, Labor and monopoly capital: The degradation of work in the twentieth century, 1974). 스탈린 전성기에 나온 책이다.

33) 조직행위론=organizational behavior: 조직행위론은 기업활동에 활력을 공급한다는 점에서 상수도기능에 비유될 수 있고, '조직부정행위론'(organizational misbehaviour)은 조직의 용종을 다룬다는 점에서 하수도기능에 비유될 수 있다.

34) 노동과정이 '끝없는 투쟁'이라는 말은, '모든 역사는 계급투쟁의 역사' 라는 마르크스 말과 상통한다.

35) 훔치기=appropriation: 정당한 권리없이 차지한다는 의미지만, 공노동과의 관계에서 훔치기로 해석했다.

일하지 않는 것이 그렇게 큰 잘못이 아닌 곳도 있다는 점을 나는 고려하지 않았다. 공노동은 회색지대로, 완전하게 합법적인 것은 아니지만 사용자나 관리자가 "눈감아 주는" 무해한 경우가 많다.

공노동, 자아성, 그리고 노동자 저항 사이의 연결고리를 이해하려는 포괄적 목표 아래, 나는 이 연구를 두 선도적 질문으로 수행했다:

어떻게? : 근무시간의 절반 또는 그보다 적게 일하면서 들키지 않는 것이 어떻게 가능한가? 그것은 개인적으로 추구하는 것인가 또는 집단적 조직이 있는가? 관리자에 알려진 것인가 숨겨진 것인가? 들키지 않으려고 어떻게 처신하는가? 공노동으로 얻은 자유시간을 어떻게 보내는가?

왜? : 공노동을 부추기는 동기가 무엇인가? 공노동이 저항의 표현인지 또는 단지 나태인지 게으름피는 사람들 스스로 판단하고 있는가? 공노동은 동료 또는 친구에 알릴 수 있는 그 무엇인가 아니면 부끄러움이 포함되어 있는가? 공노동은 정치적으로 동기를 받았는가, 그렇다면-그 상대는 관리진, 기업, 일 자체, 또는 그 무엇?

왜-질문은 처음부터 가장 흥미가 있었다. 내가 면담을 시작했을 때의 생각은, 종업원 반대행위의 이종구조[36](세르튜, 1986) 그림을 그리는 것이었다. 그런 다음, 직장생활 연구에서 크게 소외되어 온 작업장저항 형태를 구분하고, 종

---

[36] 이종구조(異種構造)=heterology: 같은 구조 안에서 일치점이 없는 구성부분을 의미하는 생물학용어, 정상적인 세포와 암세포와 같은 차이.

업원들은 피하려고 하지만("자기의견 발표!") 그들 자신이 일을 어떻게 보는지 듣는 것이었다. 결과적으로 어떻게-질문과 함께 시간훔치기[37]에 들어가는 종업원과 나머지 조직 사이의 복잡한 상호관계가 초점에 들어왔다. 프리데릭 윈스로우 테일러가 "영국과 미국의 근로대중을 오염시킨 최대의 악"이라고 묘사한 바 있는(테일러, 1919:14) "태업"과 동일한 것이 오늘날 일부 작업장에서 암묵적으로 수용될 수 있는가? 이것은 우리가 자아성과 작업장저항을 이해하는 데 어떤 결과를 초래하는가?

1-5 정리

자아성과 저항에 관한 광범한 이론적 이슈에서 출발하여, 이 연구의 중심에 있는 실험적 현상 분석에 점차 집중했다. 주요 관심이 갖가지 형태의 공노동에 있는 독자는 제4장에 바로 들어가도 좋다. 그러나 더 실험적인 장은, 공노동의 역동성을 설명함과 동시에, 위에 언급한 광범한 전후관계에서 그것을 이해하려는 목적으로 구성되었다.

제2장에서는, 비판이론 내부에서 작업장 권한이 자아개념과의 관계에서 어떻게 분석되어 왔는가에 관한 머리말의 서두 사상을 발전시킨다. 또, 노동과정연구와 비판적경영 연구[38] 속의 연관 쟁점을 독자에 소개하고, 작업장저항 및 작업장 내 반대의 각종 형태 연구에 이론적 관심을 쏟을 것이다. 제3장에서는 저항적 자아를 찾으려는 가장 앞선 시도에 관하여 검토할 것이며, 공노동을

---

37) 종업원이 공노동 수단으로 근무시간을 가로채는 행위를 시간훔치기와 혼용한다.

포함하는 조직부정행위 연구가 자아성의 "거대이론[39]" 논담에서 왜 아직 잃어버린 조각으로 남아있는지 검토할 것이다. 저항의 개방형태(은밀의 반대)에 대한 지나친 강조 그리고 저항과 적응의 이분법적 관념이, 이 상황에 이르게 만든 두 요소다. 그 밖에 합리주의자들의 일 개념이 일조했다.

제4장에서는, 공노동 개념을 네 유형으로 구분했으며 그에 따라 세 장이 이어진다. 공노동 상황은 각각 (a) 노동자의 능동적 반항에서 얼마나 나오는가, (b) 노동자의 개인별 과업 부족에서 얼마나 일어나는가에 따라 달라진다는 것이 내 생각이다. 제5장은 공노동의 반항적 성향을 바탕에 두었다. 일하면서 어떻게 시간을 훔치는가에 관한 주제 다섯을 중심으로, 나는 위에서 언급한 어떻게-의문을 푼다. 제6장은 같은 공노동을 말하지만, 이번에는 왜-의문에 관한 것이다. 왜 종업원들은 일을 안 하려고 애쓰는가 그리고 그들의 대답이 전술한 자아성 논담을 어떻게 앞서 가는가?

제7장에서는, 실험적 자료 안의 진짜 놀라움으로 방향을 튼다. 말하자면 그것은 일거리가 부족한데서 나오는 공노동 형태를 말한다. 일은 점점 강화되고 조직은 극단적으로 가늘어지는 오늘날, 그런 일 부족이 어떻게 가능한가? 공

---

38) 비판적 경영연구=critical management studies(CMS): 기업 · 경영 · 조직에 관한 프랑크푸르트학파 관점의 비판을 총칭하는 의미를 가지고 있으며, 그 특성은 ① 일, 경영관리, 조직에 관한 전통적 해석에 도전하고 ② 기존의 권력, 통제, 지배, 이데올로기 그리고 사회관계에 의문을 제기하며 ③ 급진적 대안을 모색하여 좌파적이라는 말을 듣는다. A. 앨버슨과 H. 윌못의 저서 '비판적 경영연구' 출판(1992) 이후 알려지고 있다.

39) 거대이론=grand theory: 미국 사회학자(C. Wright Mills, The Sociological Imagination;1959)가 쓰기 시작한 말로, 특정 이론이나 구체적 현상에 의존하지 않고 사회현상을 전반적 시각에서 포괄적으로 이해하려는 형태를 말한다.

노동을 장기간 지속하는 일부 종업원이 자기 의지에 반하고 있다면 어떻게 그것이 일어나는가? 무엇이 잘못된 것인가, 그리고 일단 일에 공노동이 스며들고 나면 다시 일하기 시작하는 것이 왜 그렇게 어려운가?

제8장은 이들 의문에 대답하는 의도도 일부 있지만, 이번에는 공노동의 갖가지 차이점을 넘어 "결합된 저항"이 새로운 공노동 사례가 될 수 있는가에 관한 것이다; 결합된 저항은 종업원에 "제도를 우롱한다"는 감을 주지만 제도는 멀쩡하게 남아 있다. 이러한 유형의 분석에 비판이 일지만, 나는 작업장 권한으로 돌아간다. 어떤 것을 저항이라고 부르기 위해서는, 그 저항이 무엇에 대항하는 것인가, 그리고 일의 최대효율에는 이론적 근거가 없다는 정도는 알고 있어야 한다. 공노동은 일이 어떻게 그 의미를 잃는가의 또 다른 진정한 사례다. 제9장에서는, "일"의 의미에 관한 몇 가지 마지막 의문과, 일에 저항하는 것이 무엇을 의미하는지를 제기하면서 마감한다.

[1] 댄 버튼(2000)에 따르면, 생산성 손실의 30에서 40퍼센트가 사이버유영 결과일 것이며, 댄 말라초브스키 및 존 시모니니(2006)는 시간낭비가 매년 544천억 불까지 사용자에 부담을 안긴다고 주장하여 미디어 관심을 끌었다. 비슷한 계산을 기초로, 리처드 칼런(2007)은 상호작용식 인터넷 사이트 페이스북.컴에 소비되는 시간을 합치면 오스트레일리아 기업에 연간 5천억 불 손실을 준다고 추산했다. 미국에서는 수퍼볼 잡담이 사용자에 821.4천억 불 생산성 손실을 안길 가능성이 제기되었다(다베이트, 2005:1011).

[2] 특별한 사례: "부스러기에 가격표를 달다"라는 표제의 스웨덴신문의 장문

기사에서, 비포어라는 이름의 기업 CEO는 작업장의 부스러기 시간이 일 년에 기업 평균 보통 1백만 불의 부담을 주었으나 $400,000로 감소시키는 "신모델"을 개발했다고 말했다. 이것은 광고가 아니었다(기아누찌, 2008).

[3] 물론, 작업장 감시는 아주 합법적이며 거의 세계적인 추세다. 2005년, 미국 경영자협회는 76퍼센트의 회사가 자기회사 종업원이 어떤 웹사이트를 방문하는지 모니터하며 65퍼센트는 특정 웹사이트를 차단하는 소프트웨어를 사용하고 있음을 발견했다(리디 및 벤, 2010:87). 그리고 2천7백만 명의 온라인 종업원들이 국제적으로 모니터된다고 추산된다(볼, 2010:88).

[4] 당시 헬싱키 세무당국 책임자 아니타 위크스트룀은 AFP와의 인터뷰에서 자신의 설명을 전했다. "그는 혼자 일을 많이 했고 때때로 고객회사를 방문했으며, 그와 점심과 커피를 자주 함께 하던 동료들은 그 당시 회의를 하거나 외근을 하여 바빴다"(AFP, 2004). 그 이야기가 도시전설이 아님을 확인하기 위하여 내가 위키스트룀을 접촉했을 때(사건 후 8년), 그 책임자는 역시 그 세무공무원은 회계팀에 속하지 않았다고 말했다; 그는 자신의 전문분야가 있었기 때문에 동료보다 고객과 더 가깝게 일했다. 공정하게 말하면, 그는 맡은 일을 처리하는 데 아주 바쁠 수 있었으며, 그 일은 시급하지는 않지만 가치는 큰 것이었다. 그의 죽음은 아무것도 밝히지 않는다- 그저 의문을 제기한다.

Chap **02** | **작업장의 권력**

여기에서는, 공노동 뿐만 아니라 조직부정행위까지도 연구를 막아 온 이론적 개념을 탐구하고자 한다. 사회학에서는 일반적으로 노동 영역을 무시한 채 자아성과 저항행위 연구를 해 왔다. 이것은 우리가 작업장에 들어가는 순간 생각하고 반응하는 우리 능력을 내려놓는 것과 같으며, 반대로 작업장에서 나오는 순간 모든 형태의 지배에 저항할 수 있다는 것과 같다. 일이 어떻게 그런 블랙박스가 되었는가?[40] 왜 아직도 일이 수단적 이성[41]의 요체라고 생각되는가?

이것을 해명하려는 몇 안 되는 시도가 있었다. 톰프슨과 아크로이드의 저술(1995:615)에서보면, "저항의 능동적 주체 자리에서 사실상 배제된 노동이 이론

---

40) "노동영역을 무시해 왔다"는 부분과 "일이 어떻게 블랙박스가 되는가"라는 부분을 연결하면, 노동과 일이 동격으로 취급된 것을 알 수 있다. 노예노동, 강제수용소, 기계부속품, 노동해방 등 용어는 "일"이 죽고 "노동"만 살아있는 형국을 암시한다.

41) 수단적 이성=instrumental reason(instrumental rationality): 저자 머리말 각주 3) 참조.

과 연구의 상당부분을" 차지하는 것은 "과격한 구조주의42) 이론에서 푸코 류의43) 후기구조주의44) 비평으로 넘어가는 변화"와 밀접하게 관계된다고 했다 (1995:622). 그러나 톰프슨과 아크로이드는 푸코 이외의 후기구조주의적 관점이 어떻게 작용했는지 그리고 기타의 이론적 영향이 있었는지에 함구한다. 이것은 다음과 같은 이유로 안타까운 일이다: 첫째, 그들의 분석은 마르크시즘 사관, 비판이론 그리고 노동과정이론이 구조주의와 푸코주의에 깊게 연결된 사실을 간과한다. 말하자면, 넘을 수 없는 권력구조와 노동집단의 무력한 굴종만 지나치게 강조한다. 둘째, 조직부정행위의 사회학적 의미를 제치고 그것을 노동과정 이론과 비판적 경영연구 사이의 특정문제로 축소하는 것이다45). 톰프슨과 아크로이드가 개입한 이후 분명하게 된 것은, 저항행위와 반대행위 연구가 두 학파 모두에서 자유롭게 된 것이다. 그럼에도 불구하고 일부 자아를 부인하는 개념이 아직 모든 학파에 영향을 미치고 있으며 하나의"위기"(즉, 노동해방을 염두에 두고 있다)라고 할 수 있다. 이것이 이 장에서 내가 말하려는 개념이다.

노동과정 이론은 처음부터, 특히 해리 브레이버맨의 선구적 업적을 통하여, 디스킬링을 통한 무자비한 노동과정 합리화를 강조하며 노동자를 기계의 톱니바퀴로 전락시킨다. 이런 관점은 마르크스로 거슬러 올라가며 그보다 먼저

---

42) 구조주의=structuralism: 사회구조가 개인의 행위를 지배한다고 생각하는 구조 우선론. 인간의 주체성이 거부되며, 이 책에서는 공노동저항이 구조주의 사조에 파묻혀 관심 밖에 있었다는 배경을 말한다.
43) 푸코=Michel Foucault(1926-1984): 프랑스 철학자이며 사회이론가, 후기구조주의자로 평가받는다.
44) 후기구조주의(post-structuralism): 사회구조가 개인의 행위를 지배한다는 결정론적 구조주의 입장에 반하여, 후기구조주의는 잡다한 군소세력이 난립하는 과정에서 사회가 발전한다는 다원결정의 역할을 중시한다. 이 책에서는 후기구조주의가 공노동저항의 역동적 측면을 이해하는 계기가 되었다는 시각이다.
45) 노동자의 굴종을 구조 탓으로 돌리는 구조주의를 비판하는 후기구조주의 시각이 보인다.

아담 스미드의 분업이론이 있었다46). 마이클 푸코와 그의 "자아" 개념 재구성에 돌아가기 전에, 초기 프랑크프루트학파와 "허위의식47" 개념을 검토한다. 이 둘은 부레이버맨과 초기의 비판적 경영연구 학파에 영향을 미쳤다. 나는이 세 갈래 이론적 개념이, 노동을 보는 관점을 투쟁에서 복종하는 제도로 길들였다고 생각하며, 이런 관점이 비판적 작업장 연구에서 어떻게 나타나는지 사례를 제시했다.

나는 먼저, 아레인 투렌이 정의한 "자아개념"에 대한 보편적 부정을 간단하게 언급한다. 투렌은 구조주의에서 나오는 비관론에 반기를 든 1세대 프랑크푸르트학파에 속한다. 그는 이어 자아가 되는 것이 무엇을 의미하는지 별도의 사례를 찾아 이의를 제기했다. "자아"라는 주제를 둘러싸고 일어나는 혼란을 피하기 위하여 투렌의 정의를 소개한다. 이것은 나의 분석에 기초를 제공할 것이며 앞으로 발전시키게 될 것이다. 다음 장에서 검토하려고 하지만, 분명한 의견일치와 인식 아래 수많은 저항행위가 "비밀리에" 많이 일어나고 있다. 이것을 밝히기 위해서는, 직접 관찰할 수 없는 것을 찾는 실험적 조사가 필요할 뿐만 아니라; 우리가 오랫동안 당연한 것으로 받아들여 온 지배 개념을 확실히 알아야 한다.

---

46) 여기에서는 A. 스미드의 분업이론(국부론,1776)이 합리화를 빙자한 노동자 착취수단(브레이버맨, 노동과정이론:1974)이라는 평가를 받는다.

47) 허위의식=false consciousness: 자본주의 문화자체를 진실을 은폐하는 허위의식이라고 부정한다. 허위의식 용어는 이데올로기와 묶어 F. 엥겔스가 처음 사용했지만 2세기가 지난 다음 프랑크푸르트학파가 이데올로기-허위의식-냉소주의를 이슈로 삼았다(2-3 허위의식의 그림자 참조).

2-1 자아개념 부인

E.P. 톰프슨은 이 장의 논쟁 요소를 다음과 같은 말로 요약한 경우가 있다.

프랑크푸르트학파나 알튀세르[48] 모두, 지배의 이데올로기적 성격에 불가항력적 무게를 강조하는 것으로 특징지어진다— 지배는 대중이 솔선성과 창의성을 발휘할 공간을 죽이는 것이며— 지배에서 자유를 위해 싸울 수 있는 것은 계몽된 소수 지식인에 불과하다. 이러한 이데올로기적 성향은 무서운 패시즘 경험, 미디어를 통한 대중 세뇌, 스타리니즘 등에서 자라났다. 이것을 전제로 사회주의 이론이 나오고(우리만 빼고, 모든 여자와 남자는 생래적으로 어리석다) 다시 비관적 또는 권위적 결론이 도출되었다는 것은 슬픈 일이다. 더 나아가, 지식인들이 실제적 정치활동에 나가는 것을 기피하게 만들었다(톰프슨, 1995[1978]:250).

프랑크푸르트학파와 루이스 알튀세르 모두 정치적 행동이 따르지 않는 사례이지만, 그 이론 속에 내포된 엘리트 요소와, 개별적 집단적 저항을 모두 무시하는 성향은 많은 비판을 받는다. 과감한 비판자인 투렌은 이런 경향이 급진적(또는 "사회주의") 이론에서 연유할 뿐 아니라 그들의 과학 숭상에서 나온다고 본다: "사회과학의 전체 역사는—자연과학은 더욱 말할 것도 없이—자아개념을 배제하는 것으로 요약될 수 있다"(투렌, 2005:199). 같은 사회학 비판이 여러 형태로 발견되며, 특히(얄궂게도) 같은 프랑크푸르트학파에 속하는 톰프슨과 투렌의 비판을 받는다(특히 호크하이머, 1995[1937]; 마르쿠제, 1941 참조). 한스 스크예르하

---

48) 알튀세르=Louis Pierre Altusser(1918-1990): 프랑스 출신 마르크스 철학자, 마르크시스트 구조주의자로 분류되며 개량주의를 신랄하게 공격했다.

임이 주장하는 바와 같이 "사회학이 묘사하는 대표적 인간상은 '초월성이 없는 인간'", "사회적 사실성49)에 종속된 인간"이다(스크예르프하임, 1971:59). 투렌을 다른 비평가들과 구분짓는 점은 반대 입장에서 이론적 바탕을 세우려고 노력한 점이다: "초월성이 있는 인간," 사회적일 뿐만 아니라 사회적 저항도 할 수 있는 사회적 존재.

여기에서 투렌50)은 20세기 프랑스 철학 일부를 대표하지만 비판적 작업장 연구 분야에서는 마이클 푸코를 포함하는 후기구조주의 학파에 뒤진다. 후기구조주의 학파는 "자아"에 관한 고유한 주장이 있으며(다시 여기에 돌아간다), 비슷한 개념이 경험적 현상학에도 나오지만(근본적으로 의미의 경험을 암시, 숫쓰, 1967), 투렌은 인간 존재에 관한 실존주의 원리에서 유래한 자아의 사회학적 개념을 제시한다. 여기에서 기존질서를 부인할 수 있는 역량이 인정되고 그것이 사회적 행동을 분석하는 바탕이 된다. 이 관점에서 보면, 작업장저항, 부정행위, 반항, 반대 등의 비정상성이 다른 철학적 인류학에서보다 감소된다; 그런 행동은 단순한 생활의 증표인 동시에 임노동과 같은 계층조직 안에서는 얼마든지 일어날 수 있는 것이 된다. "이데올로기" 그리고 "질서"에 대한 알튀세르 유형의 애착은 이렇게 해서 프랑스 실존주의 등장으로 뒤집혔다. "자아에 대한 의문은 사르트르에 있어서와 마찬가지로 나한테도 중심에 남아 있다"고 고르가 말한다(고르, 2010:3). "우리는 자아로서 우리 자신으로 태어났다- 다시 말하면,

---

49) 사실성=facticity: 실존주의 철학자 J.P. 사르트르가 Being and Nothingness: An Essay on Phenomenological Ontology에서 만든 존재론적 개념으로, '과거에서 벗어난 현재의 나(in-itself)'를 암시한다는 의미에서 사실성이라고 표현했지만 적절한지는 의문이다.

50) 투렌=Alaine Touraine(1925-): 프랑스 사회학자, 사회운동, 노동운동 연구에 주력하고 후기산업사회라는 말을 처음 사용했다.

다른 사람이나 사회가 우리 존재에 대하여 무슨 말을 어떻게 하더라도 자아임을 뒤집을 수 없다." 우리가 존재하려고 선택하는 것은 무엇이건 개인을 위한 "실존의 문제"일뿐만 아니라, 사회학적 연구에 개방된다; 끊임없이 일어나는 운동을 통하여 사회적 변화가(혹은 그것이 부족한 것) 이해될 수 있다. 자아는 이렇게 하여 사회학의 심장에 자리잡은 의문에 대한 투렌의 답이다.

> 사회적 행동을 경제적 성질에 따른 합리적 선택으로 축소하고, 또는 문화패턴이나 사회적 기관의 선언이 개인과 집단의 행동을 결정한다고 단정하는 이들 학파에도 불구하고, 우리는 늘 의문에 직면한다: 어떻게 기존의 규범에서 멀어지는 것이 창조적 자유, 구질서 거부 또는 사회적으로 규제되지 않은 감정으로 이끌어 급기야 새로운 규범을 창조하게 되는가? (투렌, 2000a:901).

자아에 대한 투렌의 개념이 다른 입장의 정의와 얼마나 극명하게 다른지 내가 충분하게 설명하지는 못한다. 투렌은 행동으로 결과가 나타나는 의도성의 한 형태로 자아를 설명한다– 이 말이 인간을 의미한다고 존재론적으로 이해되어서는 안 되며, 또는 개인 "자신"의 본질이라고 이해되어서도 안 된다. 자아는 근본적으로 반본질론적 개념이다– 동시에 온순하고 굴종적인 "육체"의 반대 개념으로 푸코의 자아와 연관된다.¹ 투렌은 자아를 행위자가 되고자 하는 개인의 의지(때로는 "시도")라고 정의한다(투렌, 1995:207; 2000b:13). 자아는 에고와 혼동하지 말라고 투렌은 말한다: "에고를 의식하는 것, 자기관찰 또는 정체성에 대한 극단적인 강박관념인 나르시시즘보다 더 자아에서 멀어지는 것은 없다"(투렌, 1995:210). 인간의 자아는 기성 질서에 대한 저항자에 가깝다; 인간 자아는 경제적 합리주의 세계와 공동체 세계에 대한 부정이며 이로써 개인과 집단은 자기창조 투쟁과 대안적 가치 설정에 투신한다.

자아성은 전통적으로 유신론과 연결되어(신은 의지에서 나온 행위로 우주를 창조했다) 왔지만, 현대는 인간중심주의라고 설명할 수 있으며, 인간중심주의는 과학이 발달되면서 약화되고 점차 자연법칙과 사회적 법칙을 신뢰하게 되었다. 찰스 다윈과 지그문트 프로이드 다음부터, 인간 배후에서 일어나는 비인간적인 과정이 세상을 지배한다는 생각이 퍼졌다. 사회과학 분야에서는 "구조"[51]개념이 마르크스, 두르크하임, 그리고 베버의 중심에 자리잡았고, 합리화가 지배한다는 관념은 해가 지나면서 점차 사회학과 경제학에서 흐려졌다. 투렌에 따르면 이 두 관념은 비판이론에서 통합되어, 대륙에서 사회학이 맹위를 떨칠 때 파고들었다: "20세기 중반 유럽 사회학은 분명히 비판이론이 지배적이었으며, 동시에 최후의 '고전적 사회학'으로서 탈콧트 파슨즈 업적의 영향을 깊게 받았다"(투렌, 2005:201).

1980년대 자아 개념이 제거되었음을 투렌이 처음 발표한 이후에도 사회학의 거대이론[52]과, 리비도에 중심을 둔 프로이드주의 그리고 최근의 화학-신경학적 자연주의 형태로 자아를 죽이는 뜨거운 분석이 진행 중이다. 어디에서나 과학의 권위가 행위자를 제치고 증거를 찾는 것은, 우리가 외부 힘에 지배되고 있음을 뜻한다. 내면적으로 보게 되면, 이런 관념은 자기충족이 되기 쉽다- 일 안하기, 냉소주의, 그리고 정치적 무관심은 자아 개념을 제거한 데서

---

51) 구조=structure: 사회구조(문화적 패턴, 이데올로기 등)가 행동을 지배한다는 구조주의 사고를 말한다.
52) 거대이론=grand theory: 1-5 정리, 각주 39) 참조

오는 것이며, 자아가 어떻게 시들고 있는지를 말하는 것이다. 이에 대한 반동으로 투렌은 사회학을 "사회적 행동의 과학"으로 재형성한다. 이것은, 성질, 본질, 본성, 욕구 기타 어떤 형태의 존재가 아닌 행동이 사회의 기초 요소임을 강조하기 위한 것이다.

투렌이 일찍이 수행한 실험적 업적에는 오월운동(투렌, 1971a)[53], 폴란드 단결운동(투렌, 1983a), 그리고 반핵 운동(투렌, 1983b) 등 사례연구가 많다. 그는 사회운동 연구에는 뛰어나지만 작업장 연구에는 그렇지 못하다. 근년에는 세계화의 도전이 그의 저술을 차지하고 있지만, 자아의 잠재력과 위협이 아직 중심을 이룬다: "자기중심적 접근방법의 큰 장애는, 세계화된 경제 속에서 우리가 무력하다는 것이다; 금융적이며 경제적인 범국제적 기업을 상대로 우리가 할 수 있는 것은 아무것도 없다"(투렌, 2005:209)라고 말한다. 이런 착상이 오늘날 비판적 작업장 연구에서 중심을 차지하지만, 조직부정행위를 학문적으로 왜소하게 만든 배후에는 다른 논점도 있다. 자아 관념과 그와 관련한 일의 비판적 사회학을 추구하는 다음 장으로 넘어가기 전에, 비판적 경영연구와 노동과정이론에서 나오는 세 문제를 검토한다. 첫째, 노동자가 기계의 부속품으로 전락했다는 주장과 둘째, 우리가 허위의식으로 조작되고 유인되어 왔다는 생각 셋째, 자아가 사실은 객체라는 생각이다. 여기에서 논하는 목적은 그런 주장의 타당성에 흠집을 내려는 것이 아니다─ 그 주장들은 모두 사회성과 작업장 생활에 관한 정당한 분석일 뿐만 아니라 특히 실험적으로 형성된 기능해체

---

53) 오월운동=The May Movement: Revolt and Reform, 1971; 이 책은 A. 투렌이 좌파사회학자 입장에서 프랑스 메이데이 운동을 분석한 것이다. 그는 5월의 메이데이 운동을 범사회운동으로 차원을 높이고 사회적 문화적 반항이 유토피아 공산주의를 향해 결합된 것이라고 보는 시각이다.

주제들이다. 내가 밝히려는 것은 그 주장이 어떻게 과장되어 자아의 지적인 부정으로 보게 되었는가 하는 점이다.

2-2 기계 부속품[54)

일의 강도 증대 연구가 일반적 추세에만 초점을 맞추어 수행되었다는 점은 서문에서도 밝혀진 것이다. 그 이유는, 일의 강도 증대가 능률적이고 합리적인 개념과 일치하기 때문이다. 합리화의 요점은 노동과정에서 공노동을 완전하게 제거하여 노동자를 일에 집중시키는 것이다. 그동안의 비판은 합리성이 올바르게 달성되었는가 또는 별 볼일 없었는가를 따지는 것이 아니라, 합리성의 지배와 가혹성을 증명하려고만 하였다. 초기 마르크시즘과 오늘날의 푸코 류의 작장생활 연구 경향이 그랬고 조직부정행위를 이슈로 다룬 학파도 여기에 속한다.

조직부정행위에 관한 톰프슨이나 아크로이드 글을 읽어 본 사람은 투쟁과 저항이 처음부터 노동과정이론의 '핵심' 이었다는 인상을 받는다(톰프슨, 1983), 반면 푸코가 분석에 도입한 비판경영학은 기율과 지배 관계를 표면에 내세우는 경향이다. 이 주제를 더 깊게 추적한 사람도 있다; 존 하사드 등(2001:339)이 주장하는 바에 따르면 "브레이버맨은 사회를 혁명적으로 개혁한다는 마르크스의 목표를 실현하기 위하여 노동계급의 잠재력에 대한 확신을 재건하려고 시도했지만 비판 경영학에서는 혁명 후에 오는 공산주의에 대한 믿음이 증발

---

54) 기계부품(The appendage of machihe)은 마르크스가 공산당 선언(1848)에서 처음 사용한 것이다.

했다." 그러나 톰프슨과 아크로이드가 지적하는 바에 따르면, 노동과정이론 창시자는 혁명 잠재력이 노동계급의 일상생활에서 어떻게 표현되어야 하는가를 제시하는 데 열을 올리지 않았다(아크로이드 및 톰프슨, 1999:47). 노동과 독점자본에서 우리가 볼 수 있는 것은 기능적 일(craft work)과, 그 일을 하는 노동자의 몸이 산업기계 밑에서 어떻게 부서지는가 하는 것이다. 브레이버맨의 말을 직접 들어 보자.

> 놀라운 기계의 발달은 일하는 대부분의 사람에게, 자유가 아니라 노예화의 근원, 지배가 아니라 무력화의 근원, 노동의 지평을 확대하는 것이 아니라 일하는 사람을 노예적 의무의 무한굴레 속에 가두는 근원이다– 그런 가운데 기계는 과학의 화신이 되고 일하는 사람은 왜소해지고 없는 것처럼 간주된다(브레이버맨, 1998[1974]:134).

이 주제를 더 넓게 보면 사회과학 뿌리로 거슬러 올라간다. 브레이버맨이 기능해체 주제의 틀을 잡기 전에, C. 라이트 밀즈(1951:228)는, 와이트 컬러에서 "장인정신의 역사적 파괴"를 개탄했다. 그리고 밀즈가 그의 고전연구를 출판하기 훨씬 먼 옛날에도 베버, 두르크하임, 그리고 마르크스가 분업과 사회적 병리현상에 관심을 보였다. 이것은 그 주제가 노동자와 관료주의 속에 내재되어 있음을 말한다. 마르크스는 어떻게 일하는 사람이 "기계의 부속품이 되는가" 그리고 어떻게 "일하는 사람에 요구되는 것은 가장 단순하고, 가장 단조로우며, 가장 쉽게 배울 수 있는 기교"로 전락하는가를 뛰어나게 설명했다(마르크스 및 엥겔스, 1998[1848]:17). 마르크스 이전에도 조제프 프루동55)은 재산이 무엇

---

55) 조제프 프루동=Pierre Joseph Proudon: 아나키스트의 아버지라 불리는 프랑스 정치가, 그의 저서 '재산은 무엇인가?(1840)' 에서 재산은 도둑이라고 말했으며 이 책을 매개로 마르크스와 친분을 맺었다.

인가? 에서 "자기 임금을 소비하는 노동자는 기계이며 그것은 파괴하고 재생산한다"(프루동:1876[1840]:210)라고 주장하여 마르크스와 비슷한 분석을 했다. "노동자"를 기계로 전락시키는 것은 어원학적으로 리버라리즘 창시자들 사이에 있다(존 스튜어트 밀은 제외[바우먼, 2004 참조]). 공장은 "완전한 군대식 규율"아래 사람을 "괴물" "발육부진" "불구자"로 만든다는 마르크스 서술은, 이미 A. 스미드에 의하여 "준저능"으로 알려진 것이다(고르, 1982:26 참조). 공장에서 일하는 "사람의 대집단"이 저능화되는 현상은 '교육'의 힘으로 완화시킬 수 있을 것이라는 생각에서 분업에 긍정적이던 스미드도 실제 서술에서는 달랐다56).

몇 가지 단순한 작업에 평생을 보낸 사람의 반응 결과는 언제나 거의 변화가 없다, 어떤 경우에도 이해하려고 힘쓰지 않고, 어려움을 줄이는 방법을 찾으려고 창의력을 발휘하는 경우도 일어나지 않는다. 이들은 자연스럽게 사고하는 습관을 상실하여 어리석고 멍청한 인간이 된다. 노동자 정신의 무기력화는 합리적인 대화 내용을 이해하고 나누는 것을 불가능하게 만든다. 그러나 관대하고, 고상하며, 또는 부드러운 감정을 이해하는 면이 있어 개인생활의 일상적인 의무와 같은 올바른 판단을 이끌어낸다. 이와 같은 경로를 거쳐 자기 직업에 정교하게 숙달하는 것은 지적이며 사회적 그리고 도전적 덕목을 희생으로 하는 것이다(스미드, 2007[1776]:506).57)

---

56) A. 스미드의 노동자 저능화 언급은 산업혁명기 영국 아동노동 폐습의 개선책을 위하여 언급한 것이지만, 마르크스는 공장노동의 가혹성을 고발하여 투쟁을 선동한 것이다. 아동노동 언급은 같지만 의도는 상반된다.

57) 구소련 27차 공산당대회(1986)가 결의한 마지막 5개년계획은 그 성패가 대중의 살아있는 창의성에 달렸다고 결론지었다(D.Dmiterko et.al. What is the Working People's Power? 1986). 단순한 일을 반복하는 노동자가 멍청하게 되는 것은 20세기 사회주의 기업에서도 예외가 아니었음을 의미한다.

분업에 관한 스미드의 냉소적 태도는 일을 조각조각 분해하는 데 평생을 바친 사람과 놀랄 만큼 닮았다. 테일러[58]의 냉소적 시각은 스미드보다 한 걸음 앞선 것이다. 스미드는 노동이 지성을 무디게 만든다고 가정했으나 테일러는 노동자가 처음부터 덜 떨어진 것이라고 잘라 생각했다. 이 점은 산업노동자의 정신적 요건을 설명한 부분에서 노골적으로 나타난다.

정규직원으로 선철작업을 담당할 사람의 첫 번째 적격요건은 둔하고 냉담하여 정신구조가 다름 아닌 황소를 닮아야 한다. 정신이 예민하고 지적인 사람은 연마와 같은 일의 단순성에 전혀 어울리지 않는다. 그러므로 선철작업에 가장 적합한 노동자는 자기가 하는 일의 진짜 과학을 이해할 수 없어야 한다. '퍼센티지' 라는 말이 자기에게는 아무 뜻도 없다고 생각할 만큼 둔하여 똑똑한 사람의 훈련을 받아야 한다. 그래서 성공하려면 과학적 법칙에 따라 일하는 습관을 붙이게 해야 한다(테일러, 1919:59).[59]

브레이버맨은 테일러를 비판하면서 테일러 자신의 말을 효과적으로 찍어낸다(그래서 위 내용은 놓치지 않았다). 테일러 자신의 시각에서는 기능작업 분해가 능률을 향한 한걸음 전진이다. 첫째, 작업을 분해하면 동작별 최적화가 가능하며 둘째, 작업자 집단의 "자연적" 성향인 "태업"하는 힘을 빼고 그 힘을 관리자에- 테일러가 말하는 과학에 넘기기 때문이다. 브레이버맨은 기능 분해가 "명백한 습관으로 자리잡게 되면 퇴화가 강요된 일에 대한 반감이 속으로 쌓

---

58) 테일러=F.W. Tailor: "과학적 관리법(1911)" 저자로 그의 능률이론은 경영관리론의 뿌리가 되었다.
59) 테일러시대(19c말~20c초) 미국공장은 유럽 이민노동자에 의존했으며, 말도 통하지 않는 그들을 관리하는 어려운 상황을 표현한 것이다.

여 흐른다"고 말했다(1998[1974]:104). 이를 두고 "점진적으로 단순화되고 결정적으로 비혁명적인 노동계급을 특징지우는 데 성공한 브레이버맨"(태너 외, 1992:440) 이라고 말하는 것은 과장이 아니다. 그의 심리학은 우선적으로 기능의 퇴화와 노동자의 한에 연결되어 있다- "생각과 행동의 일치, 구상과 집행의 일치, 몸과 마음의 일치"상실에서 오는 한(브레이버맨, 1998[1974]:118).

브레이버맨은 마르쿠제 말도 인용한다. 마르쿠제는 하이덱가에서 따온 논리인 기술과 감각소외 사이의 관계를 분석했다(핀버그, 1991 참조). 이 주제는 투렌의 탈 산업화사회 개념과 어우러져 점점 인기를 끌었다. 그리고 리처드 세네트(1998)의 "인격 부식" 중심에 있으며 특히 앙드레 고르의 비물질적 노동[60] 비판에서는 더 깊게 조명된다. 고르의 비판에 따르면 비물질적 노동은 "감각을 무디게 만들고, 지각의 확실성을 죽이며, 서있는 발판을 흔든다". 그리고 견디기 어려운 자극을 받은 신경시스템의 스트레스를 '진정' 시키기 위하여 사람의 몸을 "화학적 진정제"에 의존하게 만든다"(고르, 2003:112 저자 번역).

마르쿠제와 마찬가지로 브레이버맨은 테일러 류의 일 퇴화를 기술발달에 불가피한 요소로 보지 않는다. 기술은 작업자를 노동과정에서 제약할 필요가 없으며, 문제는 규모나 복잡성이나 속도가 아니라 기술을 통하여 작업자를 통제하는 방식이다. "드릴, 톱, 분쇄기, 렌치, 끌, 망치, 스테이플러, 연마기, 완충기 등 다양한 공구에 동력을 적용하는 것은 기계와 작업자 관계를 변화

---

60) 비물질적 노동=immaterial lobor: 감정과 인식 상품(affective and cognitive commodities) 생산에 투입되는 노동을 설명하는 학술용어, 여성의 가사 활동에 사용되기도 했으나 지금은 인터넷과 관계되는 디지털 노동, 인터넷상의 공동생산, 소비자참여 콘텐츠 생산 등에 사용된다.

시키지 않았다"고 브레이버맨은 말한다(1998[1974]:130). 이 공구는 작업자 손에 있으며 공구사용자에 필요한 기술을 향상시킬 것이다. 기능해체 과정은 기계가 동작경로를 고정시키면서 시작되고, 다기능기계가 연속동작 순서를 결정하고-원격으로 기계를 조종하여 계수를 통제하며-작업실적을 자동으로 기록하고 수정하는 단계에 이른다(브레이버맨, 1998[1974]: 130-54). 이것은 작업자가 "기율에 얽매이는" 과정을 나타내며, 달리 표현하면 일이 사회질서의 중심축이 되는 것을 보여준다(고르, 1989; 오페 및 하인쯔, 1992: 포울슨, 2010 참조). 산업주의[61]에서 나온 일에 관한 관념과 함께, 순종의 덕목이 손재주와 기능을 앞지르고 있다. 그 결과, 일을 계속할 수 없게 된 개인은 "사회적 질서를 지켜 온 감시권역 밖으로 버려지기 때문에 두려워한다; 고용관계가 단절된 사람은 주인 없는 처지가 되고 사회적 관심의 범위를 벗어난다- 지켜보는 사람도, 챙겨주는 사람도 없고 처벌로 무장한 정규 점검 대상에 속하지도 않게 되기 때문에 두려워한다"(바우먼, 2004:18). 일에 관한 이런 관념은 초기 프랑크푸르트 철학자에 채택되었고, 그들은 같은 이유로 문화와 사회의 모든 영역에 파고들은 일을 비판대상으로 삼았다- "이들 모든 것의 중심에 강제수용소가 있다, 우리가 사는 사회에서 모든 일은 강제수용소 일과 같다"고 데오도르 아도르노[62]가 말했다(아도르노 및 호크하이머, 2010[1956]:34).[2]

같은 맥락에서 쥬르겐 하버마스는 "일"을 수단적 합리성[63]을 대표하는 분석 틀로

---

61) 산업주의=industrialism: 산업주의는 동서가 경쟁적으로 추진한 것이다.

62) 데오도르 아도르노=Theodor W. Adorno(1903-1969): 독일 출신 사회학자로 프랑크푸르트학파 중심 이론가. 일을 강제수용소에 비유한 이 글은 동서냉전 절정기인 1956년에 나왔다.

63) 수단적 합리성=instrumental rationality: 저자 머리말 각주 3) 참조.

만들어 "상호작용"의 반대편에 세웠다. 하버마스는 일에 관하여 더 구체적인 설명은 거의 하지 않았다. 그러면서, "일"의 이상적인 형태는 "시스템"의 핵심을 이루며 그것이 생활세계를 식민화한다고 분석한다. 식민화 주제는 마르쿠제의 기술비판을 현명하게 요약한 것이다. 고르64)와 마찬가지로 마르쿠제도 오늘날 조직은 너무 복잡하여 의사소통의 이성65)이 통하기 어렵다면서, 노동의 인간화를 도모하기보다 오히려 소외를 "완성"시켜야 한다고 말한다. 그 방법으로 "노동의 전반적 자동화, 노동시간의 최소화 축소, 직능의 호환"등을 제시한다(마르쿠제, 1955:152). 하버마스와 마르쿠제의 중요한 차이점은 다음과 같다: 마르쿠제는 이것을 자본의 이익추구 결과가 – 또는 마르쿠제가 선호하는 말을 빌리면 "지배의 합리성"66) – 기술 속에서 구체화된 것으로 보지만(마르쿠제, 1955,1998,2009[1968]), 하버마스는 기술발달을 순수한 수단성에서 오는 것이라고 자연에 귀속시킨다는 점이다. 하버마스는 (주로 아놀드와 게혜른에서 따온) 빈약한 분석을 기초로, "우리에 알려진 기술과 목적지향적–합리적 행위 사이에는 불가분적 연결고리가 있다"고 말한다. 이 연결고리는 기술의 역사와 기술의 점차적 인간행동 대체에서 분명히 들어난다.

처음에는 운동근육 활동(손과 발) 기능을 증대시킨 다음 대체된다, 다음에 에너지 생산(인간 육체), 다음에 감각기관 기능(눈, 귀, 피부), 마지막에 통제센터 기능(뇌)로 넘어간

---

64) 고르=Andre Gorz(1923-2007): 2차대전 후 사르트르의 실존주의형 마르크시즘 지지자, 1960-70년대 뉴 레프트운동 이론가로 알려져 있으며 노동해방과 같은 임노동 이슈가 주 관심영역이었다.

65) 의사소통의 이성=communicative reason(rationality) : 대화자는 의사소통이 객관적으로 올바른 결과를 가져오게 될 조건을 암묵적으로 알고 있으며, 하버마스는 이것을 '이상적 대화 조건'이라고 말한다. 의사소통의 이성은, 합의에 도달할 의도를 품고 이와 같은 이상적 조건에서 대화하는 능력을 뜻한다.

66) 지배의 합리성=rationality of dominance: 합리주의 이름으로 지배를 미화하는 서구철학을 비판하는 마르쿠제가 이것을 '지배의 합리성'이라고 냉소한 것이다. 자본주의 도덕과 기술을 지배수단으로 지목한다.

다. 이와 같이 기술 발달은 목적이 깔린 합리적 행위와 일치하는 논리에 따른다─ 이때 목적이 깔린 합리적 행위는 그 결과의 지배를 받으며 사실은 일의 구조가 된 다(하버마스, 1971:87).

하버마스는 계속해서 "이것을 알게 되면 우리가 우리 기술을 부인하고 질적 으로 다른 대안을 꿈꾸는 것은 불가능하다"고 말한다(전게서).

하버마스의 초기 저술은 비판이론의 새 경지를 열었지만, 기술과 기관에 관 하여 구체적으로 밝힌 점은 없다고 말할 수 있다(카레헤덴, 1996;핀버그, 1991 참조). 하버마스는 "그의 행동이론에 관한 지나치게 구체적인 견해를 피하기 위하 여"상호작용의 반대로 "일"을 언급하는 것을 중단했어야 했다고 미카엘 카레 헤덴은 지적한다(1996:52). 그러나 기능주의 입장에서 일과 기술을 하나로 귀화 시켰지만 생활세계와 시스템의 양분화 속에 살아있다. "거대이론"(Mills, 2000[1959]:25-50) 전통에 따르면, 일은 블랙박스로서 인푸트와 아웃푸트 형식으 로 연구할 수 있지만, 그 내부 작용은 단순히 합리적이라고 추정하든가 아니 면 알 수 없는 것으로 넘어간다.

저항과 민주화는 노동 측에서 보다 시민사회에서 일어나기 쉽다는 생각이 1968년 이래 힘을 받고 있으며 사회학 주류의 지식인측도 "노동계급에 냉담 하다"(하사드 등, 2001:343). 이것은 투렌의 저술이나 사회운동에 관한 사회학에서 도 두드러진다. 이런 전후관계 틀 안에서, 작업장에서의 자아성 증후는 특이 한 현상으로 변한다. 이와 같은 전후관계로 볼 때, "사회적 빈둥거림" 또는 "사이버 꾀부리기"를 "역기능 행위"로 변질시키는 전통 조직심리학이나 경영학을 지지하는 것은 저지되어야 한다(그리핀 외, 1998; 밀러, 2007; 비비엔 외, 2002 참조). 따라서 작업장에서의 자아성 연구는 일의 사회학뿐만 아니라 일반 사회학에서도 중요하다.[67]

2-3 허위의식 그림자

제임스 C. 스콧트(1991)는 마르크시스트 이데올로기 비판에서 허위의식 이론의 얇고 두꺼움을 구분했다. 앞에서 나는 얇은 이론을 거론했다: 강력한 이데올로기는 통제기술과 권력행사를 통하여 순종을 달성하므로 하급집단은 현존 사회질서가 "자연스럽고" 또 불가피하다고 믿는다. 허위 의식의 두꺼운 이론은 한 걸음 더 나아간다: "지배적 이데올로기가 하급집단을 설득하여 자신들의 종속이 정당하다고 스스로 믿게 만드는 마법을 지녔다"고 주장한다(스콧트, 1991:72). 달리 말하면, 얇은 틀은 체념을 바라보고, 두꺼운 틀은 동의를 요구한다.

위에 말한 허위의식 이론의 두 형태가 상부에서 부과된 것이라고 생각하는데에는 일리가 있다. 문제는 허위의식이 이론적 지침이 되어 경험적 관찰까지 사전에 결정짓고 달리 생각하려들지 않는다는 것이다. 1980년대에 도래한 "포디즘 이후[68]"와 함께, 제조업, 서비스업, 전문직 일에 "Y이론이 주입되어 통제를 적게 받으면 생산성이 올라간다는 관념이 강조되었으며(맥크리거,1 960), 자기실현과 존경을 강조하는 전통적 인도주의 조직논담이 촉구되었고(마스로

---

67) 작업장저항에 대한 사회학적 관심이 약화되는 환경을 역으로 '자아성' 연구의 중요성과 연결시킨다.
68) 포디즘 이후=post-Fordism

우, 1943), 노동과정이론은 "문화적 전환"을 일으키고 곧 독자적 비판경영학 학파를 이루었다. 소위 유연한 인적자원관리 또는 허 윌모트(1993)가 말하는 "기업 문화주의69)가 관심의 초점이 되었다. 그리고 한때 HR 석학들이 휘두르던 압도적 힘은(다분히 자신들의 전문직 경력을 지키기 위한) 흔들리지 않고 두꺼운 허위의식 확산에 이용되었다. "기업 문화주의가 추구하는 목적과 끊임없는 관심은, 종업원의 '가슴과 마음'을 잡는 것이다: 행동을 요구하기 위해서가 아니라 어떻게 생각하고 느껴야 하는지를 관리하여 스스로 목표를 세우게 하려는 것이다"라고 윌코트는 말한다(윌코트, 1993:516). 비평가들은 문화적 충격에 관한 주제를 별로 지원하지 않는다는 말을 반복하고 있지만(톰프슨, 2011 참조), "꼬임수" "자기규제의 내면화" 그리고 "정서적 영역의 식민화"는 아직 유행하는 주제로 옛 비판이론을 재생시키고 있다(캐세이, 1995; 그란트 등, 1998; 토운리, 1993 참조).70)

이와 유사한 의미 중의 하나가 "즐거운 로봇"이다. 에세이 사회적 상상 속에서 밀즈는 자기 마음속에 자리잡은 우리 시대 최대의 사회문제를 제기한다.

근대부터 현시대 사이에 사람의 심리적 변환이 얼마나 심각한지 우리는 모른다. 그러나 이제 궁극적 의문을 제기해야 한다: 오늘날 사람들 사이에 즐거운 로봇이라고 이름붙일 수 있는 것이 널려 있고 심지어 넘쳐흐르게 될 것인가?.... 나는 그것을 인간 본연의 성질이라고 단순하게 넘기지 않을 것이다, 왜냐하면 인간으

---

69) 기업문화주의=corporate culturism: Hugh Willmott는 'Down with Big Brother!' The End of Corporate Culturalism'?(1993)에서, 조지 오웰의 소설에 나오는 구호 '무지가 힘이다, 노예가 자유다'를 통하여 기업문화의 전체주의 야심을 경계했다.

70) 여기에서 경영학과 비판이론의 시각차가 분명히 들어난다.HR= Human Resouvces

로서의 깊숙한 곳에 자유를 향한 욕망과 이성을 향한 의지가 있기 때문이다. 이제 우리는 물어야 한다: 인간 본성은 무엇인가, 오늘날 인간의 조건이 무엇인가, 다양한 사회구조 속에서 즐거운 로봇을 키우는 것은 무엇인가? 그리고 무엇이 그에 맞서고 있는가?(밀즈, 2000[1959]:171).

밀즈는 "고전적 전통 속 깊숙이 박힌 사상, 주제, 문제"에 대하여 아는 것이 없다고 말하며(상게서), 이것이 곧 밀즈가 사회학에 이색적인 공헌을 하도록 이끈 것이다. 서문에서 밝힌 바와 같이, 그것은 소외에 관한 마르크스 초기 논문, 베버의 무쇠새장 및 감금된 저능의 핵심을 이루는 것이며, 게오르그 짐멜의 논문(1981) 수도71)에서 관심의 주 대상이 된다고 밀즈는 주장한다. 그러나 1세대 프랑크푸르트학파72) 이전에는 아무도 이 주제에 관심이 없었다.[3]

비판경영연구의 선구자 매츠 앨버슨과 윌못트(2003:2)에 따르면, 1930년대 프랑크푸르트에서 시작된 "비판이론 전통이 비판경영연구 발상에 크게 기여했다"며, "호크하이머, 벤자민, 아도르노, 마르쿠제, 프롬과 최근의 쥐르겐 하버마스를 언급한다"(상게서). 안타깝게도 비판경영연구의 이론적 기초를 음미할 때는 이들 이름이 별로 언급되지 않는다. 이들의 정통성은 심리분석적 관념이 등장하는 기업문화 비판 부분에서 특히 빛을 발한다. 바이마르공화국의 독일 노동자란 제목의 전체주의에 관한 초기 실험적 연구에서(호켄하이머와 프롬

---

71) 게오르그 짐멜의 '수도' = Georg Simmel, The Metropolis and Mental Life(1903). 20세기 초 대도시에서 생활하는 개인의 문제점을 지적한 것이지만 오늘날에도 통하는 내용이다.

72) 프랑크푸르트학파는 1923년에 설립된 프랑크푸르트대학 부설 사회연구소 소속 학자들이 공통적으로 마르크스사상을 추종한다는 특색 때문에 알려진 이름이다. M. 호켄하이머, T. 아도르노, H. 마르쿠제, E. 프롬 등이 여기 속하며, 톱니바퀴, 노예노동, 식민화, 강제수용소, 노동해방과 같은 말을 유행시켰다.

사이의 다툼으로 출판은 되지 않았지만) 공언해오던 주장과 실제 개인 특성 사이에 큰 차이가 노출되었다(제이, 1973:116-18 참조). "권위주의적 노동자73)"(나치가 권력을 잡기 전에 형성된 것) 개념이 프랑크푸르트 철학자들의 저술에 반복 등장하는 인물상이 되었다(특히 아도르노, 1950; 프롬, 1973; 마르쿠제, 2008[1964] 참조).

이 주제에 가장 두드러지게 공헌한 프롬은 밀즈와 같은 이유로 우려했다; "로봇 지향"74)(프롬, 2008[1955]:354)이 궁극적으로 민주주의 훼손을 대표한다: "만약 사람들이 스스로의 의지나 확신이 없고, 입맛이나 의견, 기호가 커다란 조정 장치로 조작되는 고립된 자동기계라면, 어떻게 '자신들의' 의지를 표현할 수 있겠는가?"라고 프롬은 물었다(2008 [1955]: 180). 사회연구소에서 심리분석을 적용한 유일한 중심 회원으로서 프롬은, 어울릴 수 없다는 공포가 개인의 도덕적 정체성을 어떻게 약화시키는지 관찰했다: "개인이 자동기계가 되고, 그런 속에서 그가 큰 힘에 봉사한다면 어떻게 윤리가 생활의 중요한 부분이 되겠는가?"(2008[1955]:168).

인간존재가 우선한다는 가능성을 부인하지는 않지만, 프랑크푸르트학파는 성숙한 자본주의 억압에 자유로운 자아가 저항한다는 전망에 비관적이었다. 특히 초기 프랑크푸르트학파의 심장부에는, 노동에의 적응이 모든 사회제도

---

73) 권위주의적 노동자=auhtoritative worker: 작업장에서 적극적으로 자기 의견을 내기보다 관리자 말에 순응하는 종업원 심리구조를, 복종에서 즐거움을 느끼는 개성 즉, 권위주의적 개성 때문이라고 설명하는 구도. T. 아도르노 및 M. 호크하이머의 저서 '권위주의적 개성'(The Authoritative Personality:1950) 출판 이후 유행.

74) 로봇 지향=robotism: The Sane Society(1955) 저자 E. 프롬은 이 책에서, 마르크스 휴머니즘 시각으로 자본주의사회의 소외현상을 진단하면서, 그 속에서 인간은 자유를 모르는 로봇이 된다고 결론지었다.

의 범기능이 되고 있다는 가정이 자리하고 있다. 그러나 더 정통파 마르크시스트와 달리 프랑크푸르트 철학자들은, 비판이론을 망라하는 주제의 기초를 다졌으며 그것이 소위 문화와 소비 비판이다.[75] 비판이론가들은 작업장 권력 구조를 직접 연구하기보다 그 영향을 받는 일상생활영역 연구에 더 관심을 보인다– 예를 들면 아도르노는 공장 훈련을 즐겁게 시키는 수단으로 재즈를 반복한다는 쟁점 있는 분석을 내놓고 있으며(호크하이머 및 아도르노, 2002(1944):101), 마르쿠제의 억압적 역승화(逆昇華) 견해는 현혹적으로 자유화된 성관계가 점차 지배의 합리화에 연결되었다고 본다(마르쿠제, 2008[1964]). "정체성과 경영문화에 관한 왜곡된 강조"(톰프슨(2011:364)는 비판적 경영연구의 오랜 전통에서 나왔다고 톰프슨이 비판하는 것이다.

사회학이 어떻게 지배를 연구했는가를 두고 프랑크푸르트학파는 심각한 충격을 받았다. 그것은 비판적 경영연구에서 볼 수 있는 유일한 것이 아니기 때문이다. 즐거운 로봇 문제는, 즐겁기 때문에 로봇 아닌 다른 것이 되려는 동기가 붙지 않는다는 것이다. 이 "불행 속의 행복감"(마르쿠제, 2008[1964]:7)은 구이 디보르드에 의하여 "스펙터클사회"[76]라 명명되어, 컨스머리즘이 상호작용을 어떻게 조정된 일방소통 형태로 축소시키는지 관심을 끌게 만들었다. 싹트기 시작한 문화연구 산업의 후기 이론가들과는 대조적으로 디보르드는 "스펙터클은 이미지 집합이 아니라; 이미지로 조정된 사람들 사이의 사회관계"라는

---

75) 프랑크푸르트 철학자들이 '문화와 소비' 비판에 초점을 맞춘 것은, 계급혁명론의 한계를 의미하며 마르크시즘이 진화하는 현상이라고 볼 수 있다.

76) 스펙태클사회=The Society of Spectacle: 비판이론가 구이 디보르드의 저서(1967), 컨스머리즘이 낳은 상품 이미지가 실제 인간관계를 대신하게 된 현대사회를 마르크스의 물신주의(fetishism) 연장선상에서 비판한 것으로, 인간가치의 하락을 강조하고 있다.

입장을 지켰다(디보르드, 2002[1967]:§4). 이 관계를 디보르드는 권력이라고 적절하게 표현될 수 있다고 말한다.[4]

허위의식의 두꺼운 틀 이론을 주창하는 사람들이 말하는 권력은 폭력적인 것이 아니다− 비록 모든 권력이 궁극적으로 의존하는 것은 폭력이라 할지라도. 스티븐 루크스(2005)[77] 이론처럼, 권력은 세 가지 다른 단계에서 작용한다. 누군가를 그 사람 의지에 반하여 행동하도록 강요한다면 그것은 난폭한 힘이다− 제1 국면. 권력기관에 있는 사람들이 "의사결정을 안 하여" 당면문제를 억누를 수도 있다− 제2 국면. 루크스의 권력 개념에서 제3국면은 이데올로기 권력이다[78]− 사람들의 소망과 사상 위에 작용하여 그들의 진정한 이익 실현을 막는 것이다. 즐거운 로봇을 길러내는 힘이다.

이와 같은 조작적 권력이 외관으로 관찰될 수 있는지 인식론적 의문을 제기하기는 쉽다.[5] 그러나 이것은 여기에서 관여할 바 아니다. 의문은 오히려 허위의식의 반대가 무엇인가 하는 것이다. 만약 당신이 근무 중 시간훔치기와 같은 저항행위를 한다면, 일의 세계 전체를 문제삼는 상반된 의식을 필요로 하는가? 아니면 존재하는 것을 동시에 수용도 하고 반대도 하는 중간형태의 다른 의식이 있는가? 허위의식을 대신할 만한 것이 무엇인지 분명한 그림을 가지고 있지 않는 한, 그 허위성을 모두에 피상적으로 비추는 것은 너무 단순한

---

77) 스티브 루크스=Steven Luxes(1941): 영국출신 마르크시스트 정치 · 사학자 · 권력의 3국면 이론으로 알려졌다.

78) 루크스가 말하는 제3 국면 '이데올로기 권력'은 허위의식을 만들어 노동계급으로 하여금 지배자가 원하는 것이 자기들도 원하는 것이라고 믿게 만들 수 있다는 것이다(Power: A Radical View, 2005).

것이다(같은 이론의 아류에 속하는 사람들은 특별한 예외에 속한다).

2-4 객체로서의 자아

톰프슨(1983:249)은 일찍이 노동과정 이론에서 "자아 상실" 문제를 제기한 바 있다. 톰프슨은 노동과정 논담 서두에서, "핵심되는 이론"의 틀을 세우려고 시도하면서, 다음 세 가지 점에 착안했다; 첫째, 노동과정에서 자아성의 조건 이 무엇이며 또 그 조건이 어떻게 결정되는가에 관하여 밝혀진 것이 거의 없 다는 점. 둘째, 자아성의 조건을 밝힐만한 이론적 기초가 없다는 점. 셋째, 그 리고 이것이 "주요 문제"라는 점이다. 다미안 오도허티와 윌못트에 따르면 이 것이 정통 노동과정이론의 약점으로 남아 있다. "브레이버맨 계열 사람들 분 석에서는, 자본과 노동의 상호의존적 관계(비록 비대칭적일지라도)에서 일어나는 재생산과 전환 속의 의식과 행위 역할을 최소화하거나 아예 배제하려고 했 다"79)(오도허티 및 윌못트, 2001:459). 푸코80)계열의 논리구성은 자아문제에 접근하 는 가치있는 방법을 제시했으나, 본질적 이론구성을 피하고, 권력-자유, 구 조-개인, 자연-문화, 타율-자율, 통제-저항과 같은 고전적 이원론도 피해 갔다.

그래서, 오도허티와 윌못트는 작업장 자아성을 이론화하자는 톰프슨 제안에

---

79) 여기에서 재생산은 '노동력 재생산'을 의미하며, 이들은 가족생활을 빼고 노동력 재생산을 위하여 일한다고 말한다.
80) 푸코=Michel Foucault(1926-1984), 2장 작업장의 권력 각주 43) 참조.

공명하면서 다음과 같이 주장한다: "톰프슨의 일 논리 '전개' 속에는 더 정통적 입장으로의 후퇴가 보인다"면서, "구조-개인 2원론81) 밖에서 생각하기를 원치 않거나 또는 무능함"이라고 말한다(오도허티 및 윌못트, 2001:461). 일의 성질82) 말미에서 톰프슨이 제기한 의문은 푸코 유형의 분석이 답이 될 수 있을 것이다— 즉, 왜 "노동자들은 자아 표현이 결여된 일상에 매몰되는가" 그리고 어떻게 "남녀 성이 작업장에서 개인의 기회를 열고 닫는가"(전게서). 그러나 그들은 "왜 노동자들은 '기술' 해체 후에도 기술자로서의 자기들 실체를 방어하는가"(톰프슨, 1983: 250)라는 톰프슨 주장의 첫 번째 질문을 비켜간다.

조직을 연구하는 푸코 아류의 강조점은 동의 미캐니즘에 머물러 왔으며, 그 속에서 "외부권한은 그 물리적 힘을 버려도 무방하겠지만"(푸코, 1977:203)83) — 저항 연구에서는 그렇지 않다. 물론 가장 유명한 주제는, 패노프티콘84)과 질서잡기 감시에 관한 것이며 지금도 여러 가지 형태로 재현되고 있다. 앞에서 언급한 기업문화주의 현상은 관찰, 실험, 그리고 정상화 미캐니즘을 통하여 특별한 관심으로 면밀히 음미할 부분이다; 이것은 푸코 자신이 그의 저서 작

---

81) 구조-개인 2원론=structure-agency dualism/individual-structure dualism:: 개인이 자유로운 자아로 행동하는가 또는 사회구조가 행동을 결정하는가를 두고 대립하는 주장을 이원론이 교류시킨다. 오늘날 조직이론에는 사회구조가 사라지고 개인만 있다.

82) 일의 성질=톰프슨 P.의 1983 저서 The Nature of Work: An introductionto debates on the labour process.

83) 푸코의 저서 Discipline and Punishment: The Birth of the Prison(1977)에 나오는 문장으로, 감시받는 사람이 패노프티콘과 같은 환경에서 24시간 감시받고 있다는 것을 알게 되면 스스로 자신을 감시하는 역할도 하게 되므로 '외부권한은 할 일이 없게 된다' 는 내용이다.

84) 패노프티콘(panopticon)은 J. 벤덤이 18세기 말 착안한 형무소 디자인이다. 중앙 감시탑 둘레에 원통형으로 감방을 배치하면 감시자는 들어나지 않으면서 죄수를 24시간 감시할 수 있다. 이런 건물이 건축되지는 않았지만, 이 아이디어는 오늘날 학교-병원-교회-공장 등에서 일어나는 권한과 감시 관계를 은유한다.

업장의 규칙과 처벌을 통하여 사회학에 기여한 것을 반복하는 것이다(마스덴, 1993; 토운리, 1993, 1997 참조).

푸코 계열이 도약한 다른 추세는 팀워킹과 그 속에서 일어나는 동료압력 그리고 자기감시의 이론적 근거에 관한 것이다. 팀은 이제 "거의 완벽한 통제 수단을 창조한다"고 제임스 바커는 주장하고 계속해서 "그들이 팀에 참가하는 행위(어느 면에서 그들의 인간적 품위)는 모든 팀원에 항상 공개되고 모니터된다: 근본적으로 팀은 통제의 총체적 시스템이며 저항이 거의 불가능하다"라고 말한다(바커, 1993:430; 시웰 및 윌킨슨, 1992도 참조). 이와 관련하여, "정체성 구축"[85]도 비판적 경영학 연구에서 주제로 세력확장(폭발이 아니고)을 체험했다. 푸코형 분석을 뒤튼 사례가 데이비드 나이트와 윌못트에서 보인다(나이트 및 윌못트, 1989; 윌못트, 1993). 여기에서 인간의 실존적 불안감[86](프롬의 분석과 같은, 1994[1941])은 개인을 광범하게 흡수하고 관리권한의 위력을 증대시키는 것으로 가정되었다. 감시와 기율의 또 다른 증대는, 전사적 품질관리(TQM)와 적시생산방식(JIT)이 채택하고 있는 정보기술의 전자눈이며, 그 밖에 콜센터와 같은 서비스 직종도 있다. 지금은 콜센터와 같은 서비스 직종은 그 자체가 비판적 작업장 연구의 보조훈련장이 되고 있다(시웰, 2012).

푸코 계열이 "자아 상실"을 언급하는 것은 애매하다고 할 수밖에 없다. 왜냐

---

85) 정체성 구축=construction of identity: 정체성 연구는 나 자신(me, sense of self) 중심에서 계급의식과 같은 집단의 정체성 영역으로 확대되었다.

86) 실존적 불안감=existential insecurity: 일자리나 건강과 같이 한 부분에서 오는 불안이 아니라, 인생의 의미를 찾는 존재론적 불안을 뜻한다.

하면, 개인-구조의 이원론을 해체하려는 것은 자아를 지우는 것과 같이 보이기 때문이다. 그러나 그와 같은 해석은 너무 성급한 것이다. 투렌이 평하는 것과 같이, 푸코 글은 "이론화하기에는 너무 기름지며"(투렌, 1995:169), 한 마디 보탠다면 너무 막연하다. 이것을 어떤 사람은 "자아의 자유에 대한 푸코식 강조"(뉴톤, 1998:428)라고 말할 수도 있고, 어떤 사람은 "자아에 귀속되는 자율의 인본주의 개념"(알베슨 및 윌못트, 2003:2)에 대한 의문이라고 찬양하는 사람도 있을 것이다. 공정하게 말하자면, 푸코 해석자들이 강조하는 것은 자유의 부재에 관한 것이다. "자유로운 자아는 생각하고 선택하고 반응하는 것으로 개념화될 수 없다"고 스탠리 디쯔는 주장하면서(2003:40) 다음 문제를 제기한다: "규율 속에 살아있는 일부로서의 환상적인 '자유로운' 자아는 거부되어야 한다-인간존재는 새로 발견된 내면적 의지에 의존하는 것이 아니라, 외부에 걸린 요구의 재발견, 즉, "타자(他者)"의 재발견이다[87]""

이것은 구조-인간존재 2원론에 대한 현명한 해법이 될 수도 있다; 한편으로 자아는 관념적 구성이라는 알튀세르의 구조주의 이론과 동행한다고 보아도 될 것이다(특히 푸코, 1971 참조). 푸코를 인용하는 것은 상실된 자아문제를 논하는 것이라고 할 수 있다, 말하자면 자아 상실 문제는 의미론적으로 전통적 "자아"의미를 "객체"로 대체하여 근본적으로 자아를 지워버리는 것이다: "왜냐하면 자아는 대체로 권한-지식을 행사[88]하는 기능으로 나타나기 때문에... 자아 문제는 대체로 사라진다"(뉴톤, 1990:440). 그리고 자아는 권한의 효과로 생

---

87) 외부에 걸린 요구의 재발견=recovery of the demand on the outside: 이것은 미국 사회학자 C.H. 쿨리의 유명한 말 '거울에 비친 자신'을 암시하는 것 같다. 즉, 우리는 ① 내가 다른 사람에 어떻게 비칠까를 생각하고 ② 나에 대한 다른 사람의 판단을 생각하며 ③ 그 결과에 따라 보람, 행복, 죄의식, 부끄러움을 느낀다면서, 개인과 사회의 불가분적 상호관계를 강조했다. 여기에서는 사회가 평가하는 '나'를 타자=객체로 전개한다.

각되기 때문에, 전사차원의 조직논담[89] 연구에서는 종업원의 실제행동에 거의 관심을 두지 않는다. 알베슨 및 댄 카레먼(2011:1142)은 조직논담의 구성효과가 어떻게 실험적으로 증명되지 않고 추정되는지를 비판하는 글에서 다음과 같이 언급했다— "조직이론 연구의 주류는 언어-의미-인지-행위-실행의 불가분성 가정 위에서 진행된다." 결과적으로, "노동과정은 주변을 맴돌고 말과 텍스트가 중심부를 차지했다"(알베슨 및 카레먼(2111:1125). 조직논담은 현실과 같다는 생각과 조직논담을 넘어 자아성은 없다는 생각은 쉽게 순환론으로 빠지게 될 것임을 우리는 안다. 예를 들면, 누군가가 종업원은 기업문화 속에 세워진 가치를 내면화하지 않고 기업주에 반목하며 비판적이라고 관찰한다면, "불신감"이 지배적인 논리라고 묘사될 것이다(콘투, 2008; 프레밍, 2009; 뭄바이, 2005). 이렇게 되면, "조직논담은 전체적으로 생각과 행동 시스템이며 그 안에서 모두 일어난다는 인상을 받게 될 것이다: 만약 어떤 사람이 여기에서 벗어나는 논리를 발견한다면, 정의상으로 새로운 조직론이 될 것이다"(알베슨 및 카레먼, 2011:1131).

이런 방법은 푸코를 잘못 이해할 때 나오는 결과이거나 아니면 그 이론 적용에서 나오는 불가피한 결과라고 의심할 사람이 있을 것이다. 여기에서 이 문제를 더 따지기는 불가능하지만, 루크스 해석에 따르면 "푸코는 구체적 행적을 추구하기보다 그 구도를 설계하는 것이 특성이다. 그의 목적은 이상화된

---

88) 권한-지식 행사=power-knowledge practice: 권한과 지식은 독립된 실체가 아니라 떨어질 수 없는 관계에 있으며, 지식은 권한의 행사이고 권한은 지식의 기능이라고 보는 푸코 주장.

89) 조직논담=discourse: 이 말은 미국 언어사회학자 J. Gee가 쓰기 시작한 것이며(Social linguistics and literacies: Ideology in discourses,1990) 언어를 매개로 사회를 분석하는 틀이다. 이 책에서는 주로 조직에 관한 논담을 의미하기 때문에 정통 '조직이론'과 구분하기 위하여 '조직논담'으로 옮겼다.

형태를 묘사하는 것이다- 말하자면 어떻게 작용해 왔으며 작용하고 있는가를 설명하는 것이 아니라, 어떻게 작용하게 될 것인가 이상적 형태를 설명한다"(루크스, 2005:93). 다른 한편으로, 푸코는 만년에 이르러 "권한이 있는 곳에는 저항이 있다"를 강조하는 데 빠져 있었다고 보통 말하지만(푸코, 1978: 95), 그렇다는 사실을 옛날과 같이 실험적으로 보여주지는 못한다. 푸코 글에는 "사회생활에서 일어나는 반동의 소음을 우리는 듣는다"이야기가 무더기로 나오지만 자아화(투렌이 정의하는 개인화하려는 내면적 의지)는 푸코 틀 속에서 기본적으로 종속 문제로 남아 있다고 투렌이 주장한다.

여기에서 다시 권한 개념으로 돌아갈 필요가 있다. 푸코의 권한 개념이 사회과학을 앞장서 이끈다고 알려졌음에도 불구하고, 사실은 분명한 것이 아니다. 우리가 접근할 수 있는 가장 가까운 정의는 1976 이후의 강의부터다.

권한은 순환하는 어떤 것이라고 분석되어야 한다, 아니면 오히려 체인 형태로만 작용하는 어떤 것이다. 그것은 결코 여기저기로 쪼개는 것이 아니다, 결코 어느 사람의 손 안에 머물지 않는다, 결코 물품이나 재산의 일부와 같이 사물화되지 않는다. 권한은 망 같은 조직을 통하여 입수되고 집행된다. 그리고 개인은 그 망의 줄 사이를 순환할 뿐만 아니라; 그들은 항상 이 권한을 동시에 지탱하고 실천하는 위치에 있다. 개인은 권한을 자력으로 움직일 수 없고 그래서 동의 대상일 뿐만 아니라, 항상 권한을 밝혀야 하는 요소이다. 다시 말하면, 개인은 권한을 전달하는 수레이지 권한이 나오는 지점은 아니다(푸코, 1980:98).

개인을 권한의 꼭두각시라고 표현하는 알튀세르 아류 외에- "개인은 권한의 효과이다"(전계서)라는 말 속에서도 확실하게 나타나는 바와 같이- 이 모델은 권한과 저항 사이의 구분을 필요 없게 만든다. 권한은 쪼개는 것이 불가능하므로 아무도 진정한 권한을 "소유"하지 않는다고 푸코 계열이 주장할지 모르지만, 그러나 피지배자와 지배자는 종국적으로 이 순환에너지 형태의 이름 없는 수레와 같다고 할 수 있다. 이 가짜 이원론의 두 "부분"모두 권한을 보유하고 있는 이상, 권한 연구는 항상(암묵적으로) 저항 연구를 포함한다.[90] 산만하다고는 할 수 없지만 이 불명료한 권한의 의미를 평하면서 아크로이드 및 톰프슨은 다음과 같이 주장한다:

> 물론, 실제에 있어서는 권한이나 통제 그리고 저항은 서로 맞물려 돌아가는 것이지 기계적으로 서로를 만들어내는 것은 아니다. 그러나. 노동과정이론처럼 이것을 분리하는 것은[91] 그 상호 행위를 스스로 "보게"만드는 유용한 장치처럼 작용해 왔다. 그런 분리가 없으면, 또 다른 미궁에 빠져 푸코와 그 추종자 논리에서 관찰된 바와 같은 혼란스럽고 불투명한 결과에 머무르게 된다(아크로이드 및 톰프슨 (1999:158).

아크로이드와 톰프슨은, 푸코 연구자들이 이 점에 관하여 제기한 비평은 여기에서 언급하지 않았다. 행위자를 조직분석에 불러들이게 될 이론적(포스트휴머니스트이지만) 기초를 제공하려는 노력으로, 월못트는 푸코 주장 속에서 다음과 같은 모순을 일찍 지적했다- "모든 권력관계는 토대를 없애야 한다; 그러나

---

90) 비판이론이 '권한'과 저항에 집착하는 것은, 마르크시즘의 '자본지배' 공격이 호소력을 잃자 그 자리에 '권한'을 대신 세우려는 것으로 이해된다. 계급투쟁이 자본지배를 표적으로 한 것과 같이, 비판이론의 저항은 권한을 표적으로 한다. 계급투쟁론이 진화하는 모습이다.
91) 브레이버맨의 '기술을 통한 강제'는 권한과 개인의 분리를 시사한다.

아직은 권력관계에서 벗어날 길이 없다"(윌못트, 1994:114). 스스로의 의미를 지워버릴 위험을 안고 있는 이 요상한 권력개념은 – 만약 권한이 도처에 있다면 그것을 사회관계와 어떻게 우리가 구분할 수 있겠는가? – 그것이 "좋고" "나쁜" 형태의 권한을 판단하는 기준을 세우는 것이었다면 그런대로 넘어갈 수 있었을 것이다. 그러나 그렇게 하지 않았기 때문에 윌못트는 그를 코너에 몰아 비판했다. 이렇게 해서 푸코 연구자들의 권한 비판은 "변덕스럽고 개별적이며 결국 허무주의적"인 것으로 된다. 그러면서 "종속을 벗어난 새로운 형태의 자아성을 어떻게 정립할 수 있는가"라는 점에는 언급이 없다(윌못트, 1994:115).

푸코와 그 동조자들은, 저항행위에 대하여 관심을 보이면서 자아와 조직논담 사이의 상호작용에 대해서도 의견을 발표하고 있지만 사실은 다음 수준에 머물러 있다: "푸코 아류가 자아의 자유를 언급하고 있지만, 그들이 강조하는 것은 주로 산만한 프로그램의 합리성에 관한 것이다"(뉴톤, 1998:429). 푸코 자신의 저술에 대한 루크스 분석에 따르면, 저항의 존재를 인정하지만 "저항의 개념적 필요성을 과시하는데 그친다"(루크스, 2005:95). 개념적 틀을 넘어 어떻게 저항을 경험적으로 연출할 수 있는가에 관하여 푸코는 자세한 설명을 한 적이 없다. 푸코를 비평하는 여성운동가 중에서, 알렌은 "많은 저서에 나오는 사회적 행위자들은 지배층에 속하는 사람들뿐이다; 미친 사람, 경범자, 어린 학생, 변태자 또는 '히스테리' 여성이 자신들을 옭아매는 살아있는 권력[92]에 대응할 수 있는 방법에 관하여는 언급이 없다"고 분석한다(루크스, 2005:96에서).

---

92) 살아있는 권력= disciplinary bio-power: 푸코는 근대국가가 시민을 통제하기 위하여 사용하는 각종 생사여탈적 권력총체를 표현하는 bio-power라는 용어를 처음 썼으며, 여기에서 '살아있는 권력'으로 번역했다.

개인과 조직논담 경계선에서 무엇이 일어나는지에 대한 분석이 없다는 사실은 푸코 모델을 불완전한 것으로 만든다; 뉴톤이 주장하는 바에 따르면: "자아와 조직논담 사이에서 문제되는 관계를 지적하는 것은 자아와 조직논담의 관계를 설명하는 것과 같은 것이 아니다"(뉴톤, 1998:428, 강조점 생략).[93]

나는 이 장에서 반복되는 작업장 권한에 관한 주제와 "거대이론"[94]속의 그 뿌리를 다루었다. 요약하면, 브레이버맨 유형의"기술을 통한 강제"사다리를 타고 이동하는 권한 개념은 부드러운 형태의 권한이며, 푸코의 조직논담(알베슨 및 카레먼, 2011:1129)은 아무도 **빠져나갈 수 없는** 완전 포위된 초자연적 형태의 권한을 말한다. 이들 분석의 흐름 속에는 육체에서 의식으로, 의식에서 조직논담으로의 점차적 이동이 나타나며, 푸코 편에서는 강력히 반대하겠지만 역사적 분석에서 형이상학으로의 이동을 말하지 않을 수 없다. 일하는 사람이 기계부속품으로 전락되었다는 것은 일하는 사람이 일, 사용자, 사회에 대하여 생각하는 바를 따져볼 필요성을 없게 만든다. 여기에서 권한은 노동과정의 조직에 관한 문제다. 한편, 허위의식과 연관시켜 보면 노동자의 무력증을 밝히기 위하여 노동과정에 신경쓸 필요가 없어진다. 그러면, 자아 측면이 무대 중심으로 옮겨지고 경영의 역할은 노동의 조직방법보다 올바른 이데올로기를 고취하는 문제에 실린다. 푸코 류의 틀에 들어가면, 분석의 초점이 조직논담에 맞추어지기 때문에 행동이 거의 사라진다는 점에서 더 추상적인 분석이

---

93) 비판이론 시각에서 '저항'에 집착하는 것은 계급혁명 가능성이 멀어진 공백에 개인차원의 저항을 세우고 마르크시즘 맥을 이어간다는 의미가 보인다. 즉, 공격목표를 자본에서 권한으로 대체하고 전술을 계급투쟁에서 개인저항으로 전환하면서 그 공백을 자아개념으로 보완하는 것이다.

94) 거대이론: 1-5 정리, 각주 39) 참조.

된다("조직논담" 해석에 따라서는 행동이 포함될 수도 있다).[95]

여기에서 독일과 프랑스의 비판이론 차이가 분명해진다. 아도르노는 "최저
저항선"[96] 논리(아도르노, 2005[1951]:57)에 이어 "뼈도 없고 틀도 없는 대중"(아드르
노, 2005[1951]139), "표준화되고 조직화된 인간 단위"(아도르노, 2005[1951]:135) 라는
관념을 남겼고 그 밖에도 실망을 주는 글로 인하여 역사상 가장 비관적인 저
자에 속하지만, 그의 글 속에는 실망 속의 희망 "그렇게 되어서는 안 된다"라
는 부분도 포함되었다(아도르노, 1980:194).

이에 반하여 프랑크푸르트 철학자들은 자아와 객체를 합성하지 않기 때문에,
그들의 글에 나오는 객체화[97]와 권한은 한층 두려움의 대상이 된다. 그들은
권한을 자연화하지 않는다; 그들은 푸코 분석 속에서 자아(투렌이 정의한)가 죽은
것처럼 보일지라도 다시 살아날 것이라고 아직 생각한다. 이데올로기에서 데
이비드 호우크스[98]가 논평한 바와 같이: "이러한 입장이 남긴 결과는 놀라운
것이기 때문에 알튀세르 및 푸코를 포함하는 학자들이 자아는 사실상 처음부
터 객체였다는 관념으로 도피한 것을 이해하기 어렵지 않다"(호우크스, 2003:175).

---

95) 저자가 '자아'를 중심무대에 등장시키는 논리를 정리하면: 노동자는 기계부속품으로 전락하고(노동과정이
론) 종업원은 초자연적 권한에 종속되므로(푸코 류의 조직담론), 자아를 살려야 종업원 저항행위를 설명할
수 있다는 요지다.

96) 최저저항선=line of least resistance: 물체가 이동 가능한 경로 중에서 최소저항 경로를 의미하는 물리학상
용어를 은유적으로 표현한 것.

97) 객체화=objectification: 객체화 또는 대상화, 인간을 물적 객체와 같이 유용성에 따라 목적을 위한 수단으
로 종속시키는 과정을 뜻한다. 인간가치를 초월하는 이런 객체화는 사회적 권한과 연계시켜 고찰된다.

98) 데이비드 호우크스=David Hawkes(1964–): 아리조나대학 영어 교수, 강한 반자본주의 시각에서 경제–문
학–철학을 연결하는 6편의 저술이 있으며 이데올로기(1996)는 한국어로 번역되었다(2001).

6 물론, 프랑크푸르트학파의 자아 개념은 "분명히 마르크시스트형 휴머니즘에서 잉태되었고"(푸코 및 트롬바도리, 1991:120), 이 휴머니즘은 서구문화의 가장 산만한 추상적 가정이다. 그렇다고 저항행위를 푸코의 반휴머니즘 틀에 통합시키기도 어렵게 만든다.

다음 장에서는 작업장 저항을 효과적으로 연구하기 위하여 자아성에 대응하는 이론 개발의 필요성을 논의할 것이다. 그리고 그런 이론이 어떤 것인지 그 윤곽을 약술하고, 동시에 작업장 저항과 공노동 연구가 특히 자아성의 사회학적 개념 형성에 왜 도움이 되는지 검토할 것이다.

1 "본질"99)이라는 용어의 애매성 때문에 구조주의와 실존주의 사이에서 어느 학파가 가장 "본질론자"인가를 두고 복잡한 논쟁을 일으켰다(최근 사례로, 베라르디, 2009 참조). 마틴 하이데거에서 발원하여 허버트 마르쿠제, 장 폴 사르트르 등으로 뻗어나온 실존주의 학파가 인간 본성의 보편적 개념 비판을 시작했지만, 인간존재가 창조물이라는 관념은 그 자체를 가능성으로 비추는 것이며 이것은 본질의 한 형태(자유의지)를 가정하는 것이다. 여기에서 나오는 의문은, 의지의 상황적 자유100) 부정이 어떤 의미에서 본질주의 비판을 의미하는가로 연결된다. 나는 이 논쟁에 끼어들고 싶지 않기 때문에 이 문제를 개방상태로 남겨 둔다.

---

99) 본질=essence: 이 부분은 20세기 철학조류에서 상호관계를 중시하는 구조주의와 개인의 존재 자체에 중점을 두는 실존주의 사이의 입장 차이를 냉소적으로 비유한 내용이다.

100) 상황적 자유=situated freedom: 메를로-퐁티는 사르트르가 주장하는 인간의 '절대적 자유'를 형리상학적이라며 현실세계에서는 환경의 제약을 받는다는 의미에서 '상황적 자유'라고 말한다.

² 여기에 대하여 맥스 호켄하이머는 다음과 같이 대답했다: "조심하라, 당신도 일을 즐기는 생각에 접근하는 모험을 하고 있다. 일의 무용성과 일 조소는 사람이 일에서 얻을 수 있는 마지막 즐거움마저 빼앗아간다. 그러나 이것이 중대한 사실인지 나는 모른다. 그 진영 안에서 이데올로기는 살아남지 못한다. 그런데 우리사회는 아직 일이 좋다고 말한다"(아도르노 및 호켄하이머, 2010[1956]:34). 이것이 내가 만난 가장 극단적인 일 비판이라는 점을 알리고 싶다.[101]

³ 내가 여기에서 "허위의식"과 밀착된 학파, 비판이론이 남긴 단편에 초점을 맞추고 있지만, 이 주제가 고전적 전통 전체를 의미한다는 밀즈 주장은 옳은 것이다. 베버와 마르크스 외에 우리가 주목하는 것은, 인간의 무리의식[102] 주제를 덜 비판적으로 보증한 두르크하임 망령[103]이다. 캐롤 A. 레이는, 통제의 마지막 영역[104]에서 프랑크푸르트학파나 푸코는 언급도 하지 않은 채, 베버의 관료주의적 통제 그리고 엘튼 메이요와 더그라스 맥리거의 인간적 통제 다음에 나온 기업문화가 마지막 보완물을 대표한다고 주장한다. 대부분 두르크하임 개념에 기초한 레이의 주제는 다음과 같은 것이다: 레이 자신과 두르크하

---

101) 스탈린주의 전성기 환경에서(1956) 일을 강제수용소에 비유하며 노동해방을 내세우던 1세대 프랑크푸르트 학파 중심인물들이 일에서 즐거움을 찾는 자본주의사회를 냉소하고 있다.

102) 무리의식=herd mentality: 사람들이 무리(동료집단)의 영향을 받아 행동을 모방하고, 추세에 따르며, 물건을 구입하는 것을 말한다. 주식투자, 미신, 실내장식, 의상 등의 유행에서 나타난다.

103) 두르크하임=David Emile Durkheim(1858-1917): K. 마르크스, M. 베버와 함께 근대 사회학의 아버지라고 불리는 프랑스 학자. 전통사회의 종교적 가치관이 무너지는 시대에 필요한 것은 통합과 응집이라며 사회통합의 중요성을 강조했다. 여기에서는 그의 '집단의식' 개념이 보편화된 사실을 망령들린 것으로 비꼬고 있다.

104) 통제의 마지막 영역=The Last Frotier of Control(1986): 두르크하임의 개념적 틀을 이용하여 저술당시 미국에서 유행하던 "기업문화"를 다룬 것으로, 기업문화 조작이 또 다른 통제수단임을 밝힌다.

임은 전설, 의례적인 행사와 세레머니를 "정신적 일체화"의 기본이라고 생각하며, 이것을 적극적으로 조작하여 "기업의식"을 발달시키면, 결국 종업원을 완전하게 통합시키게 될지 모르지만, 종업원의 실체를 바라보는 시각은 "감성적이며, 상징에 빠져들고, 상위기관이나 집단 어딘가에 소속되기를 바라는"피조물에 그친다는 것이다(레이, 1986:295).

[4] 다시 보면, 똑같은 사회관계는 훨씬 일찍, 사회학 탄생 이전까지도 거슬러 올라가 발견될 수 있었다. 즉, 여기에서는 1813년 퍼시 비시 셸리[105]가 발표한 퀸 맵[106]까지 거슬러 올라간다: "권력, 버려진 역병 같은 것/그것이 닿으면 무엇이든 오염된다; 그리고 복종/모든 천재적 자질, 미덕, 자유, 진실을 파멸시키는 씨앗,/인간노예, 그리고 인간의 틀을 만든다/자동 기계화"(셸리, 1839:817).

[5] 루크스가 말하는 권력의 세 번째 국면은 많은 비판을 받아왔다. 존 엘스터는 자신의 "떫은 포도"[107]개념과 관련하여, 이념적 굴종은 의도적으로 유도될 수 있다는 아이디어에 특히 비판적이다. 순응적 선택이 이루어지는[108] 과정을

---

105) 퍼시 비시 셸리= Percy Bysshe Shelley(1792-1822): 영국의 낭만적 시인, 여기 나오는 Queen Mab은 장편의 계시적인 시로 유명하다.

106) 퀸 맵=Queen Mab: 로미오와 줄리엣에 등장하는 요정의 이름으로 영국에서 시와 문학에 자주 모습을 나타낸다. 그 가운데 유명한 것이 여기 인용된 셸리의 Quen Mab: A Philosoical Poem(1813)이다.

107) 떫은 포도=sour grapes: Jon Elster, Sour Grapes: Studies in the Subversion of Rationality, 1983. 엘스터는 'Non-Bullshit Marxism'이라고 자칭하는 학자모임(September Group)의 일원으로, 이 책에서 엘스터는 경제학의 합리적 선택이론을 뒤집고 비합리성을 추구하여 정통경제학의 비판을 받는다. '떫은 포도'는 이솝우화에서 착상한 것으로, 여우가 나무에 높이 매달린 포도를 따 먹을 수 없게 되자 덜 익어 '떫은 포도'라며 돌아서는 이유를 댄다.

108) 순응적 선택=adaptive preference formation: J.엘스터가 만든 말로, 생각과 행동 사이에 충돌이 일어날 때 즉, 인지적 불협화 상황에서 사람들은 순응적 선택을 하게 되고 원인을 남의 탓으로 돌려 푼다는 것이다.

"엄격한 내면적 인과관계"(엘스터, 1996:116)- 마음의 계략- 이라고 설명하면서, 엘스터는 루크스 주장을 비판한다. 루크스는 지배자들이 예하 백성의 신념과 욕구를 만들어낼 수 있다고 가정하지만, 체념과 순응은 "기본적으로 부산물"(엘스터, 1996:116)로 보아야 한다는 것이다. 엘스터의 비판에 대하여 루크스는, 권력은 항상 용의주도하게 개입하는 형식을 취할 필요가 없다는 점을 지적한다. 권력관계는 "주군"이나 "노예" 모두에 의도되지 않고 심지어 의식되지 않을 수도 있다, 그렇다고 순응이 의도적으로 설득될 수 있다는 가능성을 배제하는 것은 아니다(루크스, 2005:136). 더 진지한 비판은, 루크스가 리얼한 이해관계를 언급하며 "용서받을 수 없는 본질상의 죄"를 범하고 있다는 것이다(루크스, 2005:117); 그는 사람에게는 각자 무엇인가 리얼한 무엇- 사회적으로 구성된 것을 넘어-이 있다고 가정한다. 그리고 그는 사회과학자로서 그것에 관하여 발언할 수 있다고 생각한다. 이것은 후기구성주의 비판으로, 자아는 근본적으로 무한한 재구성이 가능한 객체라는 가정에서 나온 것이다.

[6] 비판이론 속의 "자아성의 변증법"분석에서, 로우렌 랑먼은 유사한 결론에 도달한다: "어떻게 지배가 내면화되는가에 관한 프랑크푸르트학파의 해석은, 지배를 이해하는 데 중요하고 지속적인 공헌자로 남아 있다, 그리고 알튀세르 및 푸코의 유사한 주장보다 훨씬 뉘앙스가 잡힌 것이다- 알튀세르 및 푸코의 이해틀에는 감정, 행위자 또는 저항이 빠졌으며, 그들이 비판하는 바로 그 지배를 재생산한다(랑그먼, 2009:278).

Chap 03 | 작업장의 자아성

이 장에서는 저항이 비판사회학에서 어떻게 논의
되어 왔는지, 더 구체적으로 말하면 작업장저항을 연구하는 여기에서 제기되
는 이슈에 어떻게 접근해야 할지를 검토할 것이다. 나는 사회과학에서 가장
광범한 질문 중의 하나인- 자아로 존재하는 것이 무엇을 의미하는지부터 시
작하고자 한다. 그리고 나서 범위를 좁혀 작업장 저항과 공노동과의 이론적
연관성으로 특화시키고자 한다.

"저항"은 그동안 여러 방향으로 정의되어 왔다. 유용한 정의에는 거의 모두
자아성 국면이 포함되어 있다, 그러나 예외 하나를 먼저 보자: 아크로이드와
톰프슨은 "저항"과 "부정행위" 두 용어를 번갈아 사용하며 후자를 다음과 같
이 정의한다: "당신에 부과되지 않은 어떤 것을 작업장에서 수행하는 것"(아크
로이드 및 톰프슨, 1999:2). 그들이 든 사례를 따라가다 보면 정의가 너무 광범한 것
을 알게 된다. 아크로이드와 톰프슨은 종업원이 실수로 생산을 늦추거나, 사
고를 치거나, 기타 부과되지 않았는데 일어나는 비의도적 행위를 서술하지

않았다. 저자 중 한 사람이 나중에 쓴 글에서, 부정행위를 "스스로 알고 하는 규칙 위반"이라 정의하였다. 이것은 "공개적이며, 원칙이 서있고, 공식적으로 조직되었을" 것이라고 생각되는 "저항"과 구별하는 것이다(콜린슨 및 아크로이드, 2005:306). 장 Ch. 칼슨은 이와 비슷하지만 더 정교한 구분점을 제시했다. 그는 작업장저항을 "작업장에서 당신에 요구되지 않은 행위와 생각을 의식적으로 생각하고 행하는 것이며 그것이 조직 계층을 통하여 위를 지향할 경우"라고 정의한다(칼슨, 2012:185).[1]

이상의 정의가 전달하는 것은 저항(작업장 안과 밖의)을 분석할 때 주관적 의도가 반드시 고려되어야 한다는 것이다. 이 점을 분명히 한 사람도 있다. "저항에 관하여 언급할 때는 저항행위를 상세하게 밝히는 것과 함께 저항행동을 하게 만든 주관적 의도도 밝혀야 한다"고 로우레인 레브랑은 말한다(홀랜더 및 아인보너, 2004:542에서). 공노동의 특별한 케이스로 돌아가 보자: 사용자를 생각하지 않고 일에서 일찍 떠나가는 사람이 있다고 하자. 시간 감각을 잃고 실수로 그렇게 할 수도 있다, 자기가 더 할 일이 없음을 알고 있었기 때문에 그렇게 할 수도 있다, 아니면 복수의 수단으로 그렇게 할 수도 있다-감독자에 골탕을 먹이기 위하여, 또는 사용자에 빼앗겼다고 생각하는 시간을 "몰래 찾아내기" 위하여. 이들 시나리오가 저항행위 하나를 다 표현하는 것은 아니다. 스콧트가 말한 바와 같이 저항의 주관적인 국면이 실제 결과보다 더 중요하다. 왜냐하면, 저항은 우리가 생각하는 효과를 항상 수반하는 것이 아니기 때문이다(스콧트, 1985:290). 저항은 자아를 필요로 한다.

여기에서, 이 주제에 다른 사람들이 어떻게 접근했는지 검토하고자 한다-일반 사회학 그리고 비판적 작업장연구[109] 모두를 포함하여. 작업장저항 연구에 나오는 투렌의 자아이론의 적절성을 논하기 전에, 그의 주장을 좀 더 자세히 제시하고 그가 받은 비판을 소개한다. 사회운동이나 다른 형태의 저항에 관하여 논하는 투렌과 기타 거대이론 동조자에서 발견되는 문제는, 저항의 개방(은폐의 반대)형태를 너무 강조한다는 점이다- 이것은 어떤 장소의 저항을 이론화할 경우에도 도움이 되지만 작업장에서는 그렇지 않다. 그들의 이론 속에서도 일은 우리 인간[110]이 가까이하기 어려운 수단적 합리성[111]의 섬으로 남아 이름 없는 법으로 지배를 받는다. 낭만적으로 사보타지 관행을 부추기는 사회주의자, 무정부주의자, 급진적 공장사회학자들은 작업장저항에 반항 냄새를 풍기려 하지만, 실제 행동자는 반항이라는 말에 공감하지 않는다. 공노동이 완전한 사례다. 그것은 함정일 수도 있다; 조직의 전후관계와 종업원의 주관적 의도에 따라서는 따라하기 방법일 수도 있고, 개인적 재미일 수도 있고, 또는 사보타지 형식일 수도 있다.

3-1 저항으로서의 자아성

프랑크푸르트학파, 특히 마르쿠제를 비평하는 글에서 투렌은, 정점에 도달한 "심한 절망"이 도화선이 되어 후에 "육십 년대 후반"으로 불려지는 운동이 일

---

109) 비판적 작업장연구=critical workplace studies: 비판적 작업장 연구를 포함하는 비판적 경영연구는 프랑크푸르트학파에 뿌리를 둔 것이며, 기업경영, 일, 조직에 관한 전통적 시각에 도전하며 급진적 대안을 추구한다.

110) 우리인간=human agency: 사회과학에서 '에이전시'는 '구조'에 대응하는 개인을 말하며 독립적으로 행동하고 자유롭게 선택하는 능력을 인정한다. 전통 속에 매몰되었던 개인을 계몽사상이 독립된 인간으로 발굴하는 과정에서 나온 개념이라는 점에서 '우리인간'이라고 옮겼다.

111) 수단적 합리성: 2-2 기계부속품, 각주 63) 참조.

어났다는 패러독스를 지적했다; 여기에서 심한 절망은 게오르그 루카스가 프랑크푸르트학파를 빗대어 이름붙인 그랜드호텔 심연112)에서 번진 것이다.

> 마르쿠제의 책[일차원 인간]113)이 1964년에 출판된 것을 모르고 넘어갈 수 있겠는가? 그 해에 버클리대학에서 자유언론운동이 폭발하여 대학생운동이 되었고, 흑인 인권, 여성평등, 베트남전쟁 반대, 대학생봉기와 같은 세기적 운동이 60년대에 미국과 여러 나라에서 일어났다. 이들 운동이 비판이론 또는 구조적 마르크시즘, 마르쿠제, 알뛰세르로 연결된다는 사실은, 그들의 행동이 때로 의식과 상충된다 하더라도, 대중사회는 사회행동가들을 배제하지 않았음을 증명한다(투렌, 1995:160).

비록 "학생운동의 급격한 붕괴가 사회행동가의 사회 개입을 부인하는 학파에 승리를 안겼지만"(전게서) 투렌의 주장은 아직 살아있다: 사회는 초기 프랑크푸르트 철학자들이 냉소적일 때 주장했던 것처럼 노동수용소로 축소될 수 없다; 비록 은유적으로 그런 가정을 용인한다 하더라도 반대되는 경험적인 증거가 너무 방대하다. 따라서 투렌의 자아에 관한 주장은 다음 두 가지 점에서 가치 있는 반응이다: 첫째, 마르쿠제의 일차원 인간을 넘어 자아성을 이론화하도록 만든 전술한 비관주의, 둘째, 푸코의 "자아" 개념. 이것은 내용보다도 명확하게 구분을 지었다는 점에서 기여를 했다. 투렌의 자아는 새로운 개발

---

112) 그랜드호텔 심연=Grand Hotel Abgrund: 프랑크푸르트학파 사람들은 사치스러운 그랜드호텔 심연에 묵으면서 자본주의 사회에 대한 실망을 토로하지만 행동은 하지 않는다는 역설을 루카스가 풍자했다.
113) 일차원 인간=One-Dimensional Man: 1964년에 출판된 이 책은, 공업화사회가 매스미디어, 광고, 산업경영기술 등으로 개인을 생산과 소비시스템 속에 가두어 일차원사회가 되었으며, 개인은 비판적 사고나 반대행위를 할 능력을 상실하게 되었다고 고발한다.

이 아니다; 적어도 S. 키에르케고르까지 거슬러 올라가며, 이미 힌트를 준 바와 같이 투렌의 비평 표적에서도 뒷받침된다. 자아를 가정하는 것은 하버마스를 1세대 프랑크푸르트 철학자[2]에서 분명하게 분리시키는 것이다.

쟝 포라스티와 같은 사람들이 서로 주장하는 "제3의 문명" 도래의 희망 속에는, 서비스분야 성장이 산업노동과 함께 테일러리즘의 굴욕[114]을 점차 제거한다는 것이었지만, 투렌은 여기에 동조하지 않는다. "프로그램화된 사회"–투렌이 "탈공업화사회"와 혼용하는 개념(투렌, 1971b)– 도래와 함께 "사물의 관리에서 사람의 지배"로 전환이 일어난다(투렌, 1995:244). 관리권한은 이제 노동과정 통제에 더 이상 배타적으로 관여하지 못할 뿐만 아니라, "의견, 태도 그리고 행동양식을 예언하고 조작하기, 개성과 문화의 틀 짜기"에도 더 이상 관여하지 못한다(전게서). 이제 효용성에 집중하기보다 사회규범을 창조하고 적용하는 데에도 눈을 돌려야 한다.

이 분석에서는 앞 장에 나온 것을 반복하는 부분이 있다; 언뜻 보기에는 투렌과 프랑크푸르트 철학자 사이의 차이점이 대단하지 않게 나타날지도 모른다. 투렌은 푸코의 분석을 연상시키는 방법으로 정체성이 어떻게 식민화될 수 있는가에 그의 비판을 주력한다. 그러나 투렌의 분석에서는, "정체성" 또는 "에고"가 "나" 또는 "자아"와 동의어가 아니다. 의미를 찾고 행위자가 되려는 의지는 인간 존재에서 더 근본적인 힘이며 "정체성을 넘어" 분명하게 저항하는 힘을 구성한다: "인간의 정상화와 객관화는 사람 자신을 만들지만, 나 자체는

---

114) F. W. 테일러의 과학적 관리법이 인간을 기계부속품으로 만드는 '굴욕' 이라고 말한다.

권한 중심부에 대한 저항을 통하여 구성된다"(투렌, 1995:167). 따라서, 나 자체는 지배의 틈새나 실패한 지배 그리고 그 한계선에 있으며, 고르가 지적한 대로 거기에서 "자율적인 자아가 나타나고 그를 통하여 도덕적 문제가 제기될 수 있다. 그러한 의문의 출발점에는 항상 자아의 기초를 세우는 행동이 있었으며, 그 행동은 사회가 나에게 부과한 역할에 대한 반동으로 일어났다"(고르, 2010:5).

투렌의 후기 저술에서는 "나 자체"가 공격받고 있다는 주장을 했으나, 이때의 문제는 과도한 집중이나 조작에 있지 않고 문화와 경제의 분리에서 오는 분열과 쇠퇴에 있었으며, 이것이 개인 차원에서는 "행동과 의미의 이혼"으로 경험되었다(투렌, 1995:99). 만약 개인이 행동주역으로서의 신념을 잃고 그와 함께 자아성(행동주역이 되고자하는 시도로 정의)을 상실한다면, 투렌이 말하는 "현대성의 두 얼굴"- 합리화와 자아화는 서로 균형을 이루는 것이 아니다. 이것은 현대성에 대한 심각한 위협을 나타낸다: "오랫동안, 금기와 법의 억압적인 중압이 주된 병리적 요인이었다. 이제 우리는 아주 다른 병리현상을 경험하고 있다: '나' 형성의 불가능성"(투렌, 2000b:55).

사르트르가 정의하고 고르가 다듬은 실존주의적 소외론에 공감한 투렌은 주장한다: 소외된 개인은 구조적 억압으로 강제되었다고 할 수만은 없다- 그들의 자유가 약화되고, 제약받고, 무시되는 것은 자업자득에 속하기 때문이다라고 고르는 그의 저서[115]에서 주장한다. 사람이 빠져드는 고정된 소외 현상은 없다; 마치 자아성이 스스로 찾아나서는 문제인 것과 같이, 우리는 소외당한 것이 아니다; 우리는 스스로의 자아성에서 후퇴하고 냉소와 체념에 빠짐으로써 소외를 생산하고 재생산한다.³ 고르와 투렌 두 사람에서 우리는 "이원적 사회116)" 개념을 본다, 비록 그가 말하는 이중성은 나중에 나왔지만 대부분 하버마스와 연관되어 있다. 고르는 개념적으로 "자율 영역"과 "타율 영역"을 구분하고 있다. 자율영역은 하나 아렌트(1958)가 말하는 행위117)(행동 자체를 위한 행동)이고, 타율영역은 "기성 조직이 외부에서 조종하는 기능으로 개인이 수행해야 하는 세분화된 행동의 총체" 라고 정의한다(고르, 1989:43). 투렌의 이중성은 자아와 "반자아(反自我)" 또는 "논리구조와 권한"(투렌, 1995:274) 사이를 말하며 여기에서 자아성의 수축은 고르의 소외 개념에 근접한다.

고르와 투렌의 이중성 사이에는 유사점이 있지만 하버마스의 생명세계-시스템 모델과는 멀리 떨어져 있다. 투렌은, 개인차원의 의식에 앞서는 모든 형태의 의사소통 이론에 반대한다. "사르트르와 같이" 월프강 크뇌블(1999:418)은 다음과 같이 주장한다: "투렌은 자아성을 파생물로 취급하기를 거부하고 거기에서 '선험적 상호자아성118)'" 을 미리 가정한다." 그러나 하버마스의 "소통적

---

115) 앙드레 고르(Andre Gorz): 고르는 젊은 마르크스(소외, 인간해방을 언급한 초기 저술)에 영향을 받은 유럽의 신좌파에 속하며, 여기에서 말하는 저서는 Le Socialisme Difficile 1967, 1973년 Socialism and Revolution으로 출판되었다.

116) 이원적 사회=dual society: 이 말은 네덜란드 경제학자 J.H. 보우크(1884-1956)가 Economics and Economic Policy of Dual Society(1953)에서 사용한 것이며, 고도자본주의 사회 안에 전 자본주의 발전단계 구조가 부분적으로 공존하는 현상을 의미했다. 여기에서는 자율과 타율, 자아와 반자아 현상에 인용한 것이다.

117) 하나 아렌트(Hannah Arendt)는 The Human Codition(1958)에서 인간활동을 노동, 일, 행위(labor, work, praxis)로 구분했으며, 외부간섭을 받지 않고 스스로 하는 것은 행위뿐이라고 보았다.

118) 선험적 상호자아성= priori intersubjectivity: 철학사전은 intersubjectivity를 상호주관성이라고 하지만, subject를 "자아" 라고 번역하였기 때문에 상호자아성으로 하였다. 여기에서 투렌은 자아가 다른 자아를 만나지 않아도 상호성이 성립되는 선험적 요소가 있다고 주장한다.

행위119)는 생활세계 안에서 일어나고 의사소통 참가자 뒤에 남으며" "당연하다고 생각되는 배경 설정과 자연스럽게 익힌 기술의 사전반사 형태로 나타나는데 반하여"(하버마스, 1984:335), 투렌의 자아는 사회화와 사회적 기대에 저항적인 "비사회적 원칙"이다. 투렌에 따르면, "우리는 실재하는 생활세계와 수단적 합리성에서 나오는 전략적 행위를 대비하기가 어렵다". "자아는 수단성과 정체성을 거부해야 존재하기에 이른다, 왜냐하면 정체성이라는 것은 생활경험을 내면화시키고 품격을 떨어뜨린 것에 지나지 않고 쇠잔한 상태에 있기 때문이다"(투렌, 2000b:56). 사회성에 앞서는 자아 개념은 중요하다, 왜냐하면, 고르가 말한대로 자아는 부정적 태도의 기초를 제공하며, 부정적 시각이 없으면 비판이론이 성립되지 않고 거기에서 나오는 "단일 실존적 판단 표명"120)도 어렵게 된다(호크하이머, 19195[1937]:227). ⁴

투렌의 논리 속에서 "해방의 자아"(운동가) 그리고 "이론의 자아"(말하자면 사회주의자)는 동일한 구조의 보완적 측면으로 인식되어야 한다. 이것은 여러 측면에서 전통적 사회학에 도전하고 또 개인을 사회의 산물로 설명하는 경향에 도전하는 것이다. 여기에서 개인은 자아가 되지만 신비스럽게도 이름이 숨겨진 힘이다. 이 도전은 또한 방법론적이다. 자아성은 생활세계를 초월하는 데 필요

---

119) 소통적 행위=communicative action: J. 하버마스(후기 프랑크푸르크학파 소속 철학자)가 지어낸 사회학 용어로, 깊이 생각하고 토론하는 사람들의 협력적 행위를 뜻한다. 강제성이 없고 상호자아적인 합리성을 특징으로 꼽는다.

120) 단일 실존적 판단 표명= unfolding of a single existential judgment: 이 말은 호크하이머가 비판이론 총체를 압축하는 표현이다(Max Horkenheimer and the Foundations of the Frankfurt School, John Abromeit, 2011). existential judgment는 자본주의사회가 자체모순으로 붕괴될 것이라는 변증법적 '판단'을 암시하고 그것을 전개하는 것이 비판이론이라는 의미가 들어간 것이다.

할 뿐만 아니라 자아를 자아로 연구하는 데도 필요하다. 자아는 "하나의 비사회적 원리"이며, 고르가 말하는 바와 같이 "스스로 기초닦고 스스로 창조하는 이탈의 지점이며 도착의 지점이 아니기"(1999:137) 때문이다, 이것은 실증주의 사회학 방법으로 외부에서 연역될 수 없다. 자아–행위자의 움직임을 이해하기 위해서는 즉, 연구 대상으로서 뿐만 아니라 그들 자신이 하는 행위의 의미 보유자로서 이해하기 위해서는 사회학자가 그들의 동행자가 되어야 한다. 투렌의 사회학적 방법론 재검토는 정당성의 통상적인 기준과 완전히 반대반향으로 간다. 분석자로 참가하는 사회학자는 자아의 의미를 분명하게 소명하는 데 존재이유가 있다고 투렌은 말한다. 그리고 이것의 성공 여부는 자아자체가 결정하기에 달렸다: 만약 분석에 동참하는 집단이, 스스로의 가설을 세운다면, 수행하는 일의 이해력을 높이기 때문에 그 가설의 적정성이 확인된다"(고르, 전게서). 사회학의 이러한 인식은, 나도 동조하며 후에 마이클 부라보이(2005)가 "공적 사회학" 개념을 통하여 정교하게 만들었다. 여기에 대해서는 다음에 돌아간다.

투렌의 자아 이론에는 몇 가지 문제점이 있다; 이 연구와 관련되는 부분만 언급하고자 한다. 가장 문제되는 국면은 하나의 단일개념으로 모든 형태의 사회적 초월성을 설명하려는 욕심이다. 이것은 미시적 수준에서 거시적 수준으로 옮겨 다니며 "혼자 힘으로", "이론의 실천", 사르트르 "프로젝트"[121] 를 하나의 초카테고리로 녹여내는 것과 같은 것이다. 투렌은 한편으로 자아를 "자신의 역사에서 자신이 주역이 되는 조건을 향한 개인적 탐구"라 정의하지만

---

121) 유럽공동체가 지원하는 고속도로 이용 개선 프로그램, 환경, 안전, 쾌적함의 개선을 목표로 하며 이를 사르트르 프로젝트라 부른다.

(투렌, 2000b:56); 다른 편에서 보면, 투렌이 실제로 연구한 유일한 자아는 "사회적 운동으로서의 자아"(투렌, 1995:243)이다. 우리가 주역이 되어 우리가 처한 존재조건을 변경할 수 있는 것은 오직 집단적으로 행동하는 것이라고 투렌은 강조한다. 그러나 개인으로서의 자아와 사회적 운동으로서의 자아는 전혀 다른 실체이며 둘이 충돌할 것을 예상하는 것은 어렵지 않다: 사람들이 사회운동에 참가하는 것, 또는 내가 여기에서 연구하는 주제와 연관시킨다면, 같은 형태의 저항에 참가하는 것은, 개인의 경력이나 환경에서 오는 각각의 다른 이유가 있을 것이다. 그러나 투렌이 사용하는 용어는 여전히 동일한 "자아"의 일부다.

이와 관련하여 독자들은 지금까지 인용된 문장에서 합리적이고 낭만적인 뉘앙스를 감지했을 것이다. 투렌은 반체제 활동가를 자아의 표본적 양상으로 묘사한다: "반체제 활동가는 자기 자유를 박탈한 권력에 직접 보여줄 희망이 없더라도 증거를 품고 있다. 자아는 언어능력[122]이다, 그리고 그 증거행위는 비록 보고 들어줄 사람이 없다 하더라도 공적인 것이다"(투렌, 2000b:75). 여기에서 마음에 떠오르는 그림은 통일된 메시지를 반복하며 거리를 행진하며 항의하는 군중이다. 이것은 불필요한 자아 개념의 축소에 해당된다. 아마도 사르트르의 집단이론을 "자유의 사회학"에 확대하려는 노력의 효과일 것이다(크뇌블, 1999:407). 사회에 대한 그의 거시적 접근 때문에 투렌은 개인에 흥미를 잃고 때로는 비합리적 글을 남겼다. 이것은 사르트르와 그 이전의 키에르케고르, F. 도스토예프스키가 분석하는 글을 많이 남긴 것과 대조된다.[5] 크뇌블이 투

---

122) 언어능력=speech: 투렌이 '자아'를 speech라고 말하는 것은 '언어능력'이라는 뜻이 있다.

렌에서 발견하는 "제도적 분석에 대한 현저한 경시"는, 우리가 작업장 자아를 연구할 때 특히 문제가 된다. 파편화와 전문화가 집단행동을 극히 어렵게 만드는 환경, 그리고 "반대목소리"가 일자리를 잃게 하는 안전한 길임을 상징하는 환경, 이런 환경에서는 노조원이 아닌 자아성이 오래 살아남기는 불가능하게 보인다. 이런 환경에서 자아성에 의미를 붙이려면, 그 타당성을 은밀하고 개인적 저항형태로 확장해야 한다.

3-2 저항의 암초 울타리

어딘가에서 내가 경제적 행동주의[123]가 확산되고 있다는 표현을 한 것은, 상업적 생산과 소비활동 참여를 개인적으로 감소시키는 형태를 말한 것이다. 이때의 행동주의는 투렌이 말하는 엄격한 의미의 자아성 표현이라고 이해되지는 않는다고 생각한다. 왜냐하면 이러한 행동주의는 보통 은밀하게 일어나고 또 단일 "구호"와 연관시키기에는 너무 제각각이기 때문이다(포울슨, 2010:205-20 참조). 스웨덴 인구 3분의 1이 저작권 문건을 불법 공유한다는 것은 (구스타프슨, 2009) 보기에 따라 사회적 운동이라고 할 수 있지만, 예를 들면 프랑스의 반핵운동과는 분명히 다르다. 불법농성자, 프리건[124], 농땡이꾼들은 모두 권력 중심에 저항한다는 의미에서 자아에 속하지만, 작업장에서 시간을 훔치는 것과 같은 경제적 행동주의는 순수하게 상징적인 것은 아니다; 거기

---

123) 경제적 행동주의=economic activism: 정치사회적 개혁을 지향하는 적극적 행동주의, 우리의 운동권에 해당되는 말.

124) 프리건=freegan: 동물을 희생시킨 음식과 제품을 거부하는 철저한 채식주의자와 같이 소비주의에 저항하는 사람들을 의미한다.

에는 개인에 돌아가는 직접적인 물질적 이득이 있다, 어떤 이는 상징적 의미로 행동하지만 어떤 이는 물질적 이득을 노리는 것 이상이 아니다. 제랄드 마즈가 말하는 작업장 사기를 포함하여 경제적 행동주의에는, 노동자들이 상징성이나 물질적인 것보다 더 가치를 두는 놀랄만한 요소가 있다: "작업장에서 눈속임사기를 함으로서, 시스템을 무너뜨리고 자신의 운명을 조종한다는 것을 느끼게 되면, 그 보상은 금전적인 것 이상이다"(마즈, 1982:35).

투렌 스스로 지적하는 바와 같이, "자아 개념은 과보호된 온실에서는 자라지 않는다; 그것은 야생화다"(투렌, 2000b:58). 사회운동사회학 밖에서도 자아이론을 세우려는 시도들이 있었으며, 허위의식과 헤게머니가 그 최상위에 군임한다고 일찍부터 가정되어 왔다. 이런 시도 일부가 그들의 하위 과제로 자리잡았다. 문화산업 이슈와 관련하여 볼 때, 문화연구 분야는 버밍험학파[125] 출현 이래 전적으로 미디어-리셉션 이론에 매달려 왔으나(홀, 1980; 스케그 및 우드, 2008; 우드, 2005 참조), 페미니스트 연구에서는 성적 표현과 미세 저항이 가장 많이 토론된 주제에 속한다(알렌, 1999; 그리어, 2006; 솔라나스, 1967 참조). 자세히 살펴보면, 헨리 레페브르(1991[1958])[126] 주장에서 이들 하위과제의 실증적 증거를 볼 수 있다 : 일상생활에서 일어나는 행동들이 어김없이 지배와 굴종의 증거를 담고 있더라도, 그들은 한편으로 "매일 일어나는 자신들의 비판을 가슴 속에 묻고 있다."

---

125) 1964년 버밍험대학교에 설치된 현대문화연구센터 연구진이 버밍험학파라고도 불려졌으며, 부차문화, 대중문화, 미디어가 연구되었다. 2002년 폐쇄되었다.
126) 헨리 레페브르=Henry Lefevre(1901-1991)는 프랑스의 마르크스 철학자이며 사회학자, 특히 일상생활 비판으로 유명하며 저서 60, 에세이 300편을 남겼다.

스콧트는 보편적 인류학 안에서 이들 관행을 찾으려는 진지한 시도를 했다. 그의 주제는, 맹목적 순종이라는 외관 아래에서 우리는 고도의 미세 저항 형태를 실행하며, 그것이 합쳐져 사회현실의 불가피한 일부를 이룬다는 것이다: "마치 수백만의 산호충무리 용종이 싫건 좋건 산호벽을 만드는 것과 같이, 수천 수만의 불순종과 기피행위가 정치적 경제적 암초 울타리를 만든다" (스콧트, 1989:20). 스콧트는 "권력자가 직접 볼 수 없는 '장외'에서 일어나는 대화" 형태를 "숨은 기록"이라고 표현한다(스콧트, 1991:4). "복종의 공식, 완곡어법, 그리고 지위와 합법성에 대한 명백한 주장"으로 채워진 공식 기록은 일반적으로 공개 비판을 받지 않는다. 왜냐하면, 이것은 "공식기록에 나오는 현상을 불신한다는 인상을 피하려는 하위자의 목전이익에 도움을 주기" 때문이다 (스콧트, 1991:87). 푸코의 "권한이 있는 곳에 저항이 있다"는 말을 푸코 자신보다 더 진지하게 받아들인 스콧트는, 공식기록과 숨은 기록 사이의 차이는 우리 자신의 주변에서 보더라도 모두 안다고 주장한다; 누군가가 다른 서클의 공식기록이 패권적으로 보인다고 관찰할 경우에만 달라진다. 저항이 대체로 숨겨지는 이유는 양측이 총력전을 벌이는 공개투쟁을 하면 자기들이 패배할 것임을 예속된 행동자가 알기 때문이다. 숨은 기록이 공개 선언되고 행동으로 옮겨지는 것은 "권력의 균형이 깨지거나 위기가" 올 때다(스콧트, 1991:16).

숨은 기록 이론은 초기 비판이론의 어두운 면 정반대 쪽을 나타내며 그 나름대로 비판도 받아 왔다. 루크스(2005)는, 스콧트가 민속학적 상징 분석에 예외적으로 해석적 방법을 사용한다는 점을 지적하고, 역사적으로 세계에서 가장 억압받은 집단에 맞춘 그의 초점을 권한이 더 조작적인 사회로 일반화하는 것은 적당하지 않을 것이라고 주장한다. 스콧트는 작업장저항에 관하여 별로 언급하지 않았으며 그가 일과 관련하여 언급한 특별한 주제 "도둑질, 꾀부리기, 모르는 척하기, 일 피하기 또는 마구잡이 일하기, 늦장피기, 제품 빼돌려 팔아먹기, 곡물-가축-기계에 손상입히기"(스콧트, 1991:188)는 무임금 노예와 관련된 것이다. 더 중요한 것은, 스콧트의 "양자택일"형 어법이 어느 때보다 토론을 단순화한다고 루크스는 주장한다. 무력함과 종속 조건에 대하여 인간적 반응 전체를 서술하고 설명하기에는 "동의"그리고 "체념" 중 택일 구도는(루크스, 2005:132) 턱없이 빈약한 것이다. 이런 주장은 스콧트의 숨은 기록이 나타내는 세심한 뜻을 고려하지 않은 것이 분명하지만, 추종에서 저항에 이르는 스펙트럼 내의 반응 차이를 분석하는 틀을 요구하는 것이다.

이와 다른 견해도 있다, 미셸 드 세르튜의 관심은 분명히 권한에 대한 반응의 복합성에 있으며, 여기에서 숨은 저항은 공개적 반항에 바람직한 것으로 남는다. 푸코에 대한 반응의 일환으로, 그는 "전체사회의 작동을 하나의 지배적인 절차(세르튜, 1968:188), 말하자면 패노프티콘형 얼차리기 훈련으로 축소하는 것을 비판하면서, 세르튜는 우리들이 일상생활에서 완전한 복종을 피하고 자존감을 지키기 위하여 동원하는 전술의"이종구조"[127]에 파고든다. 이러한 전술이 "역사의 예우"를 받지 못하는 상태로 남아 있지만, 사회이론이 실용적으로 적용된다면 무시하기 어렵게 된다. 도시계획자들에 잘 알려진 문제를 세르튜가 확대하는 것은, 특정 도시구조에 개개인이 어떻게 반응할지 그 흐름을 예측하기가 불가능하다는 것이다— 어느 지역에서 사람들이 모일 것인지, 어떤 지름길과 만남의 장소를 만들어내게 될지 등. 찰리 채플린이 "지팡이 흔

---

127) 이종구조(異種構造)=heterology: 1-4 각주 36) 참조.

드는 기능을 다양화하면...행인은 각각의 공간 신호를 다른 것으로 바꾸는"것과 같다고 세르튜는 말한다(1984:98).

여기 말하는 "보행자 언어행위[128]"는 시간훔치기 행위와 비슷하다. 잘 알려진 세르튜의 일상적 전술 사례는 프랑스에서 가발(假髮)이라고 불리는 공노동 형태와 닮은 것이다: 프랑스에서 공노동 가발은 "사용자의 일인 것처럼 위장한 작업자 자신의 일"을 말한다(세르튜, 1984:25). 프랑스의 공노동 가발은 제품을 훔치는 것이 아니므로 도둑질이 아니며, 작업자가 작업장에 있으므로 결근도 아니다; 그것은 "일하는 공장에서 자율적으로 시간(원자재가 아니다)을 훔치는 것이며 그것은 자유롭고, 창의적이며, 그리고 분명히 기업이윤을 위하는 것도 아니다. 이런 현상을 설명하기 위하여 세르튜는, 비서가 근무시간에 연애편지를 쓰는 것, 그리고 선반공이 집에 쓸 가구를 만들기 위하여 선반을 이용하는 것을 예로 든다. 세르튜가 볼 때 이것은, 부과된 시간을 개인적으로 조작하는 분명한 사례로, 하나의 "선언적 행위"라며 다음과 같이 말한다:

> 자기가 맡은 기계가 최고자리에 있어야 할 바로 그 장소에서, 그는 간교하게도 공짜 물건을 만드는 방법을 찾는 데 재미를 느낀다—그러면서 오직 일을 통한 자신의 재간을 뽐내고, 이런 방법으로 시간을 쓰는 것을 통하여 동료작업자나 가족이 하나로 뭉친 것을 확인한다(세르튜, 1984:25-26).

사물의 질서를 개인이 사적인 목적으로 뒤트는 전술 사례를 찾기 위하여 과

---

128) 언어 행위=speech act: 언어학, 언어철학 등에서 사용되는 학술용어, "'방바닥이 미끄럽다'는 말은 조심하라는 의미를 내포한다"는 예문이 있다. 여기에서는 공노동 행위가 여러 의미로 해석되는 것과 연결된다.

거, 시골구석, 또는 "원시인"을 돌아볼 필요가 없다고 세르튜는 말한다. 그런 사례는 "현대경제 본거지의 중심부"에 있다(세르튜, 1984:25). 내가 이미 언급한 바와 같이, 이것은 공노동의 사회학적 타당성을 분명히 하는 것이다: 우리가 맡는 기계가 "최고자리에 군림한다"고 생각되는 작업장에서는, 작업에 쓰이는 모든 형태의 스패너마다 그 자체로서 연구 가치가 있다.

세르튜와 스콧트 사이의 다른 차이점은 다음과 같은 세르튜 주장에서 나온다: 모든 사람들이 의식적이건 아니건 작은 일탈행동을 하지만, 이런 행동들을 메타내러티브129)로 묶어 하나의 "현장목소리"로 동화시킬 수는 없다- "들려오는 소리에는 고유한 통일성이 없으므로 선언적 행위가 있어야 말에 의미가 붙는다. 그러므로 이들 소리 모두를 '현장목소리', '문화' 그 자체- 또는 거대한 어떤 것"이라는 기호 아래 수집한다는 가상을 포기해야 한다"(세르튜, 1984:132).

스콧트가 말하는 저항의 암초 울타리를 적절하게 이해하기 위해서는 작은 용종을 고려하고 그 나름대로 분석해야 한다. 이것은 교본적 해석을 넘어 경험적 분석을 필요로 한다. 이상하게도, 작업장저항 연구는 그동안 자아성의 "거대이론"에서 소외되어 왔다. 투렌 저술에서도, 일은 자아성 이론이 빠진 영역으로 남아 있었다. 새로운 전문직의 기술지식인들이 그들 만의 적대적 계급을 형성하게 될 것이라는 투렌의 가짜예언 이후(크뇌블, 1999:411), 일은 그의 이

---

129) 메타내러티브=meta-narrative: 비판이론에서는 역사적 의미를 지닌 이야기라는 뜻으로 사용되며, 합법성, 정당성을 부여하는 효과가 있다. 진보, 계몽, 해방, 마르크시즘과 같은 거대담론(grand discourse)에 준하는 용법.

론 속에서 통제와 조작의 일환으로 남아 있었다. 일상적 저항 연구 이슈를 우리시대 권력의 핵심 제도와 연관시키지 않고, 이국풍의 다른 시대 노예제도나 전체주의 정부에 대한 투쟁에 초점을 맞추어 왔다(세르튜도 같다). 다른 한편으로, 일을 연구하는 사회학자들은 연구 결과를 권한과 저항에 관한 일반적 토론으로 연결시키려 하지 않았다.130)

3-3 작업장 저항: 낭만주의에서 기능주의까지

투렌이 탈산업사회와 단결운동에 관한 초기 연구결과를 발표했을 즈음, 산업사회학에서 공개저항과 집단동원이 이슈로 떠올랐으나, 노조가 점차 약화되면서 작업장에서의 자아성 궤적에 변화가 일어났다. 마아즈가 주장하는 바와 같이, "확대되는 국가기업주의131) 아래에서 서구산업사회 노조가 크게 위축되었기 때문에 그 역할이 노동자의 대표투사에서 조정자로 축소되었다"(마아즈, 1982:198). 노조가 중간자로 인식되는 문제와는 상관없이 연구 초점에 변화가 왔다. 이제 비공식 작업장행동 연구가 우리의 종업원 자아성 이해에 더 가치 있는 것으로 보인다.[6]

작업장저항에 관한 낭만적 관념은 생디칼리즘132) 만큼이나 오래 되었다. 시간

---

130) 여기에서 저항을 개인적인 이슈에서 권력의 핵심제도와 연관시키는 논리를 찾고 있다.

131) 국가기업주의=corporate states: corporate statism, 또는 corporatism과 통하는 개념으로, 노동과 자본 사이에 일당독재국가가 등장하여 지배한 이태리 무솔리니를 예로 든다. 20세기 중반 유럽에 유행하고 그후 신흥국가에 전파되었다.

132) 생디칼리즘=syndicalism: 자본주의 대체안으로서의 경제체제를 뜻하며, 무정부주의–사회주의–마르크시즘–레니니즘–공산주의 이론과 동행한다. 1895년 프랑스 노조(CGT) 결성과정에서 처음 제창되었고 1920년대에는 급진적 혁명을 주장하는 아나르코생디칼리즘이 스페인과 프랑스에 일시 유행했다.

훔치기 공노동이 이런 저항의 일부로 알려져 왔지만, "꾀부리기" 보다는 "사보타지" 용어가 더 사용되었다. "사보타지" 어원-"나막신이 부서진 것처럼 무디게 일하는 것"(푸제, 1913[1898]: 17)- 이 의미하는 것은 생산 감소를 가리킨다. 여기에는 "천천히 하기, 작업자의 시간 잘라먹기 작심, 성의 없이 일하기, 결석하기, 직장 옮기기 또는 그저 일 안 하기"등 유형이 포함된다(두보이스, 1979:57). 피에르 두보이스는 사보타지 개념의 핵심을 다음과 같이 설명한다: "사보타지는 기본적으로 천천히 일하고 생산물의 품질을 떨어뜨리는 것이다"(두보이스, 1979:103). 도스타인 베브렌에 따르면, 사보타지가 난폭과 무질서를 의미하는 "사악한 의미"로 알려진 미국 어법은, 주로 조직노동자가 사보타지하는 것을 막으려는 경영진과 신문이 그런 표현을 사용한 데서 유래한다"(베브렌, 2001[1921]:4). 에밀 푸제(1913[1898] :18)는 스코틀랜드에서 공식파업이 끝난 다음에 나타나는 전술적 부정행위인(브라운, 1977 참조) "카카니"를 추적했다(아크로이드 및 톰프슨, 1999:32). 카카니는 "천천히 가자"를 의미하며 사보타지의 스코틀랜드 표현이다. 푸제는, 사보타지를 은밀한 일상의 혁명연습 형태로 의미를 부여했으며, 여기에서 작업자들은 그들의 자아성을 확인한다고 보았다.

게릴라전투가 개인의 용기, 모험심 그리고 결심을 얼마나 자극하는가는 누구나 안다- 사보타지도 같은 것이라고 할 수 있다. 사보타지는 작업자를 계속 훈련시켜 철없이 나태로[133] 빠지지 않게 지킨다- 사보타지는 지속적이며 끊임없는 행동을 요구하기 때문에 자연스럽게 작업자의 주도력을 키우며, 혼자서 행동하도록 훈련하고 그의 투쟁성을 고취한다(푸제, 1913[1898]:35).

---

133) 사보타지를 혁명훈련, 게릴라 전투연습으로 보면, 일에 충실한 것은 '철없는 저항심 나태' 가 된다.

급진적 여성운동가 발레리 솔라나스[134]가 여성운동의 로맨티시즘 틀을 선보였다. 그는 사보타지가 그 자체로서 혁명적 실천이라며 찬양했다. "체계적으로 사회시스템을 요절내는 방법으로, 재산을 선택적으로 파괴하고, 살인을 하면" 남성근절협회(SCUM)가 미국을 1년 안에 접수할 수 있다고 떠들었다. 흥미로운 것은 사회시스템 요절내기 부분에 "일 안 하기" 실천방법이 포함되었다는 점이다:

    ＊SCUM이 일 안 하기 세력의 단체가 될 것이다; 다양한 직업에 나가 일을 안 하는 것이다. 예를 들면, SCUM 소속 판매직 여성은 상품값을 받지 않고; SCUM 소속 교환원은 통화요금을 부과하지 않고; 여기에 SCUM 소속 사무직과 공장노동자는 일을 뭉개면서 비밀리에 시설을 파괴한다.

    ＊SCUM 구성원은 해고될 때까지 일을 안 한다, 그리고 일을 안 하기 위하여 재취업한다(솔라나스, 1967:22).

극적인 면은 약하지만 낭만적 사보타지 개념은 더 있다. 즉, 사보타지는 "생산수단의 사적 소유" 제도와 관계가 있으며 "우리가 마침내 자유로운 사회주의를 완성하게 된다면" 사보타지도 사라지게 될 것이라는 주장이다(두보이스, 1979:213). 특히 주목되는 것은 사보타지와 기타 부정행위를, 마치 일에 대한 불만처럼 피할 수 없는 불변수로 보는 경향이다: "사람들이 일하면서 속았다고,

---

134) 발레리 솔라나스=V. Solanas(1936-1988), 미국의 급진적 여성운동가. 노숙과 창녀생활을 하며 불행하게 산 그는 1967년 SCUM Manifesto를 자가출판하여 관심을 끌었다. SCUM은 Society for Cutting Up Men의 약자로 남성근절협회로 해석되고 있으며, 여기에 완전 자동화를 통하여 남성지배사회를 뒤엎자는 내용이 나온다.

지루하다고, 괴롭힘을 당했다고, 위험에 빠졌다고, 또는 배신당했다고 느끼는 한, 사보타지는 일에서 만족을 얻는 직접적 방법으로 이용될 것이다- 상사의 허락을 받을 필요가 결코 없는 방법이니까"(스프라우스, 1992:7). 사보타지가 경영관리전략에 대한 반동이라는 주장도 있다: "일하는 사람의 작업시간에 통제가 집중되면 될수록 개인은 더 시간을 낭비하고 싶은 유혹을 받는다"(마아즈, 1982:50).

톰프슨과 아크로이드가 조직부정행위에 관한 연구결과를 발표한 다음부터, 사보타지와 기타 자아성 징표가 비판적 작업장 연구의 중심 무대에 올랐다. 이것을 프레밍 그리고 앙드레 스파이서(2007:2)는 다음과 같이 전한다: "톰프슨과 아크로이드에 따르면 저항은 조직된 행동형태로 항상 그 자리에 있었고, 익살, 성적 차별 그리고 불신적 태도를 동원한 정체성과 자아성 주변의 교묘한 흔들기 형태로 그 자리에 있었다. 곧 다른 사례가 끼어들어 구색을 맞춘다." 톰프슨(2009) 자신의 설명에 따르면, 작업장저항에 관한 이 짧은 "황금시간대"는 이론 중심의 분석으로 확대되고, 때로는 유연한 형태의 조직부정행위, 말하자면 조직부정행위의 온건한 형태인 "무대 밖의 몸짓"135)(고셋트 및 킬커, 2006; 코르친스키 외, 2006; 타프린, 2006), "냉소주의"(쿠크, 2006; 프레밍, 2005b,2005a 참조) 그리고 "풍자"(스웰, 2008; 테일러 및 베인, 2003; 바렌 및 피네먼, 1997 참조)로 열렬한 환영을 받았다:

야로슬라프 하셰크의 소설 착한 병사, 스베크136) 에 자극받고, 프레밍과 그람

---

135) '무대 밖의 몸짓'은 웹사이트 와 SNS 기술이 결합하면서 시간과 공간을 초월하여 종업원은 조직에 대한 불만의 목소리를 '무대 밖' 에서 손쉽게 발표할 수 있게 되었다는 의미.

스웰은 "스베크형"모형을 만들면서 특별한 사례를 제시한다: 여기에서 스베크형은 "상급자(때로는 동료에까지)에 "들킬래야 들킬 수 없는 교묘한 일탈행각"을 뜻한다. "(프레밍 및 스웰, 2002:859). 그들의 저항연구 문헌을 보면, 초기에는 "저항 개념을 투명한 원칙에 따르는 공식화되고, 조직화된 행동으로 한정하는 접근 방법을 썼다."(프레밍 및 스웰, 2002:862). 그러나 "스베크형 일탈"은 "비록 극도의 밀실공포 문화가 지배하는 속에서라도" 숨겨진 형태의 저항을 탐지할 수 있도록 도와준다고 그들은 말한다. 이것은 "자아성이 논쟁의 중심 영역으로 올라온"시점이기 때문에 더욱 중요하게 되었다(프레밍 및 스웰, 2002:863).

저항연구의 "황금기"가 지나고 스베크형 일탈이 분석적으로(그리고 대대적으로) 해부된 시점에서, "후기구조주의자"137)들이 "암울의 땅을 재요구"하기 시작했다고 톰프슨(2009)은 말한다. 그러나 많게는 좋은 뜻에서 나온 것이다; 예를 들면 데니스 뭄비는 "사회활동가들이 풍자, 패러디, 흉내내기와 같은 방식을 동원하는 능력을 과시하는 것은 공허하게 보인다, 왜냐하면 한편에서 조직 구성원의 생활은 더 억압적이며, 더 엄격하게 감시되고, 전반적으로 불안정에 빠지는 것을 외면하고 있기 때문이다"라고 말한다138)(뭄비. 2005:39). 어떤 사람은 같은 주제를 "진짜" 저항이라고 할 만한 것이 없다는 측면에서 주장하는 경우도 있다. 일반적으로 말하는 "저항"에는 저항하는 종업원의 위험 감수가

---

136) 착한 병사, 스베크: 체코 작가 Jaroslav Hask의 냉소적 소설 'Good Soldier Svejk(1923) 주인공 스베크는, 1차대전 중 오스트리아-헝가리 연합군 안에서 냉소적 얼치기행동을 벌인다. 전쟁을 선술집 패싸움과 같이 생각하고 일으키는 스베크형 얼치기행동을 공노동과 연결시킨 것이다. 1차대전을 배경으로 오스트리아-헝가리 연합군에 징집된 체코 출신 병사 스베크의 어리숙한 반골적 기행을 묘사한 해학 소설.

137) 후기구조주의자=post-structuralist: 2장 작업장의 권력, 각주 42) 구조주의 참조. 여기에서 '암울의 땅' 이란 표현은 저항연구에서 아직 '자아'를 찾는 시도가 없다는 의미다.

138) 종업원생활 전체가 ①억압 ②감시 ③불안정에 빠졌다고 하지만, 1주 40시간 근무일에 해당되는 말이다.

빠지고, 근본적 억압에 어떤 변화도 주지 못하므로 사실상 "알맹이 없는 저항"이라고 말하는 알레시아 콘투(2008)의 특수한 사례도 있다.[7] 이것은 저항의 결합139)에 관한 논담이다: 그 요지는 이런 것이다– 우리가 작업장저항이라고 이해하는 것은 사실은 작업자 좌절에 대한 안전밸브로 일의 권력구조는 그대로 있다. 다른 각도에서 보면, 여기에 기능주의적 측면도 있다 즉, 현존 시스템은 안전밸브에도 불구하고가 아니라 안전밸브가 존재하기 때문에 재생산된다. 이것은 자아성의 타당성 자체에 대한 도전이기 때문에 재미있는 주제가 된다. 활동가가 되려는 시도는 활동가로 존재하는 것과 구분되어야 하는가? 우리는 우리가 저항한다고 믿는데 사실은 이 생각이 근본적 억압을 수용하게 만드는가?

결합 논담의 매력이 끝없는 추상의 세계로 끌고 가 저항이 어떤 것이어야 하는가라는 생각을 흐리게 만든다. 결합을 다룰 구체적 현상이 아직 없기 때문에 여기에서 이 문제를 다루기는 너무 빠르다고 결론짓는다. 그러나 공노동분석이 진행되고 있으므로 독자들은 이 의문을 품고 있어도 좋다: 저항인가 아니면 하찮은 문제인가? 이 문제로 돌아가게 될 8장까지, 초점은 공노동의 자아와 실제적 국면에 맞추어지게 될 것이다.

작업장저항 논담에서 혼동을 일으켜 왔고 공노동의 실험적 연구 중심에 자리 잡았던 두 이슈가 있다. 그 첫 번째는 노동자의 자아성과 "사고력 통제" 구도에 저항하는 능력이며 이것은 앞에서도 언급된 바 있다, 두 번째는 그동안 연

---

139) 결합=incorporation: 여기에서 '결합'은 공노동저항에 포함된 의미의 복합성을 설명하는 수단으로 사용된다.

구해온 일탈과 반대행위의 징후를 실제로 "저항"이라고 부를 수 있는가 하는 것이다. 첫째 의문이 개인에 초점을 맞춘 태도조사에 가깝고, 두 번째가 조직 차원의 저항행위 중심을 이룬다.

"자아의 죽음"140)과 관련된 다양한 의견이 특히 비판이론에서 널리 포용되고 있지만, 이것을 논박할 수 있는 이론적, 실험적 기초는 오늘날 충분하다. 그러 나, 비판이론가들이 비관적 논조로 개입한 문헌에는 아직 바라는 것이 남아 있다. 내가 읽은 투렌에 따르면, 그가 주로 공헌한 것은 실존주의 입장에서(일 면으로 비본질주의) 자아를 재구성한 것이며, 초기 비판이론의 자아 부인 경향에 대한 직접적 대응이다. 투렌은 거시-미시 논쟁과 같은 고전적 이슈인 "거대이 론"을 논하고, 통합 문제와 사회학의 참여적 역할을 다루었지만, 개인의 자아 성 표명에 관하여는 별로 언급하지 않았다. 투렌의 실험적 연구 속에는 대부 분 공개적으로 이루어진 집단행동이 중심에 있다. 스콧트의 저항 연구는, 아 직 실험적 자료가 되는 집단 형태의 행동과 대화이지만, 지금은 잠복형태의 자아와 반대행위에 초점이 맞추어져 있다. 그렇지만 스콧트와 투렌 모두에 게, 자아성은 양자택일 현상이다; 사람들이 이데올로기 일부를 받아들이고 타인에 저항하는 회색지대를 그들은(특히 투렌) 별로 다루지 않는다, 그러면서 둘 모두 한 목소리를 내는 운동을 포용하는 경향이다. 이런 경향은 세르튜의 적극적 저항을 받았다, 세르튜의 주요 관심은 일상생활 속의 여러 이유에서 나오는 다양한 전술에 있었다.

---

140) 자아의 죽음= The Death of The Subject(James Heartfield, 2002): 포울슨은 자아를 공노동의 정체성 으로 세우지만, 허트필드는 냉전기 우파의 개인적 자아와 좌파의 계급적 자아가 대립했던 것을 정점으로 지금은 제3의 길로 수렴되고 있다며 자아 전성기는 지났다고 주장한다. 특히 영미의 분석철학에서는 대륙 철학이 설계한 자아 개념을 객관적 추구가 불가능하다며 안개같은 표현(qualia)으로 돌린다.

세르튜는 시간훔치기 형태인-가발- 에 관하여 언급하지만 이들 거대이론 신봉자 중에서 현대 작업장에서 일어나는 저항에 관하여 구체적 이론을 내놓은 사람은 없다. 이런 의미에서, 일의 이데올로기[141]가 아직 도전받지 않은 상태로 남아있다는 생각에 이의가 없다. 비판이론가 대부분은, 집단항의에 나선 사람들이 월요일이면 일터로 돌아가는 한, 서구자본주의는 상징적 반대나 일상적 일탈행위를 흡수할 수 있음을 거부감 없이 인정한다. 마르쿠제가 신좌파운동을 비판한 중심 이유 일부는(히피 모습, 낙오자 모습) "개인차원 해방과 사회차원 해방의 혼동에서"(마르쿠제, 2005:140) 나온 것이다. 이것이 "약물문화, 유사종교, 심신수양 도사 유혹"(마르쿠제, 2005:185)에 빠져들게 만들었고, 지금은 페티부르주아[142]형 반항이 되어 직장생활에 스며들었다(세데르스트룀 및 프레밍, 2012; 프레밍, 2009). 한편 부정행위에 관한 작업장 연구는 자아성 논담에 기여한 바가 별로 없다. 모든 형태의 사보타지는 보다 격렬한 반란을 위한 리허설이라고 생각하는 소수 낭만주의자(지금 활동가는 없다) 일부와는 달리, 연구초점이 실천에 맞추어졌고 또 이들 위반행위가 어떻게 하면 조직권력과의 관계에서 저항으로 보일 수 있는가에 맞추어졌다.

부록에서 말하겠지만, 문화기술학[143] 방식이 아직 작업장저항 연구의 표준방법을 이루고 있으며 조직부정행위 실제 국면에 접근하는 훌륭한 길같이 보인

---

141) 여기에서 말하는 '일의 이데올로기' 는 유럽의 전통적 프로테스턴트 직업윤리를 암시한다.

142) 페티 부르주아=petit bourgeois: 마르크스와 그 이론가들이 사용하는 용어로, 소상공인이나 현장관리자로 구성되는 사회계층을 의미한다.

143) 문화기술학=ethnography: 文化記述誌, 民俗誌學, 民族誌學 : 인간사회와 문화의 다양한 현상을 현장조사를 통해 기술하여 연구하는 학문분야. 민족, 종족 중심이던 연구가 사회일반, 단체, 집단, 가족 등 작은 규모로 영역이 확장되어 분야별로 용어가 달라 논란이 되고 있다. 여기에서는 문화기술학으로 번역했다.

다. 작업장 연구가 "미세한 행동"에 초점을 맞추어 온 이유도 여기에 있다고 말할 수 있으며, 실제로 이 방법이 학문 세계를 포화상태로 몰고 간다. 오늘날 문화기술학 연구자들은 반년 이상 현장 연구에 매달릴 틈이 없다. 따라서 과격한 시간훔치기, 사보타지, 도둑질이 일어나더라도 그 배경에까지 파고들기는 불가능한 일이다. 논문 분석이나 집단 상호작용 관찰은 우리가 소유하는 자원의 희소성, 말하자면 시간이 없다는 의미에서 손쉽게 얻을 수 있지만, 표면에 나타나는 현상만 "두꺼운" 서술이 가능하다는 단점이 있고, 자아성의 근본적 표출은 간과되기 쉽다.

이 연구의 초점은 공노동 실행을 뒷받침하는 자아성의 여러 소리에 맞추어진다. 공노동은 비판적 작업장 연구에서 서로 다른 명칭으로 언급되고 그 자체 이름으로는 여러 가지 이유로 연구되지 않았다. 나는 이것이 채워져야 할 "틈"이라고 생각한다. 그 이유의 하나는 공노동이 널리 퍼져 있음을 통계가 증명하지만 질적으로 뒷받침하는 것이 드물기 때문이며, 다른 이유는 시간훔치기가 앞에서 언급한 희소자원– 시간을 제공한다는 점에서 "알맹이 없는 저항"이상의 무엇인가를 함축하기 때문이다. 사람들이 공노동을 한다는 단순한 이유이건, 또는 그 속에 "사보타지"와 같은 국면이 포함되어 있다는 이유이건, 더 깊이 연구할 가치가 있다. 역시, 앞서가는 질문은 왜이다.

또 다른 질문인 어떻게와 관련하여– 공노동과 조직과의 관계도 깊게 파고들어야 할 이슈다. 특히 대부분의 시간훔치기 연구는 작업현장 문화기술학에 기초를 두고 있기 때문이다. 작업현장은 감시, 자율, 복잡성 등을 고려할 때 노동과정이 사무실 일과 판이하게 다를 수 있다. 면담을 통하여 이 주제에 접근할 때 나타나는 한계와 잇점은 부록에서 논의한다.

¹ 부정행위와 저항의 상이한 정의 속에서 자아성이 어떻게 해석되었는지를 나타내기 위하여 이 차이점만 언급한다. 독자들이 눈치채겠지만, 나 자신은 부정행위와 저항을 구분하지 않는다. 사람들이 말하는 "부정행위"중에서 "지도되지 않고" 또는 "의식되지 않은" 형태의 반대행위 사례를 본 일이 없다는 단순한 이유 때문이다. 협박이나 성희롱행위와 같이 반드시 조직계층과 관계있다고 할 수 없는 행위를 포함시킬 수는 있겠지만, 그렇게 되면 조직차원의 부정행위를 연구하는 대부분의 학자들이 말하는 반항 측면은 사라져야 할지도 모른다. 부정행위는 "자의식"을 수반하고 저항은 "원칙"이 서있다는 데이비드 콜린스 및 아크로이드에서 보는 바와 같이 부정행위와 저항의 차이점은 차차 들어나게 될 것이다. 그러나 그 둘을 구분하는 명확한 기준이 없으면 낱알더미 역설144)에 빠질 위험이 있다― 더미는 언제까지 더미인가? 곡식 낱알 둘이 붙어 있으면 충분한가 또는 더미라고 하려면 낱알 셋 또는 넷이 있어야 하는가? 마찬가지로, 어떤 행위가 부정행위가 아니고 "저항"으로 간주되려면 얼마만큼 "원칙"이 있어야 하느냐는 의문이 나온다.

² 마르쿠제(하이데거 계열)의 "본질145)"개념(마르쿠제, 2009[1968] 참조)은 투렌의 자아와 근접해 있다. 실존주의 관념에 따르고 있는 두 사람은, 인간이 무엇보다 먼저

---

144) 낱알더미 역설=sorites paradox : sorites는 더미를 의미하는 희랍어, 속성이 애매한 모래 또는 곡식 더미에서 유래한 속담으로, 곡식 더미에서 낱알 하나씩 빼내도 더미는 그대로 남는다. 그렇다면 마지막 낱알 하나가 남아도 곡식 더미라고 할 수 있는가?

145) 본질=essence: 본질은 실존(existence)과 함께 존재물을 설명하는 두 기둥이라고 한다. 여기에서는 '인간의 본질은 사고(thinking)' 라는 데카르트 말을 연상시키는 의미를 담고 있다.

자신을 잠재성146)(마르쿠제가 인정하는 유일한 인간 본질)에 투영하게 되므로, 거기에 비친 투영이 현재 상황에서 권력과 충돌하지 않을 수가 없다. 생활세계 또는 수단적 이성147)의 시스템에 자아가 흡수되었다고 생각하는 하버마스와 다르게, 아도르노는 우리에게 부과되는 사회적 역할이나 수단적 기능에 반항하고, 도전하고 거부하는 것을 자아에 허용하는 "불일치148)"를 강조했다(아도르노, 1973[1966]). 초기 프랑크푸르트학파 이론이 남긴 것은 역사상 최악의 노동계급 몰락을 초래한 그들의 국가사회주의 경험이다. 고르가 주장하는 것과 마찬가지로, "과학 이전의 사실에 진실이 담겼다고 생각되는 해방전투"의 과학적 반영이라고 해석되는 비판이론은 이렇게 해서 "체제에 도전하는 항쟁과 전투의 교두보"를 상실했다(고르, 1999:127-28).

3 현대 노동자의 소외문제를 예증하기 위하여 고르(1959:99)는 교통혼잡을 예로 들었다. 개인은 각자 자신의 자율성을 높이기 위하여 운전한다. 그들은 고정된 시간표, 느린 페이스, 대중교통의 불편함에서 홀로 벗어나고 싶어한다. 그러나 노상에 운전자가 늘어날수록 그들의 목표는 사그라진다. 그들의 독자적 행동이 전체로 결합되면 교통체증, 자동차속도 감소, 장기적으로는 사고위험과 도시공해가 따른다. 운전자는 이와 같이 각자 행동의 사회적 결과에서 소외되고, 한편에서는 이 사회질서가 필요로 하는 것을 생산하고 재생산한다.

4 고르가 말하는 바와 같이: "소통적 행위149)를 위한 공간이 제한되고 그 가능

---

146) 잠재성=potentiality: 잠재성은, 가능성 또는 능력을 뜻하는 희랍어 dunamis에서 유래하였으며, 실재성(actuality)에 대응하는 말이다. 자연상태의 사물은 잠재성이 모양을 갖추게 된 것이며 변화할 능력을 가지고 있다고 설명한다.

147) 수단적 이성=instrumental reason(instrumental rationality): 저자 머리말 각주 3) 참조.

148) 불일치=non-identity

성이 체제논리의 파괴적 진입으로 위기에 처한다면, 의사소통의 이성150)이 어떻게 생활세계에 대한 체제의 침입에 대항할 수 있겠는가? 하버마스에 따르면 생활세계는 '의사소통의 이성 기반시설'이다. 후자인 생활세계 위기는 의사소통의 협력과 이해의 위기를 수반하는 것이 아닌가? 의사소통의 이성을 근거로 또 그 이름으로 자행된 사회비판이 자아에 의하여 이루어진 외부비판이 아니었던가, 사회주의자인 그 자아는 사회문화적 생활세계가 무너져 내리는 사회 외부에 자신을 위치시키고 있었던 것이 아닌가?(고르, 1999:131).

5 여기의 일반 주제는 이성에 대한 현대적 찬양에 저항하기 위하여 비합리적으로 행동하려는 개인의 욕구다. 키에르케고르는 말한다: "인간에 대한 사랑에서 그리고 모든 것을 편하게 만드는 사람들에 대한 순수한 관심에서, 도처에 어려움을 만들어내는 것이 나의 과업이라고 생각했다(키에르케고르, 2004[1846]:87). 도스토예프스키 작품에 나오는 주인공의 노력이 더욱 특출하게 나타난다. 자기 자신들이 살아있음을 증명하기 위하여 합리적이라고 말하는 기존질서를 깨려고 터무니없는 행동을 한다. 대표적인 사례 속에는 악마(도스토예프스키, 2000[1872])에 나오는 키리로프의 자살, 죄와 벌 속에 나오는 라스코리니코프의 살인(도스토예프스키, 1964[1866]), 도박꾼 속에 나오는 도박의 매력(도스토예프스키, 2003 [1867]), 그리고 지하에서 온 편지 처음 부분에 나오는 긴 독백(도스토예프스키, 1994 [1864])에서는 자아가 되고자하는 개인의 욕구가 마침내 분석되었으며 어쩌면 투렌에서보다 인도주의 용어가 적다.

---

149) 소통적 행위=communicative action: 3.1 저항으로서의 자아성, 각주 119) 참조.
150) 의사소통의 이성=communicative reason(rationality) : 2.2 기계 부속품, 각주 65) 참조.

[6] 노동조직에 관한 한 스웨덴은 아주 특출하지만, 조직율과 노조활동 모두의 심각한 퇴조를 경험하고 있음도 고려해야 한다(알빈 및 스베르케, 2000; Kôsk Röshammer, 2008; 스베르케 및 헬그렌, 2002). 프랑스나 영국과는 달리, 스웨덴의 "합의 정신"이 노동운동의 정치적 급진화와 파업행위 동원을 크게 방지해 왔다. "경제적, 방어적 그리고 분파적 성향이 지배하는 노동조합운동으로 인하여 노동의 반항성과 극단주의 성향이 주춤하는" 사이, 즉흥적인 작업장저항에 대한 관심이 1970년대 특히 강하게 나타났다(아크로이드 및 톰프슨, 1999:45). 그 사이 직접 행동이 새로운 낙관주의 틀을 다졌다.

[7] 공개적인 집단저항으로 넘어갈 가능성이 줄었기 때문에 풍자나 유머와 같은 예민한 형태의 부정행위가 더 중요하게 되었다는 생각도 의심받아 왔다: "노조가 약화되거나 사라졌다는 이유만으로 오늘날 노동자들이 전문성과 관계없이 전보다 더 즐거울 것이라는 이유를 나는 모르겠다"고 포울 스튜와트(55, 나의 번역)는 말한다. 자아성과 관련지어 갖가지 행동의 의미에 집중하기 보다는, 작업장 투쟁이 자본주의생산 모순점에 관하여 무엇을 말해 줄 수 있는지에 초점을 맞추자고 그는 말한다(스튜와트, 2008:62).

공노동 밑그림

불순종을 불명상태로 숨기는 행동 뒤에는 "무언의 이중음모"가 있다고 스콧트는 말한다. 문제를 일으키는 사람에게는 들키지 않는 것이 안전이고, 감독자에게는 다른 작업자를 자극하지 않고 자기들의 도덕적 취약점에 대한 관심을 따돌리는 것이 중요하다(스콧트, 2012:8). 이것은 조직부정행위 연구가 그저 하찮은 것을 넘어 도전할 만한 것으로 만든다. 이 연구프로젝트를 시작할 때 나는 친구와 아는 사람을 통하여 공노동의 극단적인 사례를 전해 듣고 있었다. 나는 여기에서 예외적인 흥미를 발견했다—마치 내가 사회학 학생으로 공부한 모든 것의 반대사례를 만난 것 같았다. 실험적 연구를 시작한 다음에도 특별한 사례는 아직 흥미가 죽지 않고 있다. 이 주제 선택을 촉구한 것은 개인적 흥미만이 아니다. 가장 중요한 이유는 공노동이 문헌에서 별 볼일 없는 것으로 축소되어 왔고 아직도 계속되고 있다는 점이다. 일과 여가의 경계가 흐릿하다는 관념은, 우리가 집에서 하는 일과 작업장에서 일하지 않는 것이 같은 것임을 의미한다(알빈 기타, 2011; 호크실드, 1997 참조). 짧은 "휴식"은 장기적으로 생산성에 도움을 준다고 사람들은 말한다(가렛트 및 단찌거, 2008; 이바르슨 및 라르슨, 2012 참조). 이와 같은 주장들에서 확실하게 벗어나기 위하여 나는 전체근무시간 중 반 시간 또는 그 이상을 사적 활동에 쓰는 종업원에 집중하기로 결심했다. 그렇지 않으면 위의 주장을 논파하기가 매우 어렵기 때문이다.

그런 종업원을 찾은 방법에 관심을 두는 독자를 위하여 부록에서 설명한다. 전체를 말하면, 여성 20명과 남성 23명을 면담했다. 선발기준이 단 하나였으므로, 샘플 중에서 광범한 직업 종류를 모을 수 있었다. 아주 다른 작업환경- 마케팅, 재무, 소프트웨어 개발, 물류, 판매, 제약 생산, 사회복지, 고문서 작업, 제조업, 광업, 서비스업- 에서 일하는 종업원을 면담하면서 문화기술학이 접근할 수 없는 공노동의 다방면적 분석방법을 개발할 수 있었다. 그러나 다양성이 과장되어서는 곤란하다. 예를 들면 병원 간호사, 패스트푸드 또는 조립라인 노동자가 면접에 포함되지 않았음이 밝혀져야 할 것이다. 연구원, 기자, 예술가, 농부, 기타 여유시간과 작업시간이 겹치는 직업은 신뢰성을 이유로 더욱 피하였다. 그렇다, 어떤 경우는 무엇이 일이고 일이 아닌 것이 무엇인지 말하기 어려웠으나, 소수의 특혜자를 제외하면 무난하였다. 식별이 까다로웠던 것은, 자발적으로 일에서 손을 떼는 사람과 자기 의지에 반하여 일을 참아내는 사람이었다.

내가 면접 대상자를 찾을 때 사용한 용어는 스웨덴 말 마스크닝이었으며 뒤에 "공노동"이 되었다. 마스크닝(동사 마스크의 명사화)은 무엇인가를 감춘다는 의미이며 영어의 "마스킹"으로 쉽게 번역된다. 여기에서는 일하는 것을 감춘다는 뜻이다. 그러나 이 말에는 이중 뜻이 있다. 하나는, 3장에서 설명한 것과 같이 산업현장에서 일어나는 반대행위 또는 사보타지에 속하는 "꾀부리기"또는 "시간 끌기"를 의미한다. 다른 하나는, "작업장에서 아무것도 안 하는 것 / 일을 안 하는 것"을 표현할 때 쓰는 말이다. 이 차이는 별로 크지 않은 것 같지만 저항 문제에 이르면 심각한 차이를 나타낸다.

꽃 파는 일을 맡은 사람과 면담하면서 나는 눈을 뜨기 시작했다. 그 점원이 고용주와 나눈 이야기는 "내가 하는 일이 너무 많다는 것이 아니라 어떻게 할 일을 더 맡느냐"에 관한 것이라고 했다. 그녀가 근무하던 대형 가구회사가 최근 꽃을 팔기 시작했으며 하루 2-3명의 고객을 상대한다. 상점은 깨끗하게 정돈되었으며, 그녀는 매장이 좋게 보이도록 청소 등 할 일을 다 했으나 고객이 들리지 않아 뜻 있는 일로 하루를 채우기가 불가능했다. 오후는 인근 까페에서 독서하고 핸드폰 쓰며 혹시 고객이 나타날까 지켜보면서 시간을 보냈다. 그녀는 사장이 "사업할 줄 모른다"며 불평했다.

그녀 이야기를 들으면서 나는, 모든 공노동을 저항 또는 자아성의 표현이라는 틀에 넣기 어렵다는 것을 깨달았다. 그 때까지 나는 항의하는 뜻으로 게으름피거나 또는 자기 일에 무관심하여 게으름피는 사람을 잘 알지 못하고, 그저 일의 불합리성을 어떻게 정리하면 좋을까 정도로 접근하고 있었다. 더 특기할 만한 것은 업무부담이나 실제로 소화할 수 있는 업무량에 대한 생각이 면접대상자 사이에 크게 다르다는 점이었다. 여기에- 어느 정도의 업무량을 맡고 싶은가라는 새로운 변수가 추가되어 나는 4 유형의 공노동을 구분할 수 있었으며 이 장에서 소개한다. 4 유형을 서술하기 전에 공노동의 두 국면을 분석적으로 설명하고자 한다.

4-1 잠재적 생산량

빌헬름 발더머스(1961)는 관리자와 노동자의 이해관계 충돌이 조직차원에서 어떻게 나타나는가, 그리고 "노력교섭"[151]이 어떻게 고용관계의 중심에 서게 되었는가를 이해하기 위한 개념적 도구를 일찍 개발했다. 발더머스 모델이 업데이트가 필요하다 할지라도 그의 개념 중에는 공노동 연구에 도움이 되는 것이 있다- 특히 생산량과 노력의 상관관계가 항상 노동과정에서 불확실성의 원천이 되어 왔다는 생각이다. 여기에서 생산량은 진행 중인 생산의 수량과 질을 의미하고, 노력은 "육체적 정신적 투입의 총량, 싫증, 피로, 기타 일하는 데 바람직하지 않은 다른 국면"을 말한다(발더머스, 1961:29). 생산량과 노력은 각각 합리적으로 측정될 수 있다고 말들을 하지만, 아무리 테일러식 공장[152]이라 할지라도 이것은 결코 가능하지 않다고 발더머스는 확신에 차서 말한다. 노동자는 언제 최고의 능력을 발휘하여 생산하는가 그리고 신기술은 생산성을 얼마나 향상시킬 수 있는가는 예측하기가 어렵기 때문에 테일러는 태업을 제거하는 대신 "작업방법 부서"와 노동자 사이의 새로운 게임을 만들어 냈다(로이, 1953 참조). 발더머스는 이러한 불확실성 주변을 맴도는 것이 무모하다고 생각하여 다음 사례를 들었다:

연방구두제조업자협회와 전국구두노동자조합 사이의 단체협약(1954.1)에 다음 규

---

151) 노력교섭=effort bargain: 종업원이 제공하는 노력과 기업이 지불하는 임금보상이 고용관계의 중심이지만, 입장 차이로 충돌하고 있으므로 그 표준화방법을 찾는 노력교섭이 중요하다는 의미로 사용된다. effort bargain이란 말은 Hilde Behrend(The Effort Bargain, 1957)가 처음 사용했다.

152) 테일러식 공장=Taylorized firm: F.W. Taylor의 과학적 관리법(오늘날 IE) 적용 공장을 말한다.

정이 있다: 기업은 '모든 제품에 대하여 임율 전액을 지급하고', 종업원은 "직업 기술과 생산 능력을 가장 유익한 방법으로 쓰고, 잠재력은 최고수준으로 발휘하며, 조직 또는 기계 변경 다음에 생산량 제한을 하지 않는다."그러나 누가 능력, 억제된 생산량, 억제된 잠재력('최고수준' 인가 아닌가)을 정의하는가?(발더머스, 1961:90).

그가 품었던 의문에 대한 정답은 바로 작업자라고 말하고 싶지만 초점에서 벗어난 것이다. 발더머스가 주장하는 것은 "종업원과 사용자 사이의 공식계약이 근본적인 면에서 불완전하다"는 것이다(전게서). 한편에서는 종업원이 해야 할 일의 양에 제한이 없다고 말하며, 다른 편에서는 잠재적 생산량이 노력과의 관계에서 볼 때 매우 낮게 정해지는 것 같다고 말한다. 앞에서 이야기한 꽃 파는 점원의 경우, 주과업인 점포 관리와 고객 접대는 허용된 시간에 비해 노력이 별로 들지 않는 것으로 나타났다. 아침에 일상적인 일을 마치고 나면 새로운 고객을 기다리는 것 외에 할 일이 별로 없다. 다른 직업에 있어서도 주과업은 마찬가지로 부담이 적지만 다양한 "추가 일"로 채워진다. 즉, 종업원이 실제 책임은 없지만 어쨌든 해야 하는 일이다. 꽃 파는 점원의 경우와 같이 잠재적 생산량이 적다고 정의하는 것은, 시간과의 관계에서 주과업에는 적은 노력밖에 들지 않는다는 뜻이다. 이때, 추가일이 잡히지 않거나 종업원 책임을 넘는 원거리에 있다면 일을 해야 하는 그들이 곤란에 빠진다. 여기에서 고객, 동료, 경영의 목표가 중심역할을 한다. 잠재력은 조직차원의 관계에서 고려되어야 한다- 확실한 것은 당신이 회사를 포함하여 아무에게도 쓸모없는 일을 생각해낼 수 있다는 점이다. 경우에 따라서는 종업원을 떠나서 조직구조상의 효과로 공노동이 일어날 수 있다. 반대로, 맡은 일의 잠재적 생산량이 높을 때 즉, 종업원의 주과업이 시간당 더 많은 노력을 필요로 하거나, 또는 추가 일이 많이 부과된다면, 종업원이 능동적으로 일에서 손을 떼기만 해도 공노동이 현실로 나타날 수 있다.

내가 여기에서 설명한 것은, 잠재적 생산량이라는 단일변수를 바탕으로 조직 관계에서 공노동을 이해하는 척도다. 말할 필요도 없지만, 조직생활의 실제 는 그렇게 단순하지 않다. 때때로 한 단계에서 다음 단계로의 전환이 일어나 며 그 속에는 종업원이 깊숙하게 포함되어 있을 수도 있다. 조직구조라는 것 은 그 속에서 시간훔치기 행동에 성공하려면 조작이 필요한 그런 것이며, 개 인의 과업과 책임을 분명히 하는 것도 그 속에 포함된다. 경우에 따라서는 직 무 특히 추가적인 일이 느슨하게 짜여지고, 종업원의 솔선적 행동에 대한 관 리자의 태도나 기대감도 다를 수 있다. 잠재적 생산량을 달리 말하면 역동적 인 개념이다. 어떤 사람은 그 전체 의미에 의문을 품고, 일감이 적을 경우 종 업원이 관리자에 말만 한다면 "일은 항상 있다"고 말할 것이며, 또 어떤 사람 은 새로운 일거리를 만들 만큼 "창의적"일 수도 있다. 제7장에서 상술되겠지 만, 이러한 관념은 관리자=노동자 사이의 복잡성을 과소평가하고 기업의 합 리성을 과대평가한다는 것이 내 생각이다.

4-2 일 책임감

발더머스가 말하는 "일 책임감에 대한 분별력"은 "추가 일감"을 다룬 서베이 질문을 통하여 잡은 것이다. 그의 질문을 보자: "당신은 근로계약에 명시되지 않은 어떤 일을 할 것이다. 당신은 당연히 불만스럽겠지만 다른 일감을 찾지 못하면 피할 수가 없을 것이다. 그렇다면, 추가 일감을 거절할 수 있겠는가?"

(발더머스, 1961:85-86). 일 책임감은 조직분위기나 관리자의 압력과 무관하게 기업이라는 틀 안에서 일에 대해 품는 종업원의 마음가짐이라고 정의될 수 있을 것이다. 잠재적 생산량이 낮을 경우 약한 일 책임감은 꾀부리기를 낳고, 강한 일 책임감은 의미있는 일을 찾아내는 결과로 연결될 것이다. 발더마스에 따르면, "일에 대한 책임감의 복잡성은 죄책감, 합리화의 다양성, 때로는 이런 기분을 분명하게 밝히기 거북한 정서와 맞물려 나타난다"(발더머스, 1961:87). 일을 연구하는 사회학자 대부분과는 달리 그는 일과 업적에 관한 정서의 조작 가능성에 대해 별로 신경을 안 쓴다. 정서는 "측정될 수 없으며"또 "정서를 변화시키려는 기술은 공개적인 행동을 통하여 추정할 수밖에 없다"(발다머스, 1961:42)고 그는 주장한다. 일 책임감은 초기사회화[153] 단계까지 깊이 들어간다고 그는 말한다. 이것은 서베이 질문에 영향을 미친 가장 의미있는 두 변수가 소득과 사회적 출신배경이라는 사실에서 입증되었다: 소득이 많을수록 그리고 출신 사회계층이 높을수록 추가 일감을 거절하지 않을 가능성이 크다.

발더머스가 노동과정의 중요한 요소를 식별해냈지만 일 책임감에 관한 나의 입장은 다르다. 마틴 스프라우즈(1992:4)가 사보타지 인터뷰 연구에서 주장한 바에 따르면, "사람들이 사보타지를 선택하고 그것을 실행하는 이유에는 직업과 마찬가지로 각자의 성격이 반영되어 있다. 사보타지행위 배후동기는 이타심과 복수심 사이의 스펙트럼에 걸쳐 있다." 스프라우즈와 마찬가지로, 나도 이런 동기가 계층이나 소득격차에서 나오는 효과보다 더 중요하며 그 자

---

153) 초기사회화=primary socialisation: 사회학에서 말하는 초기사회화는, 가족 안에서 어린이가 규범이나 가치체계를 배우고 받아들이는 과정을 말한다. 어머니가 어린이 손을 잡고 무단횡단을 하면 그것이 사회에 통용되는 것으로 알고 계속할 것이다.

체이름으로 분석할 가치가 있다고 생각한다. 즉, 지위와 출신배경을 떠나 종업원이 토해내는 말 그대로 따라가는 것이다(제6장에서 이런 분석을 한다). 잠재적 생산량이 조직관계 틀에서 이해되어야 한다는 것과 마찬가지로, 여기에서 말하는 일 책임감도 회사를 위하여 일하는 것임을 강조하는 것이 중요하다. 면담에서는 일 책임감이 낮다고 분류된 사람들이라도, 일이나 연구를 자신이 주도했을 경우에는 아주 생산적이었다. 여러 경우에서 보면, 종업원들이 약정된 일을 앞질러 하는 것은 분명히 자신이 주도하는 유형의 일들이다.

표 4-1에서 보는 바와 같이, 높고 낮은 수준의 일 책임감과 잠재적 생산량에서 공노동 4 형태가 나온다. 참고하기는 비자발적 형태의 공노동을 의미하고, 꾀부리기는 노동과정이론에서 말하는 의도적 "생산 제한" 형태를 의미한다. 따라가기는 비은유적 감각으로 말할 때 "심심풀이"라고 할 수 있는 공노동 형식이다. 따라하기는 나름대로 생산하고 있으므로 종업원 의도에서 볼 때 꾀부리기와 다르다. 게으름피기는 약한 일 부담감과 낮은 잠재적 생산량과의 행복한 결합이다. 여기에서 종업원은 참고하기 공노동에서 보다 스트레스를 적게 받으며 공노동 시간을 즐긴다.

[표4-1] 일 책임감과 잠재적 생산량에 따른 공노동

구 분	낮은 잠재적 생산량	높은 잠재적 생산량
강한 일 책임감	참고하기(enduring)	따라하기(coping)
약한 일 책임감	게으름피기(slacking)	꾀부리기(soldiering)

다시 말하면, 공노동은 위 표 속에 머물러 있을 만큼 그렇게 정적인 것이 아니

다. 앞으로 말하겠지만 공노동 형태 사이에는 이동이 생긴다. 참고하기와 게으름피기 사이의 차이점은 그날그날 변하는 무드 문제라고 할 수 있다- 자유와 자율을 향한 생각을 공노동과 연결시키는 사람은 곧 권태로 변한다. 이와 비슷하게 잠재적 생산량도 종업원 행동의 영향을 받지 않고 남아 있는 상수가 아니다. 누군가가 한동안 꾀부리기를 계속하여 마쳐야 할 일에서 손을 뺐다면, 추가 일이 되어 다른 누군가의 책임(비공식)으로 넘어갈 것이다. 이렇게 개별 노동자의 잠재적 생산량은 줄어든다(제7장).

형태별 공노동 뒤에 숨어있는 개별 노동자의 동기와 조직상의 조건 설명에 들어가기 전에, 공노동이 도대체 어떤 것인가 간단하게 언급하고자 한다. 모든 것을 깊숙하게 파고들기 전에 서로 어느 점이 다른가 감만 전하려는 생각이다; 따라서 이 장에 제시되는 몇 가지 사례는 본보기에 지나지 않는다. 참고하기형 공노동을 실행하는 사람이 왜 관리자에 일감을 더 달라고 요구하지 않는가, 또는 게으름피기는 꾀부리기의 집단형태로 볼 수 있지 않은가 등은 다음 장으로 넘긴다.

4-3 게으름피기

베브렌(2008[1899])은 유한계급 이론에서[154], 상류계급의 경제활동 가운데 불합리한 요소, 특히 원시적인 요소를 과감하게 지적하면서, 지금도 경제이론을

---

154) 베브렌= T. B. Veblen(1857-1929): 미국 경제학자, The Theory of Leisure Class: An Economic Study of Institutins(1899)에서 유한계급이 생산성 향상이나 사회발전에 도움이 되지 않는 과시적 소비와 과시적 여가문화에 젖었다고 비판한다.

지배하고 있는 효용성 문제를 제기한다. 베브렌에 따르면, 근대 유한계급은 일에서 해방되지 않고 오히려 참가하고 있으며; 부차적이고 상징적이지만 여전히 확실한 관행이라고 말한다. 유한계급은 귀족과 성직자만으로 구성되었을 뿐만 아니라, 특히 "과시적 낭비155)"에 이르러서는 그들의 "시종"들이 큰 몫을 차지한다는 점이 더 중요하다. 하인계급에 의무적으로 부과되는"대리 여가"는 "하인계급에 상당한 시간과 노력이 소비된다는 점에서, 그들 주인에 금전적 호평을 안겨주는" 역할을 했다고 베브렌은 말한다(2008[1899]:25). 이 연구에서는 오늘날 유한계급의 뚜렷한 유형을 가리지는 않을 것이다; 이와 같은 "대리 또는 파생적 여가계급"은 한편으로 피면접자 사이에서 잘 나타난다.

웹디자이너 한 사람은 자기가 일하는 국제방송회사 스웨덴 시무실을 "성인의 큰 놀이터"라고 설명한다. 접수창구처럼 생긴 거대 수족관의 영접을 받으며 방문자들은 개방형 기획 부서를 통과하여 안내된다. 각 부서는 한 나라의 수도 특성과 부합되도록 설계되었다. 웹을 담당하는 부서가 차지한 번쩍이는 두바이 구역에서는, 진짜 일은 하루 한 시간 정도에 그치고 나머지 시간은 게으름피기로 보낸다. 예를 들면, 웹 개발자들은 모두가 쓰고 있는 헤드셋에 흐르는 음악의 "디스크자키" 역할을 돌아가며 담당한다; 메신저를 통하여 그들은 조용히 웹 링크를 교환한다, 농담도 하고 점심 메뉴도 길게 상의한다, 보다 중요한 것은 각자 자신이 즐기는 웹을 항해한다는 점이다. 그녀가 만일 맡은 일보다 더 하려고 마음먹더라도 무엇을 할지 모른다고 말한다. "만일 내가 하

---

155) 과시적 낭비=conspicuous waste: 베브렌이 사용한 말로, 사람들은 지위, 세평, 명예에 민감하기 때문에 경제활동에서 이것이 드러난다며, 과시적 여가—과시적 소비—과시적 낭비를 들었다. 이것이 가솔과 하인에 내려가면 과시적 '대리 여가'와 과시적 '대리 소비'로 이어진다.

루종일 일하자고 요구한다면 나를 돌았다고 생각할 것이다."

그녀는 고졸 후 바로 입사했다. 인터넷 포럼에서 사귄 그녀의 남자친구가, 자기가 근무하는 유명한 회사에서 일할 생각이 있느냐고 타진해 왔다. 그녀는 구체적 결과가 나올 것이라는 깊은 생각도 없이 예라고 대답했다. 그녀는 전문교육을 받지 않았다- "나는 그저 취미 디자이너일 뿐이다"- 그리고 그녀는 "진짜 직업"을 가진 적이 없다. 현재 그녀의 상사가 처음 전화를 걸어, 바로 그날 면접에 나오라고 요구했다.

그렇게 나는 운동복 차림으로 쿨한 회사에 갔다. 어색한 기분으로 상사를 만났을 때 "오케이"라는 것을 느꼈다: 그는 도표를 그리며 말했다: '당신이 이 회사에 들어온다면 2년 동안 어디에 있고 싶은가? 나는 어리둥절했다. 그러자 그는 선을 그으며: '이것이 현재 우리 회사 전모다. 나는 당신이 2년 동안 이 회사에 있어 주기를 바란다.' 이것이 진실인가? 라는 의문 속에서 나는 출발했다. 나중에 깨달았지만, 그는 내 각선미에 끌리고 있었다. 그는 그저 나에게서 매력을 찾으려고 한 것 같다.

분명히 이것은 베버가 말하는 "공식적 활동과 사적 영역을 분리시킨 사무실의 순수한 비인간적 성격"(베버, 1978[1922]:968)이 적용되지 않는 환경이다. 이것은 종업원이 개성을 발휘하고 일을 "놀이"처럼 생각할 수 있도록 허용하는 "재미 문화"이상이다(프레밍, 2005a 참조). 웹사이트 디자인과는 아무 관계도 없는 놀이에 근무시간의 대부분을 쓰는 이것도 직업이다. 이 디자이너는 일에 대한 책임감이 전연 없으며 회사에 대한 그녀의 불성실에 상사도 동조하는 것

을 느끼고 행복하다: "언젠가 상사가 '내 메일 수신함에 읽지 않은 메일이 600개나 있다' 라고 말한 것을 기억한다. 그리고 나서 안 읽은 메일을 체크하고 지웠다. '이제 하나도 없다.'"

게으름피는(그리고 꾀부리는) 사람들이 일반적으로 느끼는 것은 "고객이 즐거워하는 한 문제될 것이 없다"라는 것이다(같은 내용이 다베이트, 2005:1023에서도 관찰되었다). 그러나 그런 신조가 있다 하더라도 공노동이 공개적으로 일어나는 것은 아니다. 바로 위 관리자가 공노동 활동에 동조할 경우라도, 다른 부서 사람들이 눈치채도록 허용해도 된다는 것은 아니다; 누구나 항상 바쁜 것처럼 보여야 한다. 그 디자이너에 따르면, 컴퓨터 스크린 앞에 있으면 어려울 것이 없다고 한다: "어머니, 또는 누구라도 최근에 아웃룩[156]를 배운 사람을 생각해 보라. 그들은 스크린이 색으로 가득하고 멋있게 보이면 그 안에서 무엇이 일어나고 있는지 단서를 잡을 수 없다." 종업원의 일 책임감이나 잠재적 생산량에 이의가 없는 곳에서 설령 게으름피기가 유일한 공노동 형태라 하더라도 이상할 것은 없다. 당신이 공노동을 얼마나 하는지는 들어내지 않는 것이 여전히 중요하다. 게으름피기와 꾀부리기 차이점을 구분하자면, 게으름피기에서는 관리자나 동료 또는 고객이 당신이 실제로 하는 일 이상을 더 기대하지 않는다는 점이다. 일을 더 따내려면, 책임영역을 확대해야 하는데, 이것은 결코 쉬운 것이 아니다. 누군가 게으름피기를 즐기는 동안, 다른 사람은 그저 참고 일한다.

---

156) 아웃룩=outlook: 마이크로소프트가 제공하는 이메일 무료서비스, outlook.com 주소로 받은 편지함 외에 다양한 앱과 서비스에 연결할 수 있다.

4-4 참고하기

일 책임감이 약한 사람에 필요한 조건은 일보다 더 큰 의미가 있다고 느끼는
외부활동에서 재미를 보는 것이다. 그 형식은 글을 쓰는 경우도 있고 영화나
음악에 빠질 경우도 있다. 수단적인 태도로 일에 임하는 것, 말하자면 생산활
동 자체를 위하여 출근하는 것이 아니라 월급타기 위하여 출근하는 태도가
(MOW국제연구팀[157] 참조, 1987), 이 연구에서 게으름피기 해당 피면담자의 주류를
이룬다. 그러나 많은 비평가들이 지적한 바와 같이 전통적 직업윤리가 지워
지려면 아직 멀었다. 정체성 지키기 일환으로 가치를 두든, 그 자체가 의미 있
는 활동이라고 생각하든, 임노동은 아직 많은 사람에게 자기존경의 주된 원
천이다(바우먼, 2004; 베더, 2001). 꽃 파는 점원이 보여주는 바와 같이, 공노동은 이
들에게 득보다 더 큰 부담이 될 수 있다, 어떤 경우는 심한 무기력과 권태감에
몰아넣는다("권태증후군으로도 알려졌다, 제7장 참조).

이쯤에서, 작업장에서 일어나는 다양한 생존전략에 관한 연구와 견주어 볼
필요가 있을 것 같다. 임금노동자 대부분의 단조로움을 경험한 문화기술학자
가 일반적으로 관찰한 것은, 그 단조로움이 게임을 창안하게 만들었고, 게임
의 자율적인 성격이 심리적 투자를 가능하게 했다는 것이다(부라보이, 1979:72; 디
톤, 1977:76; 로이, 1953:5). 오늘날 작업장의 게임은 노동과정에 얽매이는 것은 아
니다-그것은 기분풀이 이상의 것이다. 이상하게 들릴지 모르지만, 블로깅,

---

157) MOW 국제연구팀: 1978년 네덜란드, 벨지움, 독일 등 8개국의 일 및 조직심리학자들이 MOW(meaning
of working) 국제연구팀을 구성하고 국제간 연구를 하였으며, 1990년 그 실적을 단행본으로 출판하면서
MOW International Research Program으로 상설화되었다.

채팅, 공부하기, 읽기는 내적 가치를 지닌 활동이며 사람들은 일 밖에서도 이 것을 한다. 여기에서 정의한 바와 같이, 공노동 "참고하기"는 그런 게임에 깊이 빠져드는 데 실패한 것을 의미한다. 참고하는 사람들의 시간개념에는, 베버(1992[1904])나 E.P.톰프슨(1067)같은 고전 사회학자가 말하는 경제지향적 개념과 다른 의미가 들어 있다. 참고하는 사람의 시간개념에는 인생을 고민하는 국면이 포함되어 있으며 억제가 필요한 부분이다(일하는 동안에).

요직의 회계주임이 모 물류회사에서 5년 동안 근무했다. 그의 현재 임무는 회사의 가장 중요한 고객에 무엇이 잘못될 경우 배송문제를 추적하는 것이다. 일이 파도처럼 밀려온다: 어떤 날은 쉬지 않고 온종일 일한다, 다른 날은, 한 시간에도 못 미치는 일을 한다. 호출은 보통 오후 2~3시 사이에 일어난다, 그 전후에는 추적조사를 하건 "일상에 파묻히건" 마음 내키는 대로다. 그러나, 이런 형태의 "과부하"는 시간을 별로 오래 끌지 않는다. 이것이 같은 회사 안에서, 지금 하는 일과 전에 하던 일의 차이점이다: "옛날에는 항상 할 일이 있었다. 내가 불만처리 부서에서 일하면서부터는 항상 사람이 뒤에 밀려나있다."

그의 책임은 누구와 나누어지는 것이 아니지만, 일 아닌 사안에 시간을 보내는 사람이 사무실에서 자기 혼자가 아니라는 것을 알았다. "내 옆자리 사원은 주로 웹에서 게임을 하거나 전화를 건다...그렇다고 뾰족한 대안이 있는 것도 아니다. 사무실도 함께 쓰지 않고 그가 하는 일을 깊이 알지도 못하는 그의 상사들은, 그가 하는 일이 힘든지 어떤지 아무것도 모른다, 그러나 인터넷을 업무 아닌 용도에 쓴다는 것은 눈치 채고 있는 것 같다. 지나친 웹 서핑은 네트워크를 지연시킨다는 구실로 어떤 웹페이지는 "일시차단"되어 왔다. "페이스북은 한동안 다운되었으나 다시 작동시켰다. 그들은 페이스북이 네트워킹에 좋은 방법임을 알고 있었다. 재미있는 것은, 이제 누구나 페이스북에 질려 아무도 하루 종일 매달리지 않는다는 것이다. 아프톤브라데트[스웨덴 일간지]도 차단되었다, 그러나 오전 11시와 오후 1시 사이는 아니다."

꽃 판매 여사원과 마찬가지로 이 사람도 근무시간을 편하게 지내기 위하여 새로운 부서에 지원하는 것 외에 아무것도 하지 않았다. 일감을 더 맡을 기회가 있느냐는 질문에 부정적이었다: "아니요. 얼마 전에 이 자리에 부임했으므로 한 번에 한 고객만 담당합니다. 처음에는 별로 할 일이 없었으나 지금은 고객도 늘고, 물품도 늘고, 할 일도 늘었습니다. 앞으로도 더 늘겠지요." 하루가 지나가는 것을 지켜보는 그의 느낌은 복합적인 것이다. 그에게 있어서 일과 공노동 사이의 균형은 복지를 위하여 아주 중요하다. 이것은 하루 일과가 끝난 다음 분명히 나타난다: "낮 동안에 지겹게 일했다면, 지쳐버릴 수 있다. 반대로 할 일이 전연 없었어도 지쳐버릴 수 있다." 경리주임은 위키피디아 서핑에 빠진 사람이지만, "그것을 하루 종일 할 수는 없다"고 생각한다. 일은 부담이나 굴욕으로 경험되는 것이 아니다. 일은 자극이다, 내면적 가치를 동반할 필요까지는 없지만, 사이버 게으름피기보다는 일이 "시간 죽이기"에 아직 더 좋은 방법이다. 따라하기 공노동에서는, 이런 일 책임감이 똑같이 강하다, 그러나 여기에서는 잠재적 생산량이 높다.

4-5 따라하기

이 연구에서 가장 재미나는 꾀부리기 유형 공노동에 더 깊이 들어가기 전에,

먼저 따라하기공노동을 자세히 살피고자 한다. 높은 일 책임감과 높은 잠재적 생산량이 어떻게 공노동으로 빠질 수 있는가? 그 대답은 내가 면담한 사람 중에서 하루 근무시간 중 30분 이상은 아니고 딱 일부분만 공노동에 쓴 사람을 살핌으로써 찾을 수 있다. 다음은 내가 우연히 발견한 면담자 이야기다.

심리학자와 경영학자들은, 종업원이 자신들의 "위반행위"를 합리화시키기 위하여 "중성화 기법"[158]을 따라가는 방법으로 공노동이 사용될 수 있다는 딱지를 붙여 왔다(다베이트, 2005; 세이지 et al., 2003; 비비엔 및 톰프슨, 2005). "중성화기법"과 정당한 구실의 차이점을 외부 관찰자가 구분하기 어렵다 하더라도, 스트레스를 받으며 일하는 종업원이라면 공노동 시간을 피신처로 이용할 충분한 이유가 있다고 나는 말하고 싶다. 내가 면담한 따라하기형 공노동 종업원 중에서, 두 사람은 장기병가와 권태증후군을 공유하고 있었으며 지금은 그것이 도망치는 수단이었음을 깨닫고 있다. 그 외의 다섯 사람은, 복지기관이나 개호시설에서 일하는 복지사였다. 이들은, 한동안 일에서 벗어나는 것을 장기적으로 더 생산적인 "하나의 능력"이라고 믿고 있었다. 이것은 종업원 각자가 때때로 공노동 몫을 분점할 수 있도록하는 방법으로 관리에까지 반영되고 있다. 그러나, 휴가 관리자 한 사람이 지적한 것과 같이 방침과 실제는 서로 떨어지는 경우가 많다: "'물론 그렇게 해야 한다. 물론 일에서 한 동안 벗어날 수 있어야 한다,' 그렇게 관리자는 말하지만 누구나 그 결과를 얻는 것은 아니

---

158) 중성화 기법=techniques of neutralisation: 범죄자가 죄책감에서 벗어나기 위하여 구실을 만들어 자기합리화하는 성향을 말한다. 예를 들면, 잘못을 환경 탓으로 돌리기, 피해가 없었다는 구실 대기, 피해자 잘못으로 돌리기, 억울하다고 항변하기, 사회정의를 들어 정당화하기 등(D. Matzaand, G. Sykes, Delinquency and Drift, 1964).

다.”휴가 관리자 또 한 사람은 자기 상사가 사이버놀이를 너무 많이 한다고 비평한다: “그녀는 남편과 소통하기 위하여 MSN[159]을 사용한다—직원이 업무상으로 찾아가더라도 그렇다! 내가 생각할 때 그것은 한계를 넘은 것이다. 그렇게까지 온종일 온라인에 매달려서는 안 된다. 일을 해야 한다.”일 중압감은 반드시 관리자 위압에서 오는 것은 아니다; 그것은 고객에서 더 분명하게 올 수도 있고, 더 특별하게는 자기 일에 대한 도덕적 의미에서 올 수도 있다. 미흡하게 일했다는 느낌도 압력을 준다; 한 간호사의 말을 빌리면: “때때로 기본 임무만 채웠다는 느낌이 든다. [환자에] 식사와 청결과 안전 챙기기.” 이런 경우에 따라하기는 해결책이 아니라 그저 일을 계속하는 방편이다. 이제 그 간호사는 때에 따라 “아니오라고 말하는”것을 배웠지만, 항상 양심에 걸린다는 생각이 따른다.

그러나 따라하기 공노동을 순수한 생존문제로 다룰 필요는 없다. 따라하기는 나 자신의 시간을 내가 통제할 수 있다는 것을 나 자신에 증명하는 수단이 될 수도 있고, 그 직무에 필요한 긴 교육의 보상이 될 수도 있고, 내가 누리는 특혜가 될 수도 있다. 무거운 압력을 받으며 일한 휴가관리자 한 사람은, 작은 “시간 해방”이 확실한 안전밸브로 어떻게 작용하는지 설명했다:

작은 시간 해방도 자유의 느낌을 준다. ‘그래, 지금 실제로 사적인 전화를 할 수 있다 또는 지금 그것을 할 수 있다’는 것을 알게 되는 것은 내 시간을 내가 관리하고 있다는 느낌을 준다… 내가 그런 것을 할 수 없었다면, 나는 올가미에 걸려 있

---

159) MSN: 마이크로소프트가 윈도우 발매(1995)와 동시에 개설한 웹 포털과 관련 인터넷 서비스.

다고 느꼈을 것이다. 아주 작은 자유의 공간이라도 그것이 사람을 감내하게 만든다고 생각한다. 나는 나 자신의 결정을 할 수 있고 당신은 당신 자신의 결정이 가능한 것은 즐거운 그림이다(휴가관리자).

여러 경우의 꾀부리기와 마찬가지로, 의미가 적은 일은 따라하기 공노동을 선택하는 종업원이 기피하는 대상이다. 특히 이것은 관료주의적 색채가 적은 일과 청소를 의미한다. 정신질환 개호센터 관리인 한 사람이 자기 경우를 설명한다: "우리들 일 가운데에는 여러 가지 다른 내용이 있다. 우리 앞에는 기록할 일감이 쌓여 있다…기록하고 설치고 다닌다. 지난 10년 동안 아무도 손대지 않은 수백 개 파일을 분류한다는 느낌마저 든다? 여기에 무슨 의미가 있는가." 이 진술은 과업의 유형에 따라 일 책임감이 얼마나 불균형하게 배분될 수 있는가를 보여 준다– 공식 직무기술서는 직업윤리나 개인적 윤리보다 중요하지 않다. 이것은 분명히 "합리화" 또는 "중성화"와 같은 심리적 개념으로 해석될 수 있겠지만, 그렇게 되면 종업원이 소속 조직보다 합리적이지 못하다는 것을 함축하게 된다. 특히 사회봉사 분야에서는 이것을 공개토론에 붙여야 할 것 같다.

4–6 꾀부리기

나는 "꾀부리기"에 관하여 언급한 것을 테일러(1919:13)에서 처음 발견했다. 테일러는 이것을 "하루 일감을 다 채우지 않고 피하기 위하여 의도적으로 느리게 일하는 것"이라고 풀이했다. 하루 일할 시간 절반을 들키지 않고 어떻게 속일 수 있는가? 지금은 그 단순성에서 답이 나온다: 과업 내용에 대한 다른 사람의 무지를 이용하는 것이다. 전문직 사이에서는 이런 "시간 만들기" 수법이 전부터 알려져 왔다. "변호사는 2일이면 마치는 것을 2주일 잡는다. 시계 수선공은 10분 걸릴 것을 알고 있으면서 "10일"이라고 말한다. 이와 같은 시간 돌리기는 별로 의심받지 않았다(마아즈, 1982:50). 마아즈에 따르면, 전문직이 그렇게 빠져나가는 것은, 그들의 "이방인성" 그리고 "신분"이 임노동자 통제 기법을 벗어나게 만들기 때문이라고 한다. 그러나 전문직이 아니라도 심한 꾀부리기 형태를 부추기는 다른 조건이 있다.

따라하기 공노동에서는 하루 1시간을 넘기는 경우가 드물지만 꾀부리기에서는 하루 근무시간의 절반 이상을 멋대로 쓰는 자유를 누릴 수 있다는 차이점이 있다. 가장 중요한 차이점은 일 책임감에서 나온다. 꾀부리기를 할 때는, 종업원이 일에서 오는 윤리나 정체성 관념에서 떠난다는 것이다. 직업은 잃지 않으려고 하면서 일은 될 수 있는대로 적게하고 도망가려고 하는 것이 수단적 근무태도의 본보기다. 제6장에서 왜 종업원들이 꾀부리기를 하는가에 돌아가고자 한다. 그들은 이런 저런 이유로 꾀부리기를 많이 하지만, 그들이 일에 지쳐있고 자율이 중요하다고 생각한다는 것을 우리는 알게 된다. 그러나 꾀부리기를 자아성과 동격으로 다룰 단계는 아니다. 이 시점에서 몇 가지 구조적인 요소가 종업원과 관련된다: 즉, 조직상의 구조와 제도상의 구조. 예를 들면, 약정상 불가피하게 꾀부리기 결과가 나오도록 근로계약이 설계될 수 있다. 재미있는 특별한 경우를 보면, 한 기계기술공은 회사가 증명서를 받을 수 있도록 여름철에 기계설비를 측정하는 임무로 제조업체에 고용되었다. 측정하는 일이 끝나면 근로계약은 종료된다― 그래서 측정시간을 늘린다. 그의 말을 들어 보자:

나에게 할 일이 있는 한 나는 일을 한다...내가 일을 오래 끌 수 있는 대로 끌고 그만큼 돈을 버는 것이 나의 이익이다. 그래서 4주면 끝나는 일을 6~8주까지 끈다. 그만큼 총 수입은 커진다.

꾀부리기를 해온 다른 피면접자와 마찬가지로, 시간훔치기도 그것이 그들이 저지른 조직부정행위의 유일한 유형이 아니다. 세르튜, 안테비 기타 프랑스 사람이 가발이라고 부르는 개인적 생산행위[160]가 작업장에 널리 퍼져 있다, 특히 사적 증류장치 조립이 그렇고 더 탐내는 도구는 "품절"되는 경향이다.¹ 기능직에 있는 사람들 말에 따르면, 전 계층에 걸쳐 꾀부리기와 부정행위를 조장한 "문화"가 있었다고 한다. "나는 50대 60대 남자들이 의도적으로 공노동하기 좋도록 작업장을 꾸미는 것을 실제로 목격했다," 야간교대를 하는 내 친구 중에는 "타임레코더를 찍고 출근한 다음 사라졌다 다시 들어가 타임레코더를 찍고 퇴근하는" 사람이 있다. 이런 이야기가 진실인가 하는 점을 떠나; 문제되는 것은 꾀부리기를 도덕적으로 부추기는 경제적 이유와 문화가 있다는 것을 느꼈다는 사실이다. 결국, 잠재적 생산량은 그가 실제로 한 것보다 상당히 높고, 능력을 다 바쳐 일하겠다는 동기는 낮다.

공노동을 둘러싼 조직상 및 동기상의 조건이 어떻게 다를 수 있는지 사례를 우리는 살펴보았다. 공노동 형태는 자아성을 연구할 때 고려할 필요가 있는 의문점을 제시한다. 게으름피기와 따라하기의 경우와 같이, 만약 잠재적 생산량이 낮다면 공노동을 작업장저항이라고 말할 수 있겠는가? 나아가, 먼저

---

160) 개인적 생산행위=private production: 비서가 근무시간에 연애편지를 쓰고, 엔지니어가 자기 집에서 쓸 도구를 만드는 것과 같은 것을 의미한다.

말할 것은 어떻게 잠재적 생산량이 낮을 수 있는가? 이런 것이 일어나도록 허용하는 조직환경은 무엇인가? 그리고 잠재적 생산량이 높다면 자기 근무시간의 절반도 안 되게 일하는 재주를 어떻게 부릴 수 있는가?

다음 장에서 두 번째 의문을 말하고자 한다. 이것은 어떻게로 시작되는 의문에 대한 첫 번째 장이 될 것이다. 이어지는 장들은 잠재적 생산량과 일 책임감의 상이한 두 척도에 따라 구성될 것이다. 높은 잠재적 생산량과의 관계에서 어떻게로 시작되는 의문부터 다루고자 한다, 즉, 따라하기와 특히 꾀부리기. 제6장에서는, 왜 의문을 다루고자 한다. 말하자면, 왜 피면접자들은 자신들이 시간훔치기를 한다고 생각하는가, 높은 잠재적 생산량 하의 공노동을 비교하면서. 제7장에서는 낮은 잠재적 생산량의 비밀에 돌아갈 것이다.

독자들이 알고 있겠지만, 경우에 따라서는 형태가 다른 공노동 사이의 차이점을 구분하기 어려울 수가 있다. 위에서 설명한 경우와 같은 개별적 게으름피기는 집단적 꾀부리기로 볼 수도 있다. 잠재적 생산량은 조직이 얼마나 많은 양의 일을 이론적으로(이익을 올리면서) 수행할 수 있는가의 문제만이 아니다. 해야 할 일은 많겠지만, 느슨한 관리자나 낮은 생산기준이 개별 종업원의 잠재적 생산량을 쉽게 낮출 수가 있다.

[1] 사기꾼에 조언 : 기능직 사람들에 따르면, 그들은 내가 문헌에서 아직 보지 못한 머리를 굴려 작업장 좀도둑질에 쓰고 있었다. 물건이나 자재를 곧바로 집으로 빼돌리기 전에, 먼저 그것을 작업장 안에 숨긴다, 한동안 관심이 "식

도록"덮어 둔다. 그것이 머릿속에서 잊혀지거나 또는 누가 그것을 마지막에
사용했는지 말할 사람이 없게 되면, 집에 가져가도 위험부담이 아주 작아진
다.

애써 일하지 않고 성공하는 방법

　　　　　　　"성공의 팔십 퍼센트는 그저 얼굴을 내미는 것이다." 우디 알렌에서 유래한 이 인용문이 최근 엘스바흐(2010) 등에 의하여 증명되었다. 모두 질적이고 실험적인 연구를 통하여, "수동적 얼굴 비치기"(말하자면, 사무실에서 수동적으로 관찰되는 시간)가 동료나 관리자로부터 "믿을만하다" 그리고 "열심히 한다"는 평가를 받게 하는 데 긍정적인 상관관계가 있다는 것을 증명했다. 그들이 결론지은 것과 같이, 수동적 얼굴 비치기는 "종업원의 신분, 업적평가, 임금 인상, 승진, 그리고 일자리 보장에 영향을 미친다─ 비록 작업장에서 관찰된다고 하더라도 실제 생산성과 연결되는 것은 아니다."(엘스바흐 기타, 2010:755). 이 장에서 우리는, 얼굴 비치기 시간과 생산성과의 연결을 최소화시키는 방법을 알게 된다. 더 구체적으로 말하면, 근본적 시간훔치기에 성공하는 방법을 5단계 지표형식으로 만들어 꾀부리기의 전략적 유형을 탐구할 것이다. 보다 실제적인 이 부분이 직접적인 방법으로 독자에 도움을 주는 한편으로, 공노동 배후에서 작동하고 있는 조직차원의 메카니즘 이해에 도움을 줄 것이다. 이것은, 꾀부리기 배후의 동기를 검토할 다음 장의 배경이 될 것이다. 공노동 방법에 관한 장에서 말한바와 같이, 종업원 각자가 시간을 훔칠 때 쓰는 수법은 때로 아주 기술적이기 때문에 있는 그대로 찍어낼 수는 없다. 가짜 통화를 꾸미고 기술적으로 모니터링 시스템을 조작하는 전화교환원 이야기를 보자. 이 기술 속에는 관리자의 추적을 그대로 받으면서 버튼을 눌러 소리를 죽이고, 고객의 소리가 안 들리는 것처럼 시침 떼는 것이 포함된다. 그러나 어떤 모니터링 소프트웨어를 다루고 있는지, 실제 통화와 가짜 통화를 어떻게 조화시키는지, 어떤 관리자가 "헐렁하고" 누가 "독종"인지, 그 차이점을 어떻게 교환원이 알게 되었는지는 말할 수 없다. 도입부분에서 언급한 어떻게로 시작되는 의문을 답하는 데는 대체로 그런 세세한 점이 별로 필요하지 않다.

앞으로 공노동 전술을 더 철저하게 예시하겠지만, 모든 것을 세밀하게 밝히는 것은 윤리적으로 정당화되기 어렵다. 마이클 크로지어가 지적한 바와 같이, 경영과 노동자 사이의 노력 교섭은 노동과정의 불확실성에서 결정된다 : 말하자면 "'일의 완성'에 필요한 노하우를 너무 많이 까놓으면, 사용자의 합리화 수준을 높이는 무기를 노동자가 제공하는 위험에 빠지게 된다. 이것이 기술 절반을 비밀에 부치는 또 다른 이유다"(크로지어, 1971:162). 이것은 또 이 분야의 현장조사연구에서 두꺼운 서술에[161] 대한 또 하나의 논쟁거리다. 비판적 작업장 연구의 목적이 관리통제를 함정에 빠뜨리는 풍부한 자료를 종업원들에 제공하는 것이 되어서는 안 된다. 비판적 작업장 연구가 도전하는 것은 오히려, 특정 노동과정에서 정확한 일솜씨 절반의 비밀을 지키면서 조직부정행

---

161) 두꺼운 서술=thick description: 2-3 '허위의식의 그림자' 도입부분의 '두꺼운 이론(thick theory) 참조.

위를 설명하고 또 부추기는 것이다. 독자들은 알았겠지만, 각각의 설명이 시사하는 것은 성격이 아주 일반적이라는 점이다; 높은 잠재적 생산량과의 관계에서 제기되는 어떻게-의문에 대한 답을 각각 분리해서 제공한다.

5-1 올바른 직업을 잡아라

당신이 근무시간을 성공적으로 훔치는 비결 하나를 내가 말할 수 있다면, 올바른 직업을 잡으라는 것이다. 게으름피기와 참고하기 공노동에서 본바와 같이 물샐틈없는 정확한 일을 잡으면, 장시간의 공노동을 즐기기 어려울 것이다. 분명히, 어느 직업이 자리를 비우기 만만한가 아닌가를 결정하기는 힘들다. 같은 문제로 고민하던 애덤스는 "아주 무미건조한 영역을 골라라, 보통사람이라도 그런 환경에 노출되면 권태감을 내쫓기 위하여 머릿속에 구멍이라도 뚫으려 할 것이다"(1966:114)고 조언한다. 그가 전형적인 예로 제시하는 것은, 시설관리, 데이터베이스 관리, 그리고 세법이다. 일의 실체에 별로 관심이 없는 가이 스탠딩은, 일의 공백을 결정하는 것은 고용조건이라고 말한다— 안전한 종신고용인 '샐러리맨'에 속하는가 또는 불안전한 형태의 노동인 '비정규직'에 속하는가.

많은 현대식 직장에서, 종업원은 아침 일찍 캐주얼이나 운동복 차림으로 나타난다, 샤워하고 몸단장하는 데 '작업장'에서의 첫 시간을 보낸다. 이것이 샐러리맨의 숨겨진 특전이다. 그들은 옷을 사무실에 둔다, 집에서 쓰던 추억거리가 여기저기 널려 있고 때에 따라서는 아이들까지 놀게 한다, '아빠나 엄마를 방해하지 않는다'는 조건이 붙지만, 물론 지켜 지지 않는다. 점심을 먹고 난 오후에는 '능률 낮잠'을 잘 수 있다. 오랫동안 집에서 활동하는 것처럼 인정되어 왔다. 일에서 떨어져 있는 이 시간에 아이팟으로 음악을 듣는 것도 잊지 않고 있다.(스탠딩, 2011:118)

무미건조함이나 안정된 고용을 지향하라는 것은 나쁜 권고는 아니지만, 올바른 직업을 찾는데 있어서 더 중요한 원칙이 있다고 말하고 싶다. 그런 감을 잡기 위하여 당신은 게으름피기 단골들이 익명으로 올린 경험담을 웹사이트 (dettommearbejde.dk 그리고 maska.nu)에서 찾아 훑어보는 것이 좋다. 이런 사이트에 단골로 들어오는 전형적 직업 중에는 기업발전업무 관리자, 약사, 교회 보직자, 접수원, 박물관 감시인, 도서관 사서, 경비원 등이 포함된다. 이들 직업의 공통점은 무엇인가? 외부인이 그들의 조직차원 기능을 알기는 쉽지만, 그들이 실제로 하는 일이 무엇인지 말하기는 어렵다는 것이 나의 대답이다.

여기 5장과 제7장에서 자세히 밝히려고 하는 개념은 특정한 일의 불투명성이다. 내 말은, 문외한이 어떤 직업의 노동과정을 이해하기 어렵기 때문에 시간과 노력의 관계를 통하여 추정하는 정도를 의미한다. 때로는 그 노동과정의 복잡성이 결과적으로 불투명성이 되는 단순한 경우도 있고; 때로는 직업의 내용을 흐리게 만드는 다른 요인이 나올 경우도 있다. 마아즈는 이렇게 말한다: "제품의 수량에 대한 모호성이 있을 경우는, 질 또는 엄밀한 종류가 그 성질 속에 내재하고 있다, 이것은 빈둥거림을 은폐할 뿐 아니라 그렇게 하기 위하여 특별히 발전시킨 것이다."(마아즈, 1982:115).

일의 불투명성은 일과 관련된 전문지식, 교육, 지위와 직접적으로 연결되어 있다. 한 기록보관업무 담당자는, 기록과학이 최상의 주제였으며 그것이 그의 인문학 학위를 따게 만들었다고 말한다. "취업 기회가 없다"는 현실에서 "번창하는 노동시장"을 기웃거린 끝에 "하루 종일 먼지나는 기록문서에 파묻혀 지낸다는" 예상을 깨고 아주 다른 직업을 얻었다. 근무시간에 다른 주제의 석사학위 논문을 쓰면서, 어려움을 겪거나 자기가 하는 일의 성과를 합리화시킬 필요가 없었다. 그에 따르면, 그가 좋은 회사에 다니고 있었기 때문이었다고 말한다.

> 기록보관 전문직으로 과업을 맡아 하는 사람은 많다. 그러면서 그들은 회사 과업을 수행 해야 할 근무시간 동안에 자신들의 책이나 논문을 쓰고, 다른 무엇을 한다. 어떤 면에서 보면 그것이 직업과 관계될 수도 있다, 왜냐하면 때로 어떤 사안의 원천에 접근하기도 하지만, 실은 자신의 이익을 위하고 경력을 쌓기 위한 것이다. 그리고 이것은 보통 사용자의 암묵적 동의하에 이루어진다....내가 말하려는 것은 이렇게까지 게으름피울 사람이 세상에 없을 것이라는 것을 당신도 느낄 때가 있다는 것이다. 이것은 분명 불가능한 것이다...그렇지만 나는 이런 일로 비난받는 사람 이야기를 들어보지 못했다.

자기 상사들은 "불평하는 사람이 없는 한 정말로 신경쓰지 않는다"고 이 기록보관업무 담당자는 말한다. 이것은 자주 등장하는 주제로 곧 여기에 돌아간다. 면담에 응한 종업원들은 거의 전부 관리방침의 지배하에 있었으며, 안드류 프리드먼은 한때 이것을 "책임지는 자율"이라고 불렀다. 그의 말에 따르면, 책임지는 자율이란 "개별 근로자 또는 작업자집단에 업무수행 방향 그리고 관리권한 유지에 관하여 판단하는 폭넓은 재량을 주고, 이에 맞추어 근로자들이 회사의 경쟁 목표에 동행하도록 만들어, 결과적으로 자신들이 최소의 감독을 받으며 '책임지는' 행위"에 나서도록 하는 것이다(프리드먼, 1977:48). 오늘날은, 책임지는 자율이 고객을 통제 창구로 이용하면서 얽히게 되었다. 그러나 종업원들이 회사의 "경쟁목표"에 동행하지 않고, 분명하게 정의된 고객이 없으며, 상급자들과 마찬가지로 고객의 요구가 무엇인지 감지하지 못하고 있다면 어떻게 될까? 여기에서는 아크로이드 그리고 톰프슨(1999:53-74)의 말"무책임한 자율"을 인용하는 것이 더 적절한 것 같다.

[표5-1] 사적 활동에 사용한 하루 단위 평균시간(분). 핀란드, 2010.

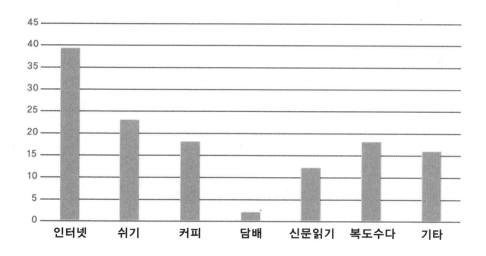

① 일과 무관한 인터넷 사용 ② 일 중간의 휴식과 긴장풀기 ③ 커피 브레이크
④ 흡연 브레이크 ⑤ 신문 읽기 ⑥ 복도에서 수다떨기
⑦ 기타:아무것도 안 하는 비업무활동. 출처: Taloustutkimus Oy(n=1077)

이 연구에서 종업원 사이에 분명히 들어난 것은 신기술, 특히 소프트웨어 도

입이 노동과정에 거의 뚫을 수 없는 불투명성을 주었다는 것이다. 피면담자 대부분이 스크린 앞에서 수행하는 일을 포함하고 있었다는 점이 그 이유 중의 하나다. [표5-1]은 웹서핑이 공노동에 들어가는 월등한 인기 수단임을 보여준다. [1]

신기술 지식을 소수가 독점하거나 지배하고 있다면, 꾀부리기 가능성은 극적으로 올라간다. 한 회사에 고용되어 내부 시스템과 웹 인터페이스 개발을 책임진 소프트웨어 기술자가, 자기 능력을 초월하는 잠재적 생산량에도 불구하고, 어떻게 압력을 벗어나 자유로워지는지 설명한다. "문제 하나를 풀면 스무 개의 새 문제가 나오는" 환경에서, 완성품이 어떤 것이 되어야 하느냐에 대한 개념도 불명한 "끝이 없는 일"이었기 때문에, 그를 하루 꼬박 일하게 잡아 두는 동기가 아무것도 없었다, 월급도 아니었다. 아는 사람이 하나도 없는 대규모 회사의 한 부서에, 흐릿한 일책임감을 공유하는 그들 단 둘만 있다는 사실이 그들의 집단적 공노동을 크게 부추겼다.

> 이 일 하기에 바빠 그 프로젝트에 손댈 시간이 없었습니다' 라고 말하는 것은 쉬운 것이다…. 그들은 맡긴 일이 얼마나 시간이 걸리는지 아무것도 모른다. 그러므로 일을 다 마치고도 아직 일하는 중이라고 말할 수 있다. 그들은 당신이 무엇을 하는지 모르기 때문이다. 그들은 당신이 말하는 것을 듣기만 하지 않을 수 없으며, 그 뿐만 아니라 그들 역시 당신 일을 지켜볼 시간이 없다.

마아즈가 말하는 "시간 농뗑이"를 설명하기 적절한 "순환적" 시간과 "선형적" 시간의 차이점이 여기 있다. 근무일에 단일 목적지를 운행하는 조종사는 하루에 10회 같은 길을 왕복하는 버스 기사보다 시간을 더 선형적으로 경험한다. 순환적 일의 극단적 형태는, 작은 동작이 하루 동안 수백 번 반복되는 테일러식 성과급이다. 마아즈가 말하려는 것은, 종업원이 자기 일을 순환적이라고 인식하면 작업속도를 늦추어 "시간을 농땡이" 치지만, 선형적 일에서는 속도를 높여 시간을 만든다. 이렇게 볼 때, 순환적 일은 "임율 결정" 시기에 임하면 속도가 늦추어져야 한다. 이런 관찰은 도날드 로이(1952, 1953, 1954)의 성과급제 초기 연구까지 거슬러 올라가는 것이며 다음 부분에서 다룬다. 이와 같은 전략의 변형이 과격한 꾀부리기에서 지금도 사용되고 있지만, 내가 말하려는 것은 시간훔치기를 실제로 성공시키는 가장 안전한 방법은 순환적 일도 함께 피하라는 것이다. 이 연구에는 성과급 해당자가 없으며, 순환적 일이 있었다면, 순환시간이 긴 소수에 불과하다. 결국. 선형적 일이 더 좋은 선택대상이지만, 일의 불투명성과 관련하여 구별해야 시간국면이 또 남아 있다.

내가 제안하고 싶은 하나는 무한시간에 관한 것이다, 다시 말하면 종업원이 자기 일은 끝이 없다고 생각하는 직업– 달리 표현하면, 잠재적 생산량의 한계가 없는 것처럼 보일 경우, 이런 경우는 분명한 시작과 분명한 끝이 없다. 언뜻 보기에는, 시간 만들기에 아주 나쁜 조건이라는 것이다; 한편, 당신이 개편을 반복한 조직에서 문서보관 업무를 맡고 있다면, 당신이 할 수 있는 최대량의 절반만 일할 경우 어떤 차이가 있을까? 무한성이라는 측면에서 보면, 종업원 한 사람의 일은 별 의미가 없다. 비슷하게, 처음부터 프로젝트가 쌓여 우선순위를 정해야겠다고 느낄 경우, 스무 개 프로젝트는 안 된다고 말해도 될 경우 왜 열은 안 된다고 말하겠는가? 소프트웨어 엔지니어가 밝히는 것과 같이, 당신 카드를 잘 이용한다면 아니라고 말할 필요조차 없다. 2주 걸린다고 생각되는 프로젝트가 있다면, 2주가 지나기를 기다린 다음"잘 하려고 했는데, 안타깝게도 5주가 필요합니다"라고 말하면 된다. 시급한 일이 벌어졌을 경우, 프로젝트와 프로젝트를 교묘하게 이용할 수 있다: "'이 프로젝트를 할 수는 있습니다만 저 프로젝트 담당자에 직접 말해주십시오'... 이와 같이 당신 시간을 두고 저들끼리 싸우도록 할 수 있으며 이런 말을 첨가할 수도 있다... '누구 프로젝트가 가장 중요한지 결정하는 것은 당신들 몫입니다.'" 사람이 동시에 두 자리에 설 수 없다는 것은 누구나 알고 있지만, 어떤 곳에도 있지 않을지도 모른다는 사실은 적게 인식하고 있다. 유사하게, 하나의 프로젝트는 무시되고 있는 다른 프로젝트를 은폐시킬 수 있다. 그런 덮개용 프로젝트가 없다면, 왜 그런 것 하나를 개발하지 않는가?

물론, 일의 불투명성이 직업을 선택할 때 고려할 유일한 요소는 아니다. 더 많이 연구된 국면은 비합리적인 조직 또는 "나쁜 경영관리"이며, 제7장에서 다시 논의한다. 때로는, 당신의 노력 없이 공노동의 올바른 성립조건을 풍부하게 만들어낼 수 있는 무지한 상급자가 있다, 그것이 수퍼마켓이라 할지라도. 그런 상급자를 어떻게 찾을 수 있는가? 나는 모르지만, 면담을 기초로 본다면, 노동시장 어느 구석에도 그들이 존재하지 않는 곳이 없다. 공적 부분에도 있고– 사적 부분에도 있다. 산업현장에서도– 사무실에서도 발견할 수 있다. 전적으로 계층적 관료조직에서도– 또는 평면적이고, "유기적" 조직에서도 발견된다. 우리가 일 사이를 뛰어넘어 다닐 수 있는 위치에 있지 않는 한, 불행하게도 그런 상급자를 선택하는 문제에서는 무력할 수밖에 없다. 그러므로, 좋은 가이드라인은 불투명성 차원에서 더 생각해 보는 것이다.

그러나, 불투명성은 전직업과 관계되는 것만은 아니다. 다른 사람들도 강조한 바 있고 위에서 언급한 일의 무한성과도 관계되는 다른 요소가 있다. 기업의 규모가 그것이다(볼초바, 2005; 파킨슨, 1957; 로드린 및 베르데르, 2007). 이것이 이번 연구에 어울리지 않는다고 생각되는 예상 밖 직업군에서 피면담자 일부가 나온 중요한 이유다. 그런 사례 중 하나가 노르웨이에서 보낸 시간이 특별히 편했다고 말하는 건설 노동자다. 빌딩 건설공사가 크면 클수록, 그는 더욱 정상 수준 이하로 일하지 않을 수 없었다. 그가 일한 하청업자는 큰 규모 회사가 아니었지만, 셋 내지 다섯의 서로 다른 빌딩 현장에서 일하는 팀이 있었다. 이것은 감독자 보기가 드물다는 것을 의미한다. 공사 발주자는 현장에 분산된 서로 다른 계약자와 하청업자 때문에 골머리를 앓았다. 분명히, 통제는 고사하고 심지어 제대로 일을 하고 있는지를 확인하기에도 팀이 너무 많았다.

어떤 때는 '오늘은 이 비계를 세운다'와 같은 과업을 배정받기도 한다. 이래도 되는가? 그런데도 우리가 스웨덴에서 왔다는 이유로 노르웨이 사람들은 근면하다는 식의 생각을 하고 있었다. 이렇게 말할 경우도 있었다: '이것만 하면 그것으로 끝이다.' 우리는 '감사합니다'라고 대답하고 세 시간의 점심 휴식을 했다.

앞에서 보여준 프로젝트 가지고 놀기, 또는 사용자 눈이 멀어 사무실에서 석사논문을 쓰는 행운은 누구나 잡을 수 있는 기회가 아니다. 얼마나 쉽게 이런 일을 만날 것인가는 기본적으로 당신이 하는 일이 얼마나 불투명한가의 문제다. 만약 당신이 제대로 직업을 잡는다면, 처음부터 두꺼운 불투명성을 즐길 수 있다. 그러나 불투명성은 변치 않는 상수가 아니다; 당신은 언제라도 일을 현재보다 더 불투명하게 만들어 나갈 수 있다.

5-2 불확실성을 이용하라

피면담자 중에는 엄격한 의미의 성과급제 일을 하는 사람이 없다는 사실에도 불구하고, 태업에 관한 초기 산업사회학 문헌은 지금도 의미를 지니고 있다. 그 속에는 시간훔치기의 기본 원칙이 들어있기 때문이다. 특히 이것은 할당량 제한과 꾀병을 다룬 로이(1952)의 업적에서 들어난다. 꾀부리기를 말할 때 아직 떠오르는 구분법은 "기름진"일과 "깐깐한"일의 차이다. 로이가 문화기술학적 연구를 한 기계공작 작업장에서, 기름진 일은 보수가 후하고, 깐깐한 일은 엄청난 노력을 들여야 기준율을 넘는 "성과"를 올릴 수 있다.

로이가 관찰한 바에 따르면, 어떤 일을 하느냐에 따라 태업의 근본원리가 둘로 갈라진다는 것이다. 기름진 일을 할 때는, 작업방법 부서가 의심의 눈초리로 감시하는 상한선(당시, 시간당 $1.25)을 넘지 않는 선에서 편하게 할 수 있다. 이것을 "할당량" 제한이라고 말한다. 만약 너무 빨리 일을 하면 "작업부서 사람들이 잽싸게 시간을 재책정하여 머리를 돌게 만드는" 위험이 따른다고 작업자들은 간명하게 설명한다(로이, 1952:430). 깐깐한 일의 원리는, 힘을 아끼기 위하여 될 수 있는 대로 적게 일하는 것이지만 시간 재책정을 부추길 수도 있다: "나는 이런 문제로 골치않고 싶지 않다"고 말하는 작업자도 있다(로이, 1952:436). 이런 경우가 "꾀병"으로 알려졌다.

할당량 제한과 비슷한 방법은 오늘날에도 널리 살아 있지만 꾀병의 경우는 그렇지 않은 것 같다. 작업의 계속기간이 일단 확정되고 나면, 조직개편이 있거나 새 관리자가 오거나 또는 고객이 개입하지 않으면 개별 근로자가 바꾸기는 어렵다. 깐깐한 일은 다른 요소로 결정되는 경우가 많으며 뒤에 다룬다. 기름진 일은 저절로 나오는 것이 아니라 만들어지는 것이라고 할 수 있다‒ 특히 시간이 한정된 프로젝트 관련 노력교섭에서 그렇다. 공노동에 재미붙인 사람에게는 기름진 일이 나쁜 일에 속하지만, 청소작업도 특정 과업이나 프로젝트와 비교하여 볼 때 불투명한 구석이 있다. 한 청소업자에 따르면, 전 건물을 "위생적으로" 관리하고 더 철저하게 청소하는 여름철에는 아주 기름진 일이 된다. 어느 여름철 그들이 한 학교 청소를 담당할 때, 그녀의 관리자가 큰 흥정을 따내어 평소보다 긴 휴식시간을 허용 받았으며, 아니 강제 당했으며, 두 시간 일찍 퇴근했다. 나는 그녀에게 경쟁이 심한 노동시장에서 그런 일이 가능했던 것을 어떻게 생각하느냐고 물었다.

경쟁은 확실합니다, 그러나 누가 뛰어들기 시작하면 모두 뒤따른다는 것을 누구나 알고 있습니다. 무슨 말인지 알겠지요? 학교는 청소업자를 부르지만 그 지역 업자이기 때문에 그렇게 많이 부를 수는 없습니다. 청소업자 베리드는 말합니다. '석 달 동안 다섯 명이 필요합니다.' 이렇게 되면, 누가 체크하겠습니까?

관료적 조직 내부의 일에 관한 연구에서 크로우지어는 다음과 같이 말한다: 노동과정에는 항상 "불확실한 부분"이 있는 것이므로, 일하는 사람들은 자기 편의에 따라 시간을 자신의 용도로 축낼 수 있다. 이와 같은 관찰은 합리적 조직의 기계적 모델과 인간관계학파 양쪽을 향한 공격자료로 이용되었다. "인간은, 손과 가슴만 가진 것이 아니다. 그도 머리를 가졌으며, 이것은 자기 자신의 게임을 결정하고 행동하는 자유가 있음을 뜻한다. 이 사실은, 인간관계론 주창자 거의 전부와, 반대쪽에 있는 초기의 합리주의자들이 잊고 있었던 것이다"고 크로지어는 말한다(크로지어, 1971:149). 기름진 일은, 작업방법부서와의 교섭에서 나오건 또는 청소업 고객과의 하청계약에서 나오건, 노동과정에 내재하는 불확실성에서 유래한다. 불투명성을 쌓으려면, 과업 하나, 새로운 프로젝트 하나, 또는 당신의 전문분야에서 기술 하나만 있으면 된다. 그것은 아주 단순한 일이다— 당신은 아직 그 전문가다. 건설업 현장감독자 한 사람은 그가 하는 모든 일에 여백을 둠으로서 이것을 해냈다.

> 지금은 실제로 관심 두는 사람이 매우 드물지만, 내가 하는 모든 일에 나는 여백을 둔다. 정확하게 두 시간 걸리는 잔디깎기와 같은 경우, 잔디기계를 빼내는 데 한 시간 더 걸리고, 그것을 차에 싣고 가는 데 또 한 시간 걸린다. 그냥 끝나는 일은 없다. 보도석 사이의 잡초 뽑는 일도 풀만 뽑아내고 끝내지 않을 것이다. 내가 할 때는 아주 신경쓴다.

발더무스와 크로지어가 주장하는 노동과정의 불확실성은 다른 형태의 불확실성으로 보완될 수 있으며, 바로 내가 말하고자 하는 자아성의 불확실성이 그것이다. 내가 제3장에서 정의한 용어 자아성은 정체성을 초월하는 것이기 때문에, 자아는 정체성을 위장수단으로 사용할 수 있다. "책임지는 자율" 아래에서 일할 때는, 당신이 전하려는 정체성 유형은 정확하게 책임에 관한 것이다. 이것은 모든 유형의 공노동에서 반복되는 주제다: 정체성은 책임을 의미할 뿐만 아니라 우월성도 된다. 앞에 나온 웹디자이너는 "나는 곧 그들이 좋아하는 종업원이 되었다"라고 출근한 첫 주에 관하여 말했다. 비슷하게, 한 가사 종업원은 그의 경력을 다음과 같이 요약한다: "집에서 일하면서 승진되는 것은 사무실 공간과 비슷한 점이 있다." 그러나 중요한 부분은, 사무실 공간의 철없는 주인공처럼 천방지축 행동하면 시간 훔치기에 아무도 성공할 수 없다는 점이다. 다시 말하지만, 공노동을 공개적으로 실행에 옮겨서는 결코 안 된다. 캄파그너가 밝힌바와 같이, 속임수는 꾀부리기 하는 종업원의 영웅적 면모로 비칠 수도 있다– 아니면 그가 말하는 "얌생이꾼"으로.

> 얌생이꾼은 종업원과 같은 옷을 입는다, 종업원과 같이 고객과 상급자를 보고 웃는다. 그들도 부과되는 일을 수행한다, 그러나 기회가 오면 기록을 속인다. 언제나 웃고, 언제나 교활하다. 상점에 불이 꺼지면, 관리자 방문이 닫히면, 할 수 있는 것을 다 훔친다. 위스키와 물을 섞고, 은행거래를 속이며, 데이터베이스를 빼내어 팔아넘긴다, 계산대 돈으로 경마 도박을 한다. 아무도 보는 사람이 없으면 낮잠을 잔다, 그들은 규칙에 따라 일한다. 근무시간에 컴퓨터게임을 한다, 재고품을 훔치고 또는 친구에 빼돌린다. 완벽한 범죄는 대낮에 복면도 하지 않고 은행에서 거금을 강도질하여 뺑소니치는 것이 아니다. 완벽한 범죄는 도둑질한 것을 숨길 수 있고 들키지 않는 것이다(캄파그너, 2013:35-36).

이 점을 분명하게 하기 위하여 에르빙 고후먼의 무대 후면과 무대 전면이라는 진부한 개념을 여기에서 언급하는 것이 좋겠다: 이 둘은 반드시 분리되어야 한다. 고후먼이 말하는 "어두운 비밀"과 "전략적 비밀"은 시간훔치기에 성공하기 위하여 항상 관리되어야 한다– 여기에서 "어두운 비밀"은 "배우가 관객 앞에서 지키려고 하는 자신의 이미지와 어울리지 않는" 사실들이고(고후먼, 1956:87)– "전략적 비밀"은 "배우가 보여주려고 계획하는 상황을 관객이 미리 간파하지 못하도록 숨기는 배우의 의도와 연기력이다"(전게서).

캄파그녀가 권고하는 실행방법은, 무대 전면을 깨끗하고 단정하게 유지하는 것이다: "나는 결코 지각하지 않는다, 나는 항상 정해진 복장을 지킨다, 깔끔하게 단추를 채우고, 나는 언제나 상급자와 잘 지낸다. 이것이 실제로 필요한 전부다."한 지하철 집표원이 하는 말이다. 일할 때 외부에서 관찰되는 부분을 더 잘 "수행하는 것"이 중요하다고 강조하는 사람도 있다. 한 전형적인 예를 보자: 광고회사에서 일하는 한 카피라이터는 그녀가 수집한 텍스트 자료가 상급자나 고객이 관심 두는 부분이 아님을 알았다. 그녀의 가치, 그녀가 받은 평가나 재작성 여부는 프레젠테이션을 얼마나 잘 하고, 쓴 것을 얼마나 잘 "포장"하느냐에 따라 결정되었다. 사무실에서 허탈감에 빠지는 여자가 될 환경에서, 그녀는 이른바 "화법을 터득하고" 일을 반으로 줄였다. "일이 너무 자유로우면 상급자가 문자 그대로 등 뒤를 어슬렁거리며 일 안 한다는 소문을 퍼뜨릴 것"이라고 그녀는 간파했다. 그런 일은 일어나지 않으므로(컴퓨터 내용을 염탐하는 것은 "우호적인 분위기"를 해치므로) 그녀는 쓰는 일을 빨리 마치고, 프레젠테이션 준비를 하며 한편으로 "상위 등급으로 판정받는 것은 포장이 결정한다"는 사실에 매달린다. 책임감의 정체성을 세우는 데에도 비공식 행동이 열쇠작용을 한다: "즉, 커피브레이크에 나와 앉아 '나는 이것도 마치고 저것도 해치웠다'고 말할 수 있다. 손도 대지 않았을지라도."[2]

지금까지 우리는 일이 애매할 수 있음을 알았으며, 과업이나 "일 속의 일"도 애매할 수 있고 또는 애매하게 만들어졌다. 애매함의 일반적 성향을 제대로 포착한 대응현상은 스탠딩이 말하는 "직함을 높이는"것이다ㅡ 일에 번지르르한 타이틀을 붙여줌으로써 그 불안전성을 숨기는 것이다ㅡ 내가 볼 때는 그 본질을 숨기는 것이다.[3] 이런 저런 방법으로 불투명성을 구축하고, 한편으로는 기름진 일을 만들고,[162] 정체성 수립을 통하여 무책임한 자율 범위를 넓히는 것이, 시간훔치기의 훌륭한 장기 기반구축에 필요하다. 그러나 일은 여기에서 멈추지 않는다; 들키지 않도록 다잡아야 한다.

5-3 위험요소를 관리하라

로이는 한 논문에서, 나중에 공노동의 바탕이 될 실마리– "밑천"–을 어떻게 "축적"하는지 생생한 예를 보여준다; 저녁이 되면 놀면서 어슬렁거리거나, 일은 하지 않고 집에 가고 타임카드는 대신 찍게 만드는 방법이다. 이러한 유형의 "빈둥거림"은 로이 자신도 경험이 있다: "마지막 4시간은 둘러앉아 여러 기능공들과 이야기했다," 그러나 대부분의 경우 "감독자는 아무도 신경쓰는 것 같지 않았다"고 현장 노트에서 밝힌다(로이, 1952:433). 로이가 몇 군데에서 제시하는 이 마지막 관찰은, 옛날 꾀부리기와 오늘날 꾀부리기 사이의 의미심장한 차이점으로 보인다. 공개적인 작업장에서 한가로이 몇 시간이나 둘러앉아 있는 것은, 성과급이 아니고 시계 밑에서 일할 때는 가능성이 없는 것이다. 일이 앞에서 정의한 "선형"이라고 하더라도, 공노동을 분담할 수는 없다, 목적지까지 운전하고, 학교를 청소하고, 텍스트를 쓰고, 그리고 나면 "앉아" 편하게 시간을 보낸다. 공노동은 순수한 자율이 아니다, 고르(1982) 말을 빌리면 그것은 타율에 속하는 자율이다. 일이 시간으로 측정될 경우, 실제 생산은 작업자가 어떻게 모습을 나타내느냐 만큼 중요하지 않게 된다. 그러므로 공노동은 위장하거나 정상적인 일 속에 숨겨야지 감독층의 눈에 거슬러서는 안 된다.

---

162) 기름질 일=gravy job: 5-2 '불확실성을 이용하라' 에서 '기름진 일' 참조.

물론, 가장 중요한 것은 공노동 행위를 들키지 않는 것이다. 이것은 관리자가 알아차리지 못하도록 공노동을 숨기기만 하는 문제와 다르다. 표5-2에서 보는 바와 같이, 다른 위험이 도사리고 있다. 거래선은 잠재적 밀고자다. "당신이 계산대 옆에서 어슬렁거리며 하는 짓이 맡은 일이 아님을 들어내면, 고객의 신경을 건드릴 수 있다," 가구 소매점 출납원이 한 말이다. 그래서 그녀는, 웹을 서핑할 때는 방 안 어디에 고객이 있는지 확인하고 그들이 자기 컴퓨터 스크린을 볼 수 없게 한다. 다른 사람은, 개방형 사무실에서는 스크린이 벽을 향하도록 하는 중요성을 증언했다. 피면접자 사이에서는 다른 동료들을 평범하게 보고 있었다. 다음 장에 나오지만, 이들 위험 요소들은 잠재적 협력자이기도 하다. 여기에 보면, 위험과 협력의 각각 다른 배합이 있다. 협력은 동료 작업자 사이에서만 이루어지는 그런 것이 아니다. 가장 가까운 관리자가 동지로 변하는 경우가 있는가 하면, 동료가 위험을 안고 있는 경우도 있다, 특히 다른 부서의 동료나 높은 위치의 관리자가 그렇다. 사회복지 분야에서는 고객과의 협력관계도 있었다.

[표5-2] 위험과 협력의 삼각관계

이미 말한 바와 같이, 그렇게 오래 컴퓨터 앞에 앉아 있으면서 무엇을 했느냐

고 누군가 의심할 경우를 대비해서 둘러댈 프로젝트를 준비해두는 것은 언제나 좋은 일이다. "재고조사" "정보교환" "고객서비스" "일상적 체크" "시장조사" "멀티태스킹" "분석" "평가" 이런 말들은 환경에 따라 최종 구실로 써먹을 수 있는 것이다. 불투명성이 당신에게 최상의 후원자라 하더라도, 둘러댈 프로젝트는 반드시 정교할 필요는 없다. 사무실에서 낮잠을 잘 때 쓰라는 특별한 권고는(작업장 부정행위에 관한 인기 저자 글에 나온다), 펜과 종이쪽지를 발 옆 바닥에 문을 향해 떨어뜨려 놓고, 가능하면 머리는 책상 아래를 향하고, 누가 들어서려고 할 때 깨어나 바닥에서 물건을 집어 올리는 프로젝트를 실행하라는 것이다(예를 들면 기본스, 2008:56, 참조). 비슷한 원칙을 저택 입주 간병인이 야간근무에 이용하고 있었다: 이 간병인의 유일한 임무는 젊은 여성의 부름에 대기하는 것이며, 침대에서 어떤 소리가 나는지 그 여성을 체크하는 것이다. 야간 근무자의 임금은 잠을 자는 것이 허용되느냐의 여부에 따라 달랐다; 잠이 허용되는 경우는 침실을 제공하지만 보수는 깨어 있어야 하는 경우의 절반에 해당되었다. 여기에서는, 젊은 여성에 무슨 일이 일어나면 신속한 지원이 필요한 경우였기 때문에, 간병인이 별도의 침실에서 자는 것은 허용되지 않았다. 그의 해법은, 소파를 여성의 문 바로 밖에 대고 자는 것이었다.

이제 그 여성의 방 바로 옆 소파에 눕는다. 여기에는 아무 위험도 따르지 않는다. 만약 그 여성이 소리 지르기 시작하면 자연적으로 깨어난다. 일단 깨어나면 방에 들어가 그 여성을 진정시킨다. 이것이 해야 할 일의 내용이다. 거기 앉아 있으면 너무 조용하고 모든 것이 평화롭다. 그것이 또 사람들이 나에 말해준 것이다. '필요하면 잘 수 있다, 문제 없지 않은가,' 확신에 찬듯 말해 주었고, 나는 그렇게 행동했다.

꾀부리기 공노동을 하는 모든 경우와 마찬가지로, 이 시점에서 작업자의 윤리적 고려에 직면하게 되었으며 여기에 돌아가기로 한다. 들키는 위험이 관리되어야 하지만, 다른 사람을 해치는 더 심각한 위험도 있다. 이것은 사실 내가 면담한 사회복지사들의 주요 관심사였다. 그들 관리자는 작업장에 거의 함께 있지 않기 때문에 관리자가 알게 되는 것을 걱정하는 사람은 없었다.

근무시간에 작업장을 빠져나가는 것은 주의 깊은 계획이 필요한 또 다른 과정이다. 이러한 형태의 꾀부리기에는 긴 역사가 있으며 여러 이름으로 알려져 왔다. 원래 군대에서 허가 없이 이탈하는 데서 유래한 "무단외출" 또는 "옷 걸쳐 놓기" 즉, 사무실 의자에 옷을 걸쳐 놓고 사라지는 두 사례가 있다(에드워드, 1986:232). 작업자가 어느 작업장에서 빠져나가느냐에 따라 이들 과정은 아주 다르게 보일 것이다. 보호시설에서 간병인이 빠져나가는 경우를 예로 들면, "옷 걸쳐 놓기" 수법에 필요한 세밀한 주의는 번지수가 틀린 것이다. "이때는 다른 사람의 안전을 위험에 빠뜨리지 말아야 한다"고 다른 간병인이 말했다:

그 부분에 대하여 나는 무척 신경을 쓴다......모든 것이 분명해야 한다. 그 때문에 나는 항상 무엇을 하든지 정확하게 밝힌다, 지금 자리를 비우고 화장실에 갑니다. 내가 일찍 퇴근 하게 되면, 지금 어디에 있으며 얼마나 빨리 갈 수 있는지 항상 핸드폰으로 소통한다. 왜냐하면 여전히 책임을 지고 있기 때문이다. 무엇이 잘못되면 누가 구정물을 뒤집어 쓰겠는가, 그동안 친절했던 사람이나 나가도 좋다고 말한 사람이 아니다. 자신의 책임은 자신이 져야 한다.

다음 부분에서 살펴보려는 것과 같이, 이와 같은 협력을 할 때 까다로운 점은, "책임 부담"이 무엇을 의미하는지 다른 사람들이 더 엄격하게 생각한다는 것이다.

위험은 절대적인 개념이 아니다. 위험사회[163]에서 울리히 벡크가 언급한 바와 같이, 위험 평가는 가치판단을 포함하며, 한 사람이 지겠다고 나서는 위험은 다른 사람이 받아들이기 어려울 수도 있다(벡크, 1992:57-59). 주택대출이 있고 자녀를 두었으며, 공식교육을 받지 않은 사람은 고등학교를 갓 중퇴한 사람보다 공노동 밝히기를 더 피하는 것 같다. 당신이 만일 위험을 안고 살아가기를 무릅쓴다면, 당신이 만일 멀지 않아 사직할 계획을 하고 있다면, 공노동의 범위를 넓힐 좋은 위치에 있다.[164]

이것은 내가 면담한 젊은 여성에 관한 사례다. 그 여성은, 스칸디나비아에서 제일 큰 시장조사회사 교환원 직업을 떠난 지 3개월 뒤였다. 콜센터는 모니터링과 전자식 자동형 업적측정 때문에 특히 엄격한 조직으로 알려져(시엘 기타, 2012 참조), 이번 연구에서 기대하지 않았던 면접자에 속한다. "편집증 환자가 고함쳐대는 '무언의 통화'에 관한 뉴스에 접한 경우가 있습니까?" 그녀가 물었다. "그것이 우리입니다. 시간당 돈을 받는 사람들이 이런 전화를 겁니다." 내가 독자에 밝히고 싶지 않은 지저분한 술책(벙어리 버튼이 포함된 그런 것들)을 동원

---

163) 위험사회=U. Back, Risk Society, 1992: 독일 사회학자 울리히 벡크(1944-2015)의 저서, 근대화가 몰고 온 위험요소와 불안정에 체계적으로 대응하는 방안을 담고 있다.

164) 이 부분의 구성을 바꾸면 공노동은 풋내기나 막장인생이 저지르는 철없는 행동이라는 뜻으로 변형될 수 있다.

하여 그녀와 동료들은 회사 시스템을 바보로 만드는 방법을 찾았다. 그러나 그것은 순수한 기술적인 해법만이 아니었으며, 그 가운데에는 "나치 관리자"에서 눈을 떼지 않는 것도 포함된다- 나치 관리자는 모니터링을 하며 자기들 상호간 복잡한 관계를 맺고 있는 사람들을 말한다.

저 사람이 저 방에서 나오면 그 여자가 전화를 엿듣고 있었다는 것을 의미합니다. 그러므로 저 사람이 그 곳에 앉아 있으면 조심해야 한다는 것을 의미합니다. 그 여자가 저 장소에 갈 것이 틀림없다는 것과 같은 것입니다. 그렇게 되면 당신은 모든 것을 알게 됩니다. 그 뿐 아니라 누가 누구와 데이팅해 왔는가 등이 훤해집니다. 그러므로 저 사람이 흡연실 근처에서 저 사람과 함께 있었다는 것을 알게 되면, 그 여자는 아마도 얼간이를 낚아 그렇게 시간을 낭비하면 되느냐고 볶아댈 것도 압니다. 그러므로 항상 그들을 뒤쫓게 됩니다.

위험 관리에는 들켰을 때를 대비한 계획B가 필요하다. 당신 상사가 페이스북 하는 것을 눈치챘을 때 가장 안전한 것은 아무 일도 없었던 것처럼 행동하는 것이다. 스웨덴에서는, 대부분의 종업원들이 휴식을 취할 약정된 권리를 가지고 있으므로 긴 시간을 들키지 않는 한 걱정할 것이 없다. 점심 휴식시간은 더 길므로 특히 유용하다. 만약, 시작할 때 아무도 눈치채지 못하고 혼자 계획을 짠다면, 쉽게 시간을 배로 늘릴 수 있다(지하철 집표원이 실행한 것이다). 그래도 들키지 않는다면, "끝까지 밀어붙여" 일찍 퇴근하는 구실로 삼을 수 있다(두 간병인이 말한 대로).

불리한 증거가 들어나 훨씬 공격적인 상황에 직면한다면, 가장 중요한 것은 평상심을 잃지 않는 것이다. 위장된 복종심에 익숙하지 못한 종업원들은 여기에서 곤란에 빠진다. 전형적인 사례가 최근 두 유럽의회 의원에서 나왔다. 그들은 회의에 출석하지 않고 부당하게 그날의 "활동수당"(€ 300)을 청구하는 장면이 촬영되었다. 유럽의회 의원들 사이에 잘 알려진 현상 "싸인하고 뺑소니치기"에 해당된다. 이 두 사람에 흥분한 기자들은 강하게 압박했다. 자연스럽게 이 사건은 세계토픽 기사가 되었다(브렌너, 2013; 워터필드, 2013). 이와 비슷하게, 고집 센 치안판사는 법원의 유연한 근무시간을 너무 크게 왜곡시켰다는 이유로 스웨덴 국가기강위원회의 경고를 받았다. 그는 상급자의 경고에도 불구하고 법원의 정상근무(9a.m.-4p.m.) 명령에 따르지 않고 종종 오전 11시에 얼굴을 내밀어 동료의 신경을 긁었다(TT, 2006). 이런 유형의 "잡음"은 항상 도움이 되지 않는다.

더 유용한 태도는, 물론 오만하지 않은 개인에 해당되는 말이지만, 어리숙한 체하는 것이다. 이것은 교환원의 권고다: "처음이라고 사정하면 통한다는 말이 있다. 그러나 두 번은 써먹지 못한다. '이런, 벙어리 버튼 때문에 듣지 못했습니다?' 그때 나는 제정신이 아니어서 어리석은 짓을 저질렀습니다. 어리석게 굴어 나도 놀랐습니다." 다시 말하지만, 책임감을 증명해 보이려는 사람이나 또는 앞으로 밀착감시를 받고 싶지 않은 사람에게는 어리숙한 척하는 놀음의 위험을 떠안는 것이 바람직하지 않다.⁴

전화교환원 케이스는 아무리 선진화된 패노프티콘형 통제시스템165)이라도

---

165) 패노프티콘형 통제시스템=panoptical control system: 2-4 객체로서의 자아 각주 84) 참조.

아래로부터 해킹당할 수 있음을 말한다. 그것은 "하이텍 과대망상증에 대한 회의론"166)과 "정보기술에서 연유하는 권위주의 잠재성167) 현실"사이의 훌륭한 균형이라고 데이빗 라이온168)은 그의 저서 전자눈에서 말한다(리옹, 1994:88). 나아가서 "권위주의 잠재성"은 사실이 아니라 엄밀하게 잠재성으로 취급되어야 한다—이것은 푸코 자신을 포함하여 그 전통을 따르는 필자들이 혼동하는 경향에 있다. 이것은 아크로이드와 톰프슨의 주장이기도 하다.

> 물론, 새 정보기술 IT는 구형 인사관리에서 독립된 통합적 자산으로 승격되었다. 그러나 우리는 그러한 장치의 기술적 잠재성과 그것을 [...] 회사에 적용하는 문제를 혼동하지 않도록 주의해야 한다. 통합콜센터를 운영하는 회사와 같은 경우는 고도의 감시방법을 동원하지만, 그것이 감시와 규격화된 행동 강요에 대한 종업원 분노와 저항을 막지는 못한다(아크로이드 및 톰프슨, 1999:157).

결국, 패노프티콘 감시주의 요점은 절대적 감시가 아니라 절대적 감시 이미지가 유도한 자기감시이다. 여기에 말하는 절대감시 이미지가 가정 간병인에게 어떻게 작용했는가를 보여주는 도식이 있다: 가정 간병인은, 환자가 숙식

---

166) 하이텍 과대망상증= high-tech paranoia: 정보기술 발달을 오웰의 소설 1984와 연결하여 '총체적 감시사회'를 우려하는 것은 과대망상증이며 현실은 그렇지 않다는 것이다. 그 증거로 천안문 사태를 세계에 알린 인터넷 역할을 든다(David Lyon, The Electronic Eye:The Rise of Survailance Society-Computers and Social Control in Context,1994).

167) 권위주의 잠재성 현실=realism about authoritarian potentials: 정보기술은 정부의 일방적 개인 감시수단이 아니라, 민주사회에서는 정치적 반체제운동가, 소수민족, 빈민계층의 저항수단도 되는 잠재적 현실을 말한다(상계서).

168) 데이빗 라이온=David Lyon: 퀸대학(캐나다) 감시연구소 소장, 그는 감시를 '영향력— 직권—관리를 위한 개인정보 수집—분석' 수행과정 또는 그 경험이라고 정의한다.

하는 집에 설치된 등록기에 도착시간과 퇴근시간을 찍도록 되어 있었다- 간병인은 "시간변경" 버튼을 눌러 등록기를 손으로 조작할 수 있음을 알았다- "그래서 나는 내가 원하는 것을 할 수 있었고, 통계상으로 나는 완벽한 종업원으로 보였다."

그와 같은 해킹이 더욱 쉬워진 경우도 있다. 오늘날 좋은 컴퓨터 소프트웨어와 스마트폰 앱 이 공급되고 있기 때문에, 종업원이 여러 가지 일을 하면서 각각 얼마나 시간을 썼는지 자기신고하는 경우가 여기 해당된다. 웹 노동자들이 시간을 어떻게 기록하는지에 관한 인터뷰 연구에서 샘 라드너는, "노동자들은 무엇을 할지 모르는 시간은 일상적으로 '숨긴다'"(라드너, 2009:25)고 밝혔다. 다음은 그녀의 면담기록 가운데에서 시간훔치기에 관한 중요한 부분이다: "저항의 형식으로 '꾸물대는' 것은 반드시 시간 추적을 은폐하는 행위와 함께 해야한다. 꾸물대는 것은 카드에 찍힌 시간이 그대로 완전하게 보상되어야 효과가 나기 때문이라고 다른 노동자가 분명히 말했다"(라드너, 2009:26). 시간기록은 실제 사용한 시간과 일치하는 경우가 드물고, "카드시간 전액 보상"은 가증스럽게도 사실과 동떨어졌음이, 비록 암묵적이지만 널리 알려져 있기 때문에, 완벽한 정확성은 결코 기대할 수가 없다. 이것은 당신에게 열린 문이 될 수 있다.[5]

내가 면담한 세 번째 웹 개발자는 각 프로젝트마다 얼마나 시간을 쓰는지 그 비율을 보고하려고 정말 노력하지만, 실제시간은 별개의 이야기라고 말했다:

일에 쓰는 정확한 시간 보고에 대해서는 정말 신경쓰지 않는다. 나는 일상적으로,

온 종일 이라고 보고한다. 그러나 그것은 악의라기보다, 게으르기 때문이다.

질문자 : 그렇다면 시간을 낭비하는가?

그런데, 신경쓰는 사람은 없었다. 나는 여기가 좋다.

요약하면, 위험관리는 불안감을 피하는 것 이상을 포함하고 있다; 윤리적으로 무엇을 범하는지 생각해야 하고 당신 입장에서 다른 위험도 따져보아야 한다. 만약 당신이 아무 위험에도 빠지고 싶지 않다면, 시간훔치기는 그것이 관행화된 직업을 가질 때의 선택일 뿐이다.

5-4 협력하라

위험을 줄이는 또 다른 좋은 방법은 협력하는 것이다. 제2장에서 언급한 바와 같이, 비판적 작업장 연구에서 시도되는 비교적 새로운 패노프티콘 감시체제 투영은 "동료 감시"라고 불리는 것이다. 말하자면, 종업원들이 서로를 통제하고, 때로는 상징에 가까운 보너스 프로그램으로 분위기를 띄우는 팀조직을 의미한다(바커, 1993). 그러나, 카이드 타운센드(2005)가 콜센터 연구에서 밝힌 대로, 집단 역동성은 위에서 쉽게 관리되는 것이 아니다. "어떤 팀원들은 관리진에 대한 '자세를 역전시켜' 팀의 응집력을 경영특권 도전에 사용한다"고 그는 관찰했다. 팀원들은 또 "정보교환을 통하여 협력함으로써 기술적 올가미를 피하고 직장생활을 편하게 한다"(타은젠트, 2005:58). 여기에서는, 그런 협력관계를 어떻게 시작하고 발전시키는지 몇 가지 사례와 피해야 할 함정을 밝히고자 한다. 꾀부리기를 하기 위하여 항상 협력할 필요는 없다. 그러나 잠자기나 작업장 빠져나가기와 같은 매력적인 행동은 누군가 그것을 덮어주는 사람이 있을 때 비교적 쉽다는 점에서 추천할 만한 것이다. 집단이 크면 클수록 개인별로 덮어줄 필요는 줄어든다. 조직적 꾀부리기의 가능성을 의미하는 거창한 사례가 최근 스웨덴 광산회사 LKAB에서 나왔다. 전해진 바에 따르면, 광부 25명 집단이 교대로 들어갈 때와 나갈 때 서로의 타임레코더를 찍어 주었다. 발각될 때까지, 그런 협력이 수 년 계속되었으며 회사에 수백만 달러의 "손실"을 입혔다(드레브잘, 2013:TT,2013).

스웨덴에서는, 근무일 중에 공개적으로 공노동을 할 수 있는 시간이 적어도 한 번은 있다. 피카라고 불리는 시간이다. 여행 가이드나 기타 스웨덴 문화 안내서에 보통 피카가 언급된다. 그 가운데 하나는 피카를 이렇게 설명한다: "커피브레이크, 또는 피카라고 불리는 것은, 스웨덴의 관행이다. 종업원들이 휴게실에 모여 커피를 마시고 건포도롤빵이나 비스켓을 먹는 동안 일은 잠시 중단된다"(텔스트룀, 2005:428). 이와 같은 키피브레이크가 생각보다 짧기는 하지만, 이것은 아주 정확한 설명이다. 스웨덴을 포함하는 노르딕 나라들은, 국민 1인당 커피 소비량이 제일 높은 나라에 속해 왔다(브룸버그, 2010). 커피가 "일 시키는 약"(보튼, 2009:266)이라고 생각되어 왔지만, 왜 커피가 북구에서 많이 소비되는가에 대해서는 일 이외에 다른 것도 생각해 보아야 할 것이다(생산성 활동과 같은 감으로). 어떤 안내책자는 다음과 같이 설명한다: "스웨덴 회사들은 오후 3시에 피카, 커피브레이크 시간을 준다, 오전 9:30 또는 10:00에도 주는 회사가 있다. 스웨덴에서 커피브레이크는 중요한 사회적 모임이다, 어떤 일을 하고 무엇을 하고 있다는 이야기를 나누는 시간이다. 관리자와 종업원이 함께 앉아 커피를 마시고 과자나 케이크 또는 사탕을 먹으며 그 자리에 얼굴을 비치지 않는 것은 건방지다는 말을 듣는다"(로비노위츠 및 카, 2006:148). 이 설명도 꽤 정확하지만 과장된 면도 있다; 피카에 빠진다고 해서 건방지다고 생각하는 사람은 드물지만, 왜 그런 모험을 하겠는가? 작업장에 따라서는 "피카 대화"는 누가 "어떤 일을 하는가"에 관한 것보다 누가 무엇을 "하고 있는가"에 더 관심을 둔다. 만약 피카 시간이 짧고 일이 중심이 되는 화제라면, 당신은 그 시간을 자기 책임의 정체성을 구축하는 데 이용할 수 있을 것이다. 그것이 아니라면, 어떻게 시간을 훔치는가 배우는 기회도 될 수 있다.

한 회계직 여사원은, 자기 직장에서 피카시간 중 공노동은 금기어가 아니라고 말한다. "누구나 공노동을 말할 수 있고, 특히 젊은 사원과는 그렇다. 젊은 사원이 상대라면, '오늘 오전 내내 서핑만 했다'고 말할 수 있으며, 새로운 웹사이트 정보를 나누기도 한다. 그렇다고 아무나 그런 것은 아니고 그렇게 하는 사람이 따로 있다." 이렇게 볼 때, 피카는 공노동과 그 이용방법에 관한 정보를 교환하는 기회가 될 수 있다. 마치 게으름뱅이를 위한 가이젠[169]을 뒤집어 보는 것과 같이, 훈수 없이 실천하면서 배우는 것이다. 한 청소원이 관찰한 사례를 보자; 때때로 일이 아무리 "느슨"하더라도 고참 청소원은 결코 그것을 입 밖에 내지 않았다. 청소원들은 둘이 짝이 되어 일하므로, 피카 이외에는 집단으로 시간을 훔치는 경우가 없었다: "누군가 롤케이크를 들고 와 '피카시간이다'라고 말한다. 그러면 햇볕 아래 한 시간쯤 앉아 있다 '벌써 떠날 시간이

---

169) 가이젠=kaizen(改善): 2차대전 후 미국경영학 영향을 받은 일본에서 개발한 관리기법(토요타자동차)이었으나, 미국으로 역수출되어 세계적 관심의 대상이 되었다. 각자의 개선노력이 쌓여 전체 생산성이 올라간다는 철학이다.

네' 말이 나오기를 기다린다. 그러면 집으로 돌아간다." 이렇게 오랜 시간 완벽한 게으름을 함께 피워도, "슬슬하자" 같은 말은 "암묵적 합의"에 밀려 겉으로 나오지 않는다: "'헐! 놀고 있잖아!' 이런 말을 그들 앞에서 할 사람은 없을 것이다!"

이것은 다른 훈수다: 새로운 작업장에 가게 되면, 공노동 외관을 관찰하는 법을 배워라. 어떤 사람은 공개적으로 말은 하지 않더라도, 공노동을 실행하고 협력하려는 경우가 있다. 다음 장에 가면, 누구나 같은 이유로 시간을 훔치는 것이 아님이 들어난다. 그래서 왜가 아니라 어떻게에 집중할 것이다. 공노동 문제를 입 밖에 낼 필요는 없다. "암묵적 합의"라는 말이 피면담자 사이에서 연이어 나왔다. 작업의무를 다른 사람과 공동으로 지는 소프트웨어 엔지니어 한 사람이 이렇게 말했다: "공노동은 대개 암묵적 단계에서 이루어진다. 구체적으로 말하거나 빗대어 말할 때도 있지만, 그것은 책략을 꾸미는 데서 오는 재미 때문일 것이다. '나는 이번 주 아무것도 하고 싶지 않다' 고는 말하지 않는다. 그러나 지금까지 어떻게 해왔는지 서로 알고 있다. 우리는 동시에 지쳐버린 것이다." 건전한 파트너십을 이룰 가망은 없어 보일지라도(피면접자 몇은 불안감이라고 표현했다), 체면세우기와 같은 관행의 틀을 넘어 이해하려는 노력이 중요하다─ 당신 동료도 당신과 같이 공노동에 한 발 들여놓고 공감대를 찾고 있는지도 모른다. 성별, 교육, 지위(상사를 빼고)는 공노동에 관한 한 별 의미가 없다. 다음 장에서 말하지만, 자기들의 부정행위를 정치적으로 꾸미는 사람은 드물다. 어떤 사람은 말 많은 공산주의자이며; 어떤 사람은 보수당 지지자다. 그러므로, 다른 사람의 동참 가능성을 평가할 때는 선입견을 넘어 내면 깊숙한 곳을 살펴야 한다. 일반적 생각과는 달리, 나이를 고려하지 말라고 권고

하고 싶다.

1960년대 초엽부터 1980년대 초엽 사이에 출생한 소위 X-세대와, 1980년대 초엽 이후 출생한 소위 Y-세대는, 일보다 소비에 관심을 더 둔다는 것이 사회과학과 일반사회 모두에 퍼져 있다(바우먼, 2004). 이 이론에 따르면, 그들은 "직업이 자기들에 맞는다고 정착하려 들지 않는다- 그들을 '채워주는 알맹이'가 없다는 것이다"(고르, 1999:61); 그 대신 '우리 자신이 되고 싶다'고 용기있게 주장하면서 앞선 세대 노동자들보다 더 큰 무엇을 요구한다(프레밍, 2009:106). 나이 먹은 세대는 "이해하지 못한다"면서, 젊으면 젊을수록 "직업윤리"나 "이마에 땀을 흘려라"등과 같은 프로테스턴트 관념에 구애받지 않는다. 이것은, 우리가 보아온 대로 많은 피면접자들이 말한 것이다. 그러나, 공노동에서는 나이가 그렇게 심각한 것은 아니다. 미국의 서베이에 따르면, 20~29세 종업원은 하루 2.1시간의 공노동이 보고되었고, 반면 30~39세 종업원 평균은 1.9시간, 40~49세는 하루 1.4시간 빼먹은 것으로 나타났다(블루 et.al., 2007). 그러나, 그 이후의 연구에서는 1주 10시간 이상 빼먹는 사람 중에서, 18~25 그룹이 셋째로(15%), 26~35 종업원(35%)과 36~45(29%) 그룹이 뒤를 따랐다(고우베이어, 2012). [표5-3]에서 보는 바와 같이, 핀란드에서는 나이가 더 작은 변수로 나타난다. 연령대- 15~25 또는 25~39에 관계없이 하루 2.3시간이 표준으로 보인다. 만약 나이가 60~79라면 하루 2.4시간으로 올라간다.

믿을 만하건 아니건, 공노동을 함께 도모할 경우 나이 차이에 관한 의견은 고려해야 할 것이다. 틀이 짜여진 유형분류는 곧 장애물로 발전할 수 있으므로 어떻게든 다리를 놓아 연결시켜야 한다. 이때 유머가 유용하다. 안정된 시기

[표5-3] 연령대에 따른 하루 공노동시간. 핀란드, 2010.

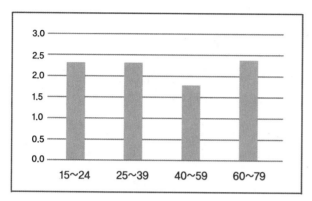

자료: Yaloustutkimus Oy(n=1077).

에 들어왔지만, 여자청소원은 자신과 젊은 동료가 얼마나 진지하게 일을 생각하는지 나이 많은 동료와 비교할 때 큰 차이가 있다는 것을 느꼈다. 일을 시작한 첫 주 어느 날, 둘은 교실에서 피아노를 발견하고 순간적으로 합창이 터져 나왔다. 갑자기 팀장이 들어오자, 둘은 먼지털이개를 집어던지고 벽을 닦기 시작했다. "그러나 팀장의 반응은 달랐다. '노래는 멈추지 말아라, 듣기 좋구나,' 라고 말했다. 그들은 복도로 내려갔지만 팀장은 우리 노래를 끝까지 들었을 것이다." 그 이후 그들은 더 도발적으로 생활하기 시작했다:

저 늙은 숙녀, 그동안 매우 찬바람이 도는 여인이었다. 그러나 우리는 농담을 나누기 시작했다. 우리는 때로 청소용 트로리를 탔다, 어린이들이 쇼핑 트로리를 타는 것처럼. 우리는 서로 청소용 트로리를 밀어주곤 했다. '애들짓 그만 해' 팀장이 말하지만, 재미있다는 생각을 할 것이라고 말할 수 있다. 우리는 타고 가면서 소리친다, '팀장님! 팀장님도 타보세요!'

사람에 따라서는, 일의 실마리를 찾는 것은 그렇게 간단한 것이 아니다. 청소도 겸해야 하는 한 간병인은, 얼마나 깨끗하게 청소해야 하는가에 대한 의견은 세대를 이어오는 숙제라고 말했다. 그에 관한 갈등이 풀린 것은 아니지만, 청소할 필요가 있는가에 관한 자기 본심과는 관계없이 사람들 이목을 고려하여 건성으로 청소하는 것이 그의 대응방법이다.

나는 35세 남자로 두 여성과 함께 일한다, 한 분은 63세 또 한 분은 60세이며 모두 청소가 아주 중요하다고 생각한다. 사실...나도 지저분한 것은 분명히 좋아하지 않는다, 그러나 내가 만약 바닥을 깨끗하다거나 그 정도면 깨끗한 편이라고 생각하면 먼지가 보이지 않기 때문이며 진공청소기 사용은 고려하지 않을 것이다. 그러나 그 여성들은 진공청소기가 계획에 들어 있으면 어쨌든 써야한다고 생각한다. 그들과 잡담은 통하지만, 내가 '지겨운 청소' 라고 하면 '뭐라고요??' 라며 깜짝 놀라 '그게 무슨 말이냐' 고 응수한다. 그리고 입씨름을 한다. 그래서 나는 청소가 필요없다 생각되더라도 억지로 청소할 때가 있다...때로는 눈에 들어오는 곳만 청소한다. 예를 들어 청소원이 세탁실에 들어간다면, 나의 경우 바닥이 깨끗하면 기계 상단이나 닦을 것이다. 들어서자 '와우, 이렇게 더럽다니, 더러운 것은 잊자' 면서 건성으로 청소하여 청결에 까다로운 사람이라면 퇴짜놓고 신경질 부릴 당신과 다르다는 뜻이다. 이것은 청소 종업원에 관한 이야기다.

달리 말하면, 공노동을 어떤 사람과 협력한다 해도, 그것이 왜 그리고 언제 정당화되는가에 관한 그 사람의 생각은 다를 수 있다. 그렇기 때문에, 남자 청소원이나 간병인이 설명하는 "상징적 청소"가 어느 정도 수긍시키는 효과가 될 수 있다. 이것을 나이와 연관시킬 필요는 없다. 30대의 또 다른 여성간병인

자신은 공노동에 느긋한 생각을 하고 있지만 남자동료 하나는 "동조하지 않아" 그녀의 신경을 곤두세운다. "그의 공노동 방법은 자기 메일을 체크하는 것이 아니라, 그냥 앉아 커피를 마시는 것 뿐 아무 행동도 하지 않는다. 거기에서 그는 보상받는 것이 없으니까 보는 사람을 불안에 빠뜨린다."[170]

시간훔치기가 동료에 작업부담을 떠넘기는 결과가 되어서는 안 된다는 것이 피면담자 모두가 강조하고 싶어하는 점이다.[6] 그러나 이와 같은 원칙이 구체적 환경에서 적용될 때 얼마나 다르게 해석될 수 있는가는 생각하기 어렵지 않다. 이것은, 자아화에는 "수단의 세계와 정체성 사이에 적절한 중간대"가 필요하다는 투렌 말의 좋은 본보기다(투렌, 2000b:57). 모든 형태의 공노동에는 일의 합리성에 따라가는 조절이 필요하다ㅡ 그 합리성의 요소가 무엇이 될지라도(이 점에 관해서는 제8장에서 깊이 들어간다). 그리고 집단적으로 꾀부리기를 할 경우에는, 그 조절이 어디까지 갈 것인지 공동으로 결정해야 한다. 그렇지 않으면, 계획 전체가 실패로 끝날 위험이 있다.

다음은 한 광산 기계실에서 세 명의 동료가 해고된 사례이며, 그 사건으로 그는 한숨을 돌렸다. 그들의 일은 광산기계가 고장났을 때 수리하는 것이다. 그들은 휴가라도 떠나지 않는 한 같은 막사 안에서 장시간 함께 일하며 생활해 왔다; 달리 표현하면, "폐소공포증" 환자처럼 서로 가까이 붙어 있었다는 말이다. 그를 화나게 한 사람들은 "슬그머니 사라지거나" 또는 말 한마디 없이 "자갈더미 뒤에 숨는" 동료작업자들이었다:

---

170) 공노동=저항=보상 공식에서 보면, "그냥 앉아서 커피를 마시는 것"은 아무 보상도 따르지 않는다.

근무시간 중에 꾀부리는 방법은 많다. 일을 하기는 하면서 쉬엄쉬엄 할 수 있다. 단 들키지 말고 해야 한다. 당신이 일을 안 할 때, 다른 사람이 일을 더 해야 한다면 일을 더 하는 사람에 중대한 문제다....나는 같은 장소에 둘 셋이 함께 있을 때가 좋다. 그런 때면, 자동적으로 한 사람은 망을 보고 다른 사람은 쉬엄쉬엄 일해도 된다. 말하자면 그렇다는 것이다. 그리고 망보기를 교대한다.

그러므로 올바른 조정과 협력은 앞으로의 공노동을 확실하게 만들고 공정한 공노동 배분이라는 두 가지 차원에서 필요하다. 누군가 조절하지 않는 사람이 있거나 집단에 따라오지 않는다는 비난대상이 되면, 노동자들은"서로 화를 내게 되고 결국 폭발하게 된다":

그런 일이 생기면 서로 심하게 다툴 수도 있다. 아주 심하게. 때로는 그런 다툼이 주먹다짐은 아니라도 거기에 가깝게 커진다. 그러나 각자 해야 할 몫을 다하면, 아무 일도 안 하면서 두세 시간을 보낼 수 있다. 그래도 당신은 여전히 자리를 지킨다...결국 회사는 돈을 벌지 않으면 안 되니까.

조직에 따라 다르지만, 시간을 훔치려면 협력이 바람직할 뿐 아니라 필수적이다. 이런 협력에서 일어날지 모르는 충돌은 해결방법이 많다. 이와 관련된 면담 결과에 따르면, 유머를 이용하고, 소통과 상의를 하고, 타협하는 자세가 필요하다는 권고를 하고 싶다. 앞에서 본 바와 같이, 과격한 꾀부리기라고 해서 사람까지 과격하다는 것은 아니다. 시간훔치기 동기를 상의하고 조직하는 과정에서, 자신이 하는 일의 가치를 재고하고[171], 훔친 시간에 무엇을 할 것인지에 관하여 다른 사람을 도와줄 기회가 당신 앞에 있다.

5-5 일을 다시 정의하라

오늘날 "기피하는 일"은 노력에 비하여 얼마나 적게 돈이 나오느냐에 따라 정의되는 것이 아니다. 앞으로 알게 되겠지만, 사람들이 피하는 일이나 과업은 무의미하다고 생각하는 쪽에 있다.[172] 이 법칙에는 물론 예외가 있다; 예외가 때로 좋은 뉴스 자료가 된다. 예를 들면, 조종사 43%가 비행 중 자기도 모르게 잠들었으며, 그 가운데 1/3은 깨어났을 때 부조종사도 자고 있었다는 조사 결과(Balpa/ComRes)를 가디언지와 몇몇 다른 신문이 최근 보도했다(토팜, 2012). 이런 유형의 공노동은 아무도 칭찬하지 않는다. 아주 중요한 임무의 일을 아주 불안한 방법으로 태만하는 의도적인 일탈의 경우도 있다. 한 예는, 미국 외과 의사가 자동차사고 환자 수술 도중 중요한 과정을 레지던트에 맡기고 수술실을 나갔다(알렌, 2005). 다른 예는, 저명한 하버드 외과의사가 복잡한 척추 수술 도중 35분 동안 자리를 비우고 월급수표를 현금으로 인출했다(스위디, 2004, 2010). 두 의사는 처벌받았고- 후자는 약물 복용까지 처벌받았다. 고의적으로 남을 해치며 시간을 훔친 사람들 중에는 반성하지 않고 자기 행동을 변명하는 사람도 드물지만 나온다. 내가 발견한 유일한 예는, 록콘서트를 보기 위하여 응급실을 떠난 노르웨이 외과의사다(지금은 "록닥터"로 알려져 있다). 사람들은 인정하지 않았지만, 그는 자신의"프랑스 휴가"는 동료의 동의를 받은 것이라고 주장했다(로이스란드 및 비카스, 2010).

신문 톱기사를 장식한 공노동의 또 다른 사례는, 노르웨이 집단살인자 안데

---

171) 여기에서 '일의 가치를 재고' 한다는 말은, 무쇠새장, 톱니바퀴, 강제수용소, 노예노동 의식을 암시한다.
172) 저자는 일의 '무의미성'을 일반화하지만 사회학의 낭만적 과장이라고 할 수 있다.

르스 베링-브레비크 공판정에서 자기 랩톱으로 솔리테어게임[173]을 한 판사 이야기이다. 이 사건은 비교 종교학 교수 마티아스 가델 청문회 도중 필름에서 우연히 포착되었다. 그 교수는 뒤에 "특별히 당황하지는" 않았지만 그렇게 처신하는 것은 "무모한" 짓이라고 말했다(스반, 2012). 꾀부리기를 할 때는 "바른 처신"을 하는 것처럼 보이는 위장술을 배우는 것이 필수적이다. 바른 처신이란, 부여받은 것을 수행하는 것이며, 그것이 얼마나 무의미한가와는 상관없이 일에 전적으로 몰입하는 것이며, 할 일을 마치면 관리자에 보고하고 새로운 일감을 찾는 것이다. 스콧트가 주장하는 숨은 기록[174]이 왜 그렇게 퍼졌는지 그 이유가 이것이다; 그리고 우리에게 부과된 것이 아니라 내면의 속뜻에 대한 우리의 연구결과가 이것이다(제3장 참조). 이런 사연들은 어떤 환경에서도 숨겨져야 하지만, 찾아 내 다시 정의하는 것은 도움도 되고 자극도 받는다─ 당신 자신을 위하여 바른 처신을 넘어 일을 다시 정의하는 것이다. 앞에서 보아 온 바와 같이, 이것은 쉬운 일이 아니며 윤리적 판단을 필요로 한다.

칼슨은 그의 저서 작업장의 조직부정행위 속에서 서로 다른 "존엄성과 저항에 관한 이야기"를 수집하였으며, 그 가운데에서 원문 하나를 그대로 인용하고자 한다─ 이것은 칼슨 자신의 부정행위에 바탕을 둔 유일한 것이다.

> 내가 속한 대학교 학부에서 교수와 연구진이 학사회의에 모였다. 그 회의는 공식적인 것이었기 때문에 참석할 수 없을 경우에는 관리자에 통보하도록 되어 있었으나 나는 번거로운 것이 싫었다. 나는 학사회의에 참석할 시간이 없었다. 나는

---

173) 일종의 카드놀이
174) 숨은 기록=hidden transcript: 3-2 '저항의 숨은 암초' 에서 '숨은 기록' 참조

나의 진짜일을175)하고 있었다 – 저항에 관한 이야기를 집필하고 있었다(칼슨, 2012:149).

칼슨 자신이 만든 말을 쓰자면, 그는 여기에서 "작업상의 규칙"에 해당하는 관리규정에 저항하고 있다. 말하자면,"공식 대학교육 일환으로 조직 밖에서 세워진"근무기준을 위반한 것이다(키르치호프 및 칼슨, 2009:469). 작업장저항은 다른 논리적 근거에도 따를 수 있다: "서비스규칙"은 "종업원과 고객 사이의 대인관계에서 나오는 비공식 규칙 또는 암묵적 합의"를 말한다(키르치호프 및 칼슨, 2009:465); "집단규칙"은 "작업장 내 종업원 사이의 공식 또는 비공식 관계에서 형성되는 규칙이다(키르치호프 및 칼슨, 2009:466). 건강관리회사의 여러 사례연구에 기초를 둔 연구에서, 죄르그 키르치호프와 칼슨은 서비스규칙이 홈케어 보조원 사이에서 널리 퍼져있음을 발견했다. 나의 연구에서 면담한 홈케어 보조원은, 비록 고객과 잘 지내야 한다는 성문규정은 없지만, 사회적 측면이 관료주의(그는 이것을 완전히 무시했다)나 청소보다 더 중요하다고 생각한다는 말을 했다.

부모를 외롭게 남겨 두고 부모를 잊은 채 사는 것은 스웨덴 문화의 문제다. 그래서 연금 생활자들은 거의 대부분 아주 외롭다. 그들은 분노하고, 고통스러워하고, 혼란에 빠질 수 있지만, 그 이유는 그들이 사회적 접촉에서 아주 동떨어져 있기 때문이라고 나는 생각한다. 그러므로, 자주하지는 못하더라도 커피를 끓여 마주 앉아 마시는 것이 설거지 도와주는 것보다 그들을 즐겁게 한다.

---

175) 진짜일=real work: 여기에서 '진짜일'의 요소는 학교월급 외에 나오는 ① 연구비 ② 인세수입 ③ 명예라고 할 수 있으며, 회의에 불참하는 공노동의 보상이라고 할 수 있다.

홈케어 보조원은 어떤 형태의 대안규칙에 따르고 있었는가? 키르치호프와 칼슨이 분류한 형태에 따르면, 작업상의 규칙은 없고(대학교육이 없었으므로), 집단규칙도 없기 때문에(그는 늘 혼자 일한다), 어떤 형태의 서비스규칙에 따랐을 것임에 틀림없다. 그러나 이것이 여기에서 생각할 수 있는 유일한 규칙일까?

기업의 관리규칙에 맞서는 저항의 다른 사례를 살펴보자. 한 프로젝트에 소요되는 시간은 웹부서 근무자가 그 프로젝트를 어떻게 생각하느냐와의 관계에 달렸다고 웹 개발자 한 사람이 말했다. 예를 들면, 광고 촉진의 일부분으로 웹사이트를 방문할 때마다 스크린에 위생냅킨이 날아가게 할 수 있느냐는 요청을 받을 경우 소요되는 시간은 의외로 길다: "해낼 수는 있습니다, 그러나 적어도 몇 주는 걸릴 것입니다' 라는 팀장 말이 떨어질 때까지 우리는 조마조마해 한다. 기술적으로는 단순한 일이지만, 왜 하필 위생냅킨을 스크린에서 날려 보내려고 하는가 말이다?" 여기에서 – 일이 멍청할수록, 시간은 더 걸린다는 집단규칙에 그들이 따르고 있음을 말할 수 있다 – 이때의 의문은: 이 규칙이 어디에서 나왔는가?

"규칙에 구애받지 않는 규칙 파괴와 같은 것은 없다"는 말이 사실이라 하더라도(키르치호프 및 칼슨, 2009:457) 독자를 위한 나의 마지막 권고는, 꾀부리기를 할 때 쓰기 위하여 개인 간에 세워진 선행규칙(또는 "기록") 을 찾으려고 너무 신경쓰지 말라는 것이다. 모든 규칙은 자아성에서 나오며, 당신도 자아가 될 수 있다. 만일 당신이 직업을 1년 정도 가지고 있었다면, 어느 과업이 신경쓸 가치가 있고 어떤 것이 무의미한 것인지를 판단하기에 적절한 위치에 있다.

독일 노이브란덴부르크를 방문했을 때 스콧[176]는, 기차역 밖 교차로가 "팬 케이크처럼 평평하여"사방으로 1마일 정도 훤히 보이는 지형임을 알았다. 그럼에도 불구하고 그곳에는 신호위반 무단횡단에 대한 이상한 금기가 있었다. 눈에 들어오는 자동차가 하나도 없음에도 불구하고, 60여 명 보행자들은 신호등이 바뀔 때까지 때로 5분 정도를 기다렸다. 누군가가 신호등을 무시하고 횡단하면, 항상 "비난하는 합창이 터지고 손가락질을 해댄다." 거기에 서 있으면서 스콧는 상상력을 유발하는 이야기의 밑그림을 그리기 사작했으며 "무정부주의자의 미용체조"[177] 근본원리가 분명하게 요약되었다.

> 당신과 특히 당신 조부모는 법을 어기고 싶은 기분을 경험했을 것이다. 어느 날 당신은 정의와 합리성 이름으로 큰 법을 깨고 싶은 충동을 받는 날이 있을 것이다. 모든 것은 마음먹기에 달렸다. 준비를 해야 한다. 그런 날이 실제로 온다면 어떻게 대처하겠는가? 큰 날이 오면 시작할 수 있도록 '채비하고' 있어야 한다. 필요한 것은 '무정부주의자의 미용체조' 다. 무단횡단이라도 좋으니까 매일같이 대수롭지 않은 법을 깨는 것이다. 법이 정의롭고 합리적인지 식별하는 머리를 써라. 그런 방법으로 정신을 다듬고 있어야 한다; 그러다 큰 날이 닥치면, 흔쾌히 감행한다(스콧, 2012:4-5).

일하는 사람들의 시간훔치기는, 스콧가 말하는 무정부주의자의 미용체조 핵심이라고 보아도 될 것이다[178]. 앞에서 본 바와 같이, 작업장에서 "아무것도

---

176) James C. Scott, 1936년생, 미국의 인류학, 정치학계의 저명한 학자로 예일대학 교수, 그의 연구주제에는 저항, 혁명, 계급이론, 무정부주의 등이 포함된다.

177) 여기에서 착상한 '무정부주의자의 미용체조(anarchist calisthenics)'가 그의 수필집 Two Cheers for Anarchism(2012)에 수록 되었다.

안 하기"는 사전에 계획, 협력, 위험 계산, 윤리적 고려가 필요한 매우 신경쓰이는 과정이다. 지금까지 우리가 살핀 주제는 임노동 내부에서 시간훔치기-타율 속에서 자율을 만드는 것이다. 직무에 내재하는 불투명성에 따라 시간훔치기가 더 용이한 일과 그렇지 않은 일이 있지만, 항상 어느 정도의 불확실성이 따르기 때문에 활용하려면 배울 점이 나온다. 이 불확실성을 어디서 찾을 것인가 일반적 답을 찾기는 어렵지만, 들키거나 다른 사람에 해를 끼치는 위험은 언제나 다스려야 한다. 분명한 것은, 일에 저항한다는 것은 일 모두를 저항하는 것이 아니다. 반대로, 어떤 일에 저항하고 어떤 일을 수행할 것인가는 꾀부리기 관련 면담자 각자의 핵심 이슈였다. (자기의 꾀부리기 실적에 관하여 면담 준비를 하는 사람들에서 나타난 것에 따르면) 꾀부리기는 윤리적 고려라고 생각해도 무방할 것이다. 다음 장에서는, 이러한 형태의 공노동에 동참한 사람들의 행위동기와 관련하여 꾀부리기의 윤리를 깊게 검토하고자 한다.

[1] 핀란드사람을 대상으로 한 이 연구결과는, 52퍼센트 응답자가 웹서핑을 "일에서 한눈팔기 1순위"로 지목한 미국 조사결과와 유사하다. 같은 연구에서 두 번째는 함께 일하는 동료와의 "친목 나누기"였으며(26%) 세 번째는 "청사 밖 심부름"이었다(8%) (말라초우스키 및 시머니니, 2006). 2012년부터의 조사에서는 "시간훔치기의 가장 인기있는 웹사이트"가 페이스북(응답자 41퍼센트가 방문), 링크드인(37퍼센트), 야후(31퍼센트) 그리고 구글+ (28퍼센트; 고오우베이어, 2012)임이 나타났다. 피면담자 다수는 컴퓨터에 로그하여 들어갔다 나오기가 얼마나 쉬운 일인지 증언했다; 한 회계직원은 "몇 번의 클릭으로 우주를 갖는 기분"이라고 말했

---

178) 공노동에 '무정부주의자의 미용체조=혁명훈련=게릴라 전투연습' 기능을 부여하고 있다.

다. 또 한 가지는, 한 번의 클릭으로 숨겨질 수 있다는 것이다. 그러므로 컴퓨터 사용이 많이 포함된 일이 좋은 선택대상이 된다- 컴퓨터 모니터링 프로그램이 오늘날과 같이 예외적으로 남아있는 한(셸렌바거, 2012).

[2] 수월성의 정체를 어떻게 세울까 하는 자세한 사례는 아담스의 딜버트[179] 원칙 속의 교육학적 설명을 보라. 아담스는 특히 책상을 복잡하게 어질러놓는 것, "장기전망 프로젝트"일을 하는 것, 상사보다 먼저 일터에 나오는 것, 그것이 힘들다면 상사보다 늦게 퇴근하는 것, 회의에 늦게 참가하고 일찍 나가는 것- 이상은 모두 "바쁘게 일한다"는 효과적인 신호이므로 중요하다고 강조한다. 나아가, 교류하는 동료나 특히 상사에 보내는 메시지의 신뢰도를 높이기 위하여 사용할 수 있는 구절들이 있다, 예를 들면, "일에 파묻힐 지경이다"[180] "하루 종일 머리에서 불이 날 지경이다," "오늘 천오백 건의 음성메시지를 받았다. 이것이 보통이야." "주말에 내가 다시 와야 할 것 같다"(아담스, 1996:115).

[3] 이미 다른 사람도 평한 바 있지만, 호칭을 격상하는 것도 신뢰성 구축의 한 방법이다. 이것은 이력서를 좋게 꾸미려는 몸부림에서 나오는 것이지만 호칭 인프레 부작용이 따른다. 스탠딩에 따르면, "스스로 관리전문직국제협회라는 과장된 타이틀을 붙인(전에는 더 평범한 전국비서협회라 불렀다) 미국 직업단체 보고에 따르면, 그 조직 안에 500 직무 타이틀이 있 으며, 그 속에는 '프론트오피스

---

179) 1-3 (비)합리적 제도, 각주 24) 딜버트 참조.
180) 원문의 'I'm up to my ass in alligators'는, 인생의 걸림돌(악어)에 막혀 앞이 보이지 않는 환경을 뜻하는 속담-When you're up to your ass in alligators를 변형시킨 것으로, 너무 바빠 정신차리지 못하겠다는 상황을 암시한다.

조정관' '전자문서 전문직' '미디어 배포 담당관'(모두 문서배달 담당), '분리수거 담당관'(쓰레기 하치장 담당) 그리고 '위생 상담자'(실험실 청소원)"등이 포함된다(스탠딩, 2011:17). 이상은 호칭 격상이 의미상의 불투명성을 얼마나 만들어내는지 보여주는 사례다.

[4] 이 책에서 사용한 원천자료에 관계되는 중요한 발언을 추가하는 것이 유용할 것 같다. 콜센터에서 곧잘 사용되는 또 다른 부정행위는 분명히 사보타지이다. "공격을 면하기 위하여" 보고서를 부정확하게 기록한다고 담당자가 인정한다. 이것은 꾀부리기 수단으로도 사용될 수 있다; 다른 동료와 함께 했다고 그녀가 주장한 술수 하나는 한 젊은이가 75세였다고 거짓말한 것이다, 그에게 "미안하지만 당신은 우리 선택 그룹에 들어있지 않습니다, 가서 담배나 피우시지요"라고 말한다. "그러니까 이것은 넌센스지요", 그녀가 작성된 보고서에 관하여 말한 것이다. "전화 인터뷰에 바탕을 둔 모든 것은 엉터리이며 넌센스다. 그것이 내가 정말로 배운 점이다." 최근, 스웨덴 서베이회사 스코프의 전직 사원들이 서베이 결과의 10퍼센트는 날조된 것이라고 비슷하게 추정했다. 그들의 판단에 따르면, 쫓겨나지 않기 위하여는 직무가 요구하는대로 살아가는 것은 불가능하다(올라우손, 2012).

[5] 일부 독자는 느끼고 있겠지만, 시간을 보고하는 관행이 너무 보급되어 오늘날에는 대학교수까지도 그 "순리"에 따르지 않으면 안 될 지경에 이르렀다. 일부 독자들이 역시 알고 있는 것과 같이, 이것이 감사 관료주의 팽창에서 유래한 결과라고 보는 것은 아주 적절하지 않다(타우어, 1997 참조). 인류학 교수인 다니엘 밀러는, 교수들이 어떻게 이러한 형태의 시간낭비와 놀랄 만큼 어리

숙한 행정을 "비껴갈 수 있는"지 조언을 하고 있다: "예를 들면, 나는 EU 포닥학생에 소비한 정확한 지도시간을 구분하는 시간표를 기입하게 되어 있었으며 이것은 틀림없이 감사 대상이 될 것이다. 그러나 대부분 대학인들이 하는 것은 결과적으로 감사를 잠재울 수 있는 새로운 수준의 관료주의를 채택하는 것이다. 그래서 나는, 비서로 하여금 채워야 할 양식이 얼마나 되는지, 포스닥학생의 정확한 의무 연구시간이 얼마인지를 찾아내게 하고, 그 정보를 기초로 양식을 채웠다, 이렇게 함으로써 한 편에 있는 행정관료주의가 개입하는 것을 막았지만, 학문연구가 가야 할 실제적 관계를 훼손했다(밀러, 2002:230). 물론, 이 방법은 교수들에 비서가 없는 스웨덴 같은 나라로 확산되었다.

[6] 동료에 부담을 떠넘기는 꾀부리기가 어떤 것인지를 알려주는 연구가 전에 있었다. 찰스 보우트와 데이비드 스미드가 말하는 광산에서 일어난 이야기(1980)는 깨우쳐 주는 점이 많다: 기계수리 동료인 쇼트 러비가 석탄운반 버킷 안에서 늘어져 자고 있는 것을 동료들이 발견하고, 그를 "매달기로" 했다:"전기용 테이프로 머리에서 발까지 감아돌리고, 생식기를 노끈으로 묶은 다음 한 쪽 끝을 머리 위 볼트에 감고 끈이 팽팽해질 때까지 석탄버킷을 내렸다. 그들은 석탄버킷 둘레에 원형으로 앉아 돌을 던져 노끈을 맞췄다. 돌이 노끈을 맞출 때마다 그들은 쇼트 러비의 '아이쿠' 소리를 들으며 보상을 받았다. 쇼트 러비는 비명을 지르며 살려달라고 애원했다, 한 사람이 '이제부터 네 이름은 쇼트(short) 러비가 아니라 롱(long) 러비다' " (아크로이드 및 톰프슨, 1999:62).

| **시간을 훔치는 자아**

사람들이 시간을 훔칠 때 쓰는 방법을 우리는 이제 어느 정도 알게 되었다. 일에서 도피하기 위하여 사람들이 쓰는 독창성은 에너지와 반대감정을 불러일으키며 이것은 그 실행과정으로 연결될 수 있다. 그러나 시간훔치기 행위를 투렌이 말하는 자아성의 표현이라고 해석하는 것이 합리적인가?

작업장에서 왜 개인이 부정행위를 일으키는지 정확한 이유는 알 길이 없으나, 그 정답에 가까워지는 방법은 자기들이 하는 일을 어떻게 생각하는지 그리고 어떻게 부정행위를 할 동기가 생기는지 듣는 것이다. 특히 노동과정 이론에서는 동기가 별로 추적되지 않은 주제로 남아 있다. 이것은 특히 작업장 저항연구와의 관계에서 매우 불행한 것이다. 스콧트가 주장하는 대로, 앞에 나온 장에서 우리의 초점은 저항의 기술적 행동적 측면에 집중되고 위험성은 초점에서 소외되고 있었다:

그것은 인간행동 설명을 동물행동 설명 수준으로 낮추는 것이다- 말하자면 물소가 작업 강도를 감당할 만한 페이스로 줄이기 위하여 주인에 어떻게 반항하는지, 또는 개가 왜 식탁에서 빵부스러기를 훔치는지를 설명할 때 사용하는 수준이다. 그러나 내가 사회적 존재인 인간의 저항 사고를 이해하려고 추구하는 한 그들의 진정한 의식-그들이 자기들 행위에 부여하는 의미를 무시하는 일은 없을 것이다(스콧트, 1985:38).

이 장에서는 시간훔치기 연구를 실험적 기초로 사용하여 사람들이 왜 부정행위를 하는지에 관한 분석을 계속할 것이다. 여기에서 우리의 관심을 끄는 것은 시간훔치기 달인들의 목소리 즉, 이 달인차원의 조직부정행위 특수형태 속에서 인식된 주관적 의미다- 어떻게가 아니라 왜. 우리는 이것을 동기의 여러 단어를 추적하는 방법으로 진행할 것이다.

이 장에서 주가 되는 쟁점은 자아성이 양자택일 현상의 하나로 잘못 이해되어 왔다는 점이다. 그러므로 우리는 자아성을 나타내는 다른 표현에 더 관심을 두어야 한다- 정치색이 적은 것을 포함하여. 투렌이 강조하는 "언어능력" [181], "반체제 활동가", 그리고 사회운동의 전통적 형태 세 부분에서는 매일같이 은밀하게 일어나는 저항형태를 무시하는 경향이 있다. 행위자가 되고자하는 의지를 만약 자아라고 정의한다면, 그리고 이것이 일차적으로 갖가지 권력의 중심을 향한 저항으로 표명되는 것이라면, 이러한 무시는 빙하의 정점에 허울뿐인 초점을 맞추게 하는 격이 될 것이다. "숨은 기록"에 관한 스콧트 생각은 그런 초점을 초월하는 것이지만, 수동적 저항연구에 매달리면 단일

---

181) 언어능력=speech: 3-1 '저항으로서의 자아성' 각주 122)참조.

"목소리"만 듣게 될 것이다. 초기의 작업장 저항연구에서 같은 경향이 많았던 것은 제3장에서 설명한 바와 같다.

"'느리게 하기 관행'은 근로조건이 약속했던 것만큼 좋지 않을 때 일어난다, 이때 느리게 하는 것은 항의가 된다"(두보이스, 1979:7)— 이와 같은 루프톤 의견은, 왜 사람들이 꾀부리기를 하는가라는 측면만 파악한 빈약한 분석 형태를 말한다; 이것은 동기의 전체 모습에서 멀리 떨어진 것이다. 그런가 하면 노동 과정 학자들은 근로조건을 강조하는 편이고, 다른 학자들은 노동자 반항을 임노동제도와 같은 것에 대한 반동이라고 해석한다. 사보타지 연구에서 스프라우스는: "자기들이 무의미한 일 올가미에 걸려들었다고 말하는 사람도 있고, 남을 위하여 일하기 싫다는 것을 분명하게 밝히는 사람도 있다. 이들 대립이 다반사같이 보일지 모르지만 한편으로 그것은 사보타지하는 가장 기본적 이유들이다"(스프라우스, 1992:7)라고 주장한다.

작업장저항이 대체적으로 무시되던 한 시기가 일찍이 있었다. 오늘날, "일의 사회학에서 쟁점이 되는 것은 '저항'이나 기타 비공식 행동형태의 존재에 관한 것이 아니라 그 의미에 관한 것이다"라고 스튜워트는 강조한다(2008:47, 나의 번역). 내가 이미 말한 바와 같이, 조직부정행위 의미를 둘러싼 논쟁은 사소한 위반행위까지 들추는 수많은 연구를 촉발시켰으며, 여기에서 학자들의 해석 능력은 위반행위 그 자체보다 더 급진적이었다. 이 방향의 연구는 해가 지나면서 비판 쪽으로 빠지게 되었으며, 특히 비판적 경영연구 분야에서는, 기업에 구축된 권력구조 안에서 무기력한 조직부정행위가 특별 취급되었다. 이 문제는 제8장으로 돌리고, 여기에서는 꾀부리기의 주관적 의미에만 집중하고

자 한다. 투렌의 자아개념은 행위자 개념과의 사이에 중요한 차이점이 있음을 나타내고 있다: 자아는 행위자가 되기 위한 시도다. 내가 이미 언급한 바와 같이 이 구분은 반드시 성공하는 것이 아니다; 자아와 행위자는 때로 속임수처럼 분리되며, 사실은 두 개념은 따로 떼어 놓는 것이 중요하다. 오직 행위자만 연구하는 것은 존재하는 것에 초점을 맞추는 경험주의 인상을 남긴다. 자아가 우리에게 말하는 것은 노력하고 희구하는 그 무엇이며 그것은 존재하는 것을 부인한다. 그리고 비록 사실적인 것이 아닐지라도 개인이 선호할 사물의 존재방식을 말해 준다[182].

부록에 기술했지만, 나는 면담에서 나온 이야기를 구성하고/추출하고/발전시켜 가장 뛰어난 동기용어라고 생각되는 것을 찾아 걸러냈다. [표6-1]은 전통적으로 "반골형"이라고 취급되던 현상 뒤에 숨은 서로 다른 피면담자의 동기를 나타낸다. 시간훔치기를 하는 종업원이 "실제로" 품는 동기가 무엇인가를 평면적으로 분류한 것이 이런 유형이라고 이해할 필요는 없다. 종업원들은 "같은 시간대의 동일 문제점에 대하여 상이한 관점에서 동의하거나, 따라가거나, 또는 저항한다"는 콘도의 주장(1990)은 우리를 양자택일적 논쟁을 넘어 자아를 여러 각도에서 구분하도록 자극한다. 우리는 저항하는 행동을 한다; 이제 그 표적을 찾아야 한다. 그것이 특별한 변화에 대한 반동인가, 또는 성질상 일상적인 것인가? 기존의 권력구조를 뛰어넘자는 욕구를 의미하는가, 또는 실존하는 구조 속에서 전진하려고 각성한 종업원 욕구를 상징할 뿐인가? 직접적인 이익이 무엇인가, 이런 것을 초월하는 동기가 있는가? 그것은 역사

---

182) 저자가 공노동 이론화 축으로 등장시키는 '자아' 개념은, 대륙철학에서 중요하지만, 영미의 분석철학에서는 추적이 어렵다는 면에서 관여하지 않는다. 저자의 자아 이론이 난해한 것은 추적이 어렵기 때문이다.

적 논담[183]과 연계되는가, 그보다는 개인 문제로 이해되는 것인가? 이와 같은 질문에 대한 대답은 때로 다를 수도 있고 일관성이 떨어질 수도 있지만, 왜 그런지 설명하기 위하여 의식수준에 견줄 필요까지는 없다. 데이비드 콜린스 말에 따르면: "저항은 흔히 동의하는 요소를 포함하고 있으며 동의는 가끔 저항하는 국면과 섞여있다"(칼슨, 2012:19에서). 공개적으로 벌어지는 타협이 없는 형태의 저항은 작업장 차원에서 실현되기 어렵다, 권력구조를 전복하기에는 힘이 부족하고 또 저항에 가담한 종업원은 바로 해고되기 때문이다. 작업장 저항은 언제나 술책이 필요한 게릴라 형태이며, 거기에 가담하는 사람은 자신만의 이유를 품고 있을 것이다.

[표6-1] 분석 단계에 따른 시간훔치기의 동기 용어

	조정	일 안하기	직접적 반대	꾸며진 반대
윤리차원 (스콧트, 1991)	조정	생존	사무실 정치	하위정치
불만 형태 (모릴 기타)	수동적 체념	능동적 체념	개인적 분개	역사적 논담 차원의 분개
인지된 표적 (홀랜더 기타)	무	일	끝에서 연결	시스템
인지된 박탈감 (브루어 기타)	무	절대적 개인적	상대적 자기중심적	상대적 집단중심적
의도된 생산제한 정도 (안드로이드 외)	무	감지 불능	혼란	사보타지

---

183) 역사적 논담=meta-narrative: 프랑스 철학자 J.F. 리저타르가 쓰기 시작한 용어로, 계몽, 해방, 진보, 마르크시즘 등 다양한 역사적 사회적 문화적 현상을 포스트모던 입장에서 하나로 묶어 표현하려는 의도가 담긴 말로 불신을 바탕에 깔고 있다.

투렌이 말한대로 만약 자아가 행동하고자 하는 의지이며 권력구조에 저항하는 것이라면(현대생활의 가장 중심인 권력구조(일)를 포함하여), 이 의지는 동질성과 거리가 멀다고 말하고 싶다. 시간을 훔칠 때를 예로 들어 생각하면, 자기 자신의 생활 속에서 행위자가 되려는 의지일 수 있고, 작업장에서 또는 사회 안에서 행위자가 되려는 의지일 수도 있다. 시간훔치기는 여러 동기에서 시작된다. 어떤 경우는 시간을 훔친 사람이 진심으로 이들 동기와 일치할 수도 있으며, 다른 경우는 건성으로 따라하는 사람도 있을 것이다. 자아성에는 층이 있다고 내가 말하는 이유가 여기 있다. 이것을 다른 말로 표현하면, 자아성의 상이한 국면 이야기가 될 수도 있고, 또는 단순히 저항의 동기가 되는 다른 방법이라고 말할 수도 있다.

[표6-1]에서 요약한 형태는, 시간훔치기 관행 뒤에 4개의 동기 용어가 있음을 보여준다: 조정, 일 안하기, 직접 반대, 꾸며낸 반대. 이 용어는 다른 사람들이 작업장 내외의 저항 연구에서 밝힌 5단계 분석과 관련시켜 상술될 것이다. 윤리적 측면은 종업원들이 자기들 자신을 위하여 회사시간을 훔칠 때의 이익 형태와 관계되는 것이다. 불만의 형태는 종업원들이 분개 또는 체념 징후를 보이느냐, 그리고 자신들 불만의 전후관계를 확대시켜 나가느냐의 여부에 의하여 결정된다. 이 국면은 인지된 적대감과 밀접하게 연결된다, 말하자면, 불만의 원천을 구조적인 것인가 아니면 개인적인 현상으로 보는가, 또는 그것을 일의 한 양상으로 단순하게 인식하는가에 따른다. 인지된 박탈감은 종업원들이 자신의 좌절을 절대적인 것으로 표현하는가 또는 상대적으로 표현하는가, 그리고 그것을 공유하는 경험이라고 설명하는가 그렇지 않은가에 달렸다. 의도된 생산제한 정도는 시간훔치기 행위의 외부적 목표를 분석하는 수

준이다, 다시 말하면, 종업원들이 원하는 시간훔치기 결과 초래될 변화다. 다음 항에서는, 이들 국면이 내포하고 있는 사례를 제시하고, 그들이 서로 어떻게 다른가 설명하며, 유관 용어를 식별할 때 왜 그것이 중요한가를 설명할 것이다.

6-1 조정

지금 간단하게 언급하고 다음 장에서 자세하게 전개할 요점은, 이미 예시한 바와 같이 작업장 공노동은 특정한 형태의 자아성에서 나와야 된다는 것은 아니라는 것이다. 하루 작업시간을 채우기에 잠재적 생산량이 너무 적을 경우, 공노동은 단순히 조정하는 의미가 있다. 여기에서 저항행위는 더 의미있는 일감을 요구하거나, 일단 일이 끝나면 퇴근하는 권리를 내포하고 있다. 반면에, 제4장에서 정의한대로 게으름피기 공노동은 집단적 꾀부리기의 경계선에 위치하고, 참고하기 공노동은 현재 돌아가는 상황을 감수하는 것이다. 여기에서 우리는 직업상 규칙이 얼마나 노동조직과 충돌할 수 있으며, 조직의 권력 앞에서 종업원들이 참고 견디는 것을 어떻게 배우는지 알 수 있다. 반골적 자아가 편재한다는 것을 일반화하려고 강조하는 세르튜(1894) 및 스콧트(1989)에서 떨어져, 우리는 투렌이 말한 대로 "자아가 되어라"를 선택할 수밖에 없음에 주목해야 한다. 승낙과 굴종도 가능한 선택이며, 마이클 가디너를 인용하면: "자아자격은 우리에게 단순히 주어지는 것이 아니다; 우리는 우리 자신을 자아로 창조하지 않으면 안 된다– 목적을 가진, 책임지는 그리고 자립하는 실체로서의 자아를. 만약 우리가 이와 같은 실존적 '도약'을 하지 않으면, 우리는 수동적이고 순응하는 사람이 될 것이다. 그리고 끝내는 외부 힘에

굴종하게 될 것이다"(가디너, 2000:156).**184)**

한편, 이와 같은 수동형 체념은 관리자와의 소통을 통하여 변화를 가져올 수 있다는 가능성에 대한 근본적 불신을 나타낸다. 이들 참고하기 공노동은, 감시구조가 작업자의 일상적 일에 집중되었기 때문에 진실을 말하는 것은 조직적 자살과 다름없다는 상황의 덫에 걸린 것이다. 그들의 불만을 더 능동적인 일 안하기와 비교하면 일 책임감이 얼마나 크게 다를 수 있는지를 알게 된다.

6-2 일 안하기

빈들거리기와 관련하여 마아즈가 말한 바와 같이, "장기복역수는 '자신의 시간을 만들고 시간에 끌려가지 마라' 라는 동료죄수의 충고를 받는다; 빈들거리기는 노동자들이 일에 끌려다니지 않고 자기 일을 다스리도록 한다"(마아즈, 1982:206). 시간을 다스리려는 욕구, 그보다는 시간에 의미를 부여하는 것(그것이 아무리 미세할지라도)도, 많은 사람에 꾀부리기를 하도록 동기를 주는 것이다. 조정과는 달리, 일 안하기는 일을 다스리고 싶은 종업원의 욕망에서 나오는 체념형태라고 설명할 수 있으며 한편으로 일을 피하는 것이다. 여기에서 공노동은 종업원이 능동적으로 만들어낸 것이며, 일이 하루 종일 감당할 수 없을 만큼 큰 부담으로 평소 인식되었기 때문이다. 이 연구에서 일에 대한 싫증은 일 안하기를 하는 종업원에 따라 크게 달랐다. 그러나 다음 두 동기용어와는

---

184) 공노동 정당화 이론의 설계도 부분이다: 불합리한 노동조직에 직면했을 때 ① 스스로 조정하거나 저항하면 공노동이 되고 ② 수동적으로 순응하면 굴종이 된다 ③ 굴종을 피하려면 저항하는 자아 창조가 필요하다.

대조적으로, 일 안하기를 하는 종업원들은 불만족이 전적으로 일 자체에서 나왔으며 조직과는 무관하다고 돌렸다. 틀에 잡힌 자아성이 불만족을 조직에 돌리는 것과 다른 점이다. 일 안하기 동기용어에는, 명백한 정치적 구실, 개인적 분노, 또는 복수한다는 이야기는 들어있지 않았다. 이와 같은 평범한 그 말투가 의미하는 것은, 일상과 강제로 차있을 환경에서 자유로운 시간의 "유토피아 공간"(세르튜가 말하는)을 만들어낼 필요성이다. 내가 이야기를 나눈 청소원이 좋은 사례다. 그 청소원 여성은 자기팀과 그리고 상사와도 함께 일하는 것을 즐겼다. 문제는 실제 일이었다:

열심히 일할 명분이 없었다, 열심히 일한다는 것은 단지 어딘가를 더 청소하는 것이 전부다... 물론, 당신도 필요 이상 청소하기를 바라지 않을 것이다. 청소한다는 것은 변기 닦는 것을 말한다. 당신도 그 일을 하고 싶지 않을 것이다, 아주 단순하다. 내가 맡은 것 이상으로 더 청소할 경우는 세상에 없을 것이다.

앞 장에서 설명한 대로, 여성 청소원보다 배나 나이가 많은 상사도, 예사롭게 피카시간을 오래 끌며 햇빛 아래 담배 피우는 휴식도 오래 취한다. 그 상사는 때때로 몇 시간 일찍 팀원을 집에 돌려보낸다. 어떤 면담자인지 구분은 안 되지만, 그들은 직업에 긍지를 가지고 있었다. "'일에 신경쓰는 사람이 도대체 없다'라고 말해서는 안 된다. 그들이 실제 일을 할 때는 매우 진지하다, 큰 기계를 부릉부릉 돌리며 항상 바쁜 척 움직인다." 이런 척놀음에 끼고 싶지 않은 한 피면담자와 그 동료 하나는 이미 다함께 꾀부리기를 마치고 난 다음임에도 불구하고 다시 시작한다.

이미 본 바와 같이, 일 안하기는 특정 일감에만 관계된다는 점에서 부분적이라고 할 수 있다. "시간 낭비" 용어로 돌아가기 위하여, 최근 서베이에서 종업원이 생각하는 제일 큰 시간 낭비요인이 무엇이냐고 물었다. 첫 번째는 "너무 많은 회의에 참가하기"였으며 응답자의 47퍼센트를 차지했다. 그 다음은 "사무실 정치 이야기"(43퍼센트), "다른 사람의 실수 바로잡기"(37퍼센트), 그리고 "성가신 동료에 따라하기"(36퍼센트)였다. 인터넷이 시간을 잡아먹지만 단지 18퍼센트만 인터넷이 시간 낭비 요인이라고 대답했다(앞 장 참조); 이것은 "상사에 응답하기" 14퍼센트에 가깝다(고우베이어, 2012). 관리자들이 "일"이라고 보는 많은 부분이 종업원 눈에는 시간 낭비로 비치고 있었다— 그것은 "진짜 일"이 아닌 것이다. 앞 장에서 본 바와 같이, 행정과 과도한 청소는 종업원들을 괴롭히는 또 다른 "추가적 과업"이다. 오늘날 조직에서 이것은 과소평가할 문제가 아니다— 스웨덴에서는 경찰, 학교 시스템, 그리고 의료서비스 분야에서 근무시간의 절반이 행정에 소비된다(바크, 2008; 아이바슨 베스테르베르크, 2004). 행정활동이 의미가 적은 일로 밀리고 있지만, 한편으로 아침식사에 무엇을 먹었다고 페이스북하기, 일본 텔레비전쇼를 유튜브하기, 또는 인터넷 포커에서 얼마나 날렸다고 트윗하기가 당신 스케줄에서 우선순위에 오르는 것은 이상한 것이 아니다. 실제로, "단 몇 번의 클릭"으로 인터넷 "우주"에 접속하는 현실이— 의미없는 일을 더 못견디게 만들고 있음을 깊이 생각해야 한다. 한 휴가 담당관은 이렇게 말한다:

그것은 순간만족과 같은 것이다. 단지 클릭만 하면 무진장 나온다. 구글과 같은 것은 대단한 즐거움이라고 생각한다. 예를 들면, 내가 당신을 구글하면 대학에서 당신을 찾고 사진도 나온다. 내 직업에는 구글할 수 있는 사람들이 항상 있으며 어디 사는지가 나온다. 나는 구글에 많은 시간을 쓴다. 사람들을 찾으려고.

재인용〉 그러나 당신은 당신 일을 좋아한다- 설혹 로또에 당첨되더라도 계속 일할 것이라고 말했다?

그것은 집에 혼자 외롭게 앉아 있는 것이 지루하다는 것을 알기 때문이다. 일은 사회적 국면이다. 그것은 일 자체가 아니라, 직장동료를 갖고 싶은 것이 더 크다고 생각한다.

이런 의미에서 꾀부리기는,"다른 시대의 다른 장소에서 유행한 기술을 오늘날 산업공간(말하자면, 현실 질서 속으로)"에 단순히 재소개하는 방법이 될 수 있다고 세르튜(1984:26)는 말했다. 어떤 사람에게는 일 안하기가 더 심각하게 작용한다- 이야기를 재구성해 보면, 일차원사회[185] 앞에서 가능한 유일한 저항은 "위대한 거부[186]"뿐이라는 마르쿠제 주장과 연결된다. 동일한 주제에 대하여 정치색이 낮은 시각이 호크하이머의 후기 저술에서 모습을 들어냈다. 그 저술에서 호크하이머는 세상에서 "후퇴"한다는 아이디어를 주장했으며, 존 알웨이(1995:60) 해석에 따르면, "신성한 섭리에도 믿음이 없고, 플로레타리아 혁명전사에도 믿음이 없는 도덕주의자는 갈망하는 마음만 저항 형태로 안고 뒤로 처진다"는 것이다. 이 우울증세는 아도르노도 함께하고 있었다. 그는 "이

---

185) 일차원 사회=one-dimensional society: 마르쿠제는 개인이 비판적 사고나 반대행위를 할 능력을 상실한 자본주의 소비사회를 일차원사회라고 불렀다(One-Dimensional Man, 1964, 3-1 각주 113) 참조).

186) 위대한 거부=the great refusal: 프랑크푸르트학파 거장 마르쿠제가 위 책에서 처음 사용한 말, 세상의 속박과 통제에 사회구성원 모두가 거부해야 한다는 의미를 담고 있다. 그러나 위대한 거부는 현실화되지 못하고 시들었다.

모든 상황 속에서 최선의 행동양식은, 집착하지 않고 유보상태에 있는 것으로 보인다고 주장했다: 이것은 공노동에 사회적 가치와 개인적 비중을 두지 않는 것을 수용하는 환경에서 사생활을 영위하기 위한 것이다"고 주장한다(아도르노, 2005[1951]:39). 그들은 작업장 시간훔치기를 마음에 둔 것은 아니지만, 순수하게 부정적인 반응을 표출하는 것은 역시 현실 적응적이라고 말한다. 왜냐하면 그것은 변화를 추구하는 것이 아니라 권력의 기존질서 안에서 자율국면을 만드는 것이기 때문이다. 이것은 일 안하기의 동기 요체를 집약하는 것이다. 종업원의 좌절감은 이상적 목표와 비교하여 형성되거나 또는 개인적으로 학대받았다는 감정과 연관되어 형성되는 것이 아니다(브루어 및 실버, 2000; 런치먼, 1966). 오히려 그것은 현실생활의 일부이기 때문에 최선의 방법으로 단순하게 관리되어야 한다. 집표원 사례가 이러한 비관적 형태의 체념을 보여준다.187)

내가 하는 일은 하찮은 직업이며 그것이 없어도 사회는 분명히 잘 돌아갈 것이다. 내가 겪은 모든 직업에 대하여 말할 수 있다. 나는 그렇게 살아가려고 한다. 나는 이 방에서 영화도 보고, 책도 읽고, 인터넷 서핑도 하면서 돈까지 번다. 우리가 여기에서 하는 일이 이런 것이고, 여기에 있는 이유의 전부다...적어도 나는 아무에게도 해를 끼치지 않는다. 적어도 나는 누구에게 해를 끼치지 않는다. 소문을 퍼뜨리거나 아픈 사람을 학대하는 것도 아니다.

이 집표원의 변명은 어떻게 시간훔치기가 과격한 표현과 개인적 실패 이야기

---

187) 종업원은 일하기 싫다는 단순한 마음에서 공노동을 하지만(현실생활의 일부), 사회학자는 심리학 · 철학 차원의 연구논문을 양산한다.

사이에 걸쳐있는가를 예시한다. 집표원이 하는 일은 "하찮게" 보이지만 "해를 끼치지" 않는다는 점에서는 양호하다. 그렇기 때문에, 그 일은 자기가 노동시장에서 성공하는 데 실패했다(야망이 없다)고 생각하는 사람의 마지막 피난처다. 젊은 전기기사의 농담도 개인적 실패 이야기를 들려준다: "내가 만약 60세가 되어서도 아직 빌딩 전기기사로 있으면 나를 쏘아다오." 개인적 실패 이야기는 불만족의 혐의를 왜 경영자나 조직에 떠넘길 수 없으며 일 자체에 있는가를 강조한다. 이러한 무의미감[188]의 또 다른 사례를 창고 종업원이 표명했으며, 그는 이와 같은 반향을 세상에 대한 그의 공헌으로 돌렸다.

제품 품질이 형편없어 상자를 열면 이미 부서진 경우도 있다. 내 눈을 뜨게 한 것은 거기에서 일하던 한 사람이다, 그는 환경운동가도 아니면서 이렇게 말했다: '생각해보라, 불과 몇 년 전만 하더라도, 여기에 보이는 것은 온통 쓰레기 산이었을 것이다.' 오래 걸리지 않았다. 겨우 5년, 10년, 모두 쓰레기더미일 텐데. 지금 우리는 축구장 만큼 큰 공간...모두 제품으로 채워진 창고 이야기를 하고 있다.

이 특별한 경우, 무의미하다는 생각은 일하는 하루 종일 떠나지 않고 잠겨 있었다. 그 피면담자에 따르면, 자기만 일에서 스트레스를 받는 것은 아니었다. 나는 그를 봄에 면담했다. 그의 관찰에 따르면, 스웨덴 겨울을 견뎌낸 사람에게 따뜻한 봄이 온 것은 극적인 것이지만, 동료 중에는 도시락을 먹으며 실내에 머무는 사람들이 있다. "나는 그 중 한 사람에게 밖에 나가고 싶지 않으냐고 물었다. 그러자 '아니, 돌아오기가 너무 힘들어서' 라고 대답했다." 그 피면

---

188) 여기에서 무의미감을 '일' 에 돌리지만 사실은 실패한 인생에서 오는 무의미감이다.

담자에 따르면, 이런 반응은 충분히 이해가 간다는 것이다:

주말을 제외하면 몇 달 동안 햇볕을 보지 못한다. 먹지 않아 지치고 침울하다. 단조롭고 자극도 없고 일은 전적으로 무의미하다는 현실. 상자를 열 때마다 새것이 나온다. 선반이 비워지면 그 때마다 채워야 한다. 며칠 지나면 새 상자가 온다. 그러면, 다시 선반을 채워야 할 시간이 된다. 결국 상자를 확인하기 시작한다. 15,000 품목의 상자를 각각 확인한다... 지금까지 7년 여기서 일했다. 일곱 여름. 악몽과 같다.

비록 기업이나 사회가 아무리 잘 조직되고 공정하다고 할지라도 그것과는 상관없이 일 자체의 경험은 변하지 않는다. 또 다른 피면담자가 암시하는 바와 같이, 시간훔치기가 개인적 또는 정치적 분노와 관계없이 일 자체의 산물이라고 설명하는 것은 밀즈와 같은 "사회학적 상상력" 부족에서 연유하는 것이 아니다. 밀즈는, "환경의 개인적 문제"로 보이는 것을 "사회구조의 공적 인 이슈제"로 이해하는 사회학적 상상력을 보였다(2000[1959]:8). 의회와 의회 밖 양쪽에서 활력적으로 일하는 그 피면담자는(아니면 혹시 그것 때문에) 시간훔치기를 정치적 행동이라고 보지 않는다: "내가 보기에는 그것은 개인을 위한 공간을 만들려는 순수한 이기적 행동이다. 그래서 시간훔치기를 정치적 행동 또는 작업장 투쟁이라고 말할 수가 없다." 앞으로 보게 되겠지만, 어떤 사람은 똑같은 행동을 반대 뜻으로 돌린다.

일 안하기에 관한 마지막 언급은 떠나기, 목소리 그리고 충성189)에서 제시한

알버트 히르시먼의 신중한 순환적 행동이론과 연계시킬 필요가 있다고 생각한다. 그의 이론은 가감을 하지 않으면 시간훔치기 현상에 적용하기가 어렵다. 노동경제학과 경영학 문헌에서는, 히르시먼의 떠나기 개념은 종업원의 사직 결심과 동일시되는 것이 보통이며, 목소리 개념은 불평을 소통하는 능력을 말한다(일반적으로 노조를 통하여; 다우딩 기타, 2000 서평 참조). 그러나 히르시먼 자신은 경영자가 "사원-고객이 휘두를 수 있는 무기를 박탈하고, 그것이 떠나기이건 또는 목소리이건, 안전밸브로 피드백되도록 전환시키는" 경향이 있다고 기술한다(히르시먼, 1970:124). 시간훔치기는 안전밸브로 보아야 할 것이다- 그 속에서 우리는 대량의 목소리를 발견한다. 물론, 떠나기는 반드시 공식적이어야 할 이유가 없다- 우리는 조직의 공식 구성원이라 하더라도 조직에서 떨어져 나올 수 있다. 높은 실업율, 경제적 의존성, 부양할 어린이는 종업원이 이 안전밸브 해결책을 쓰게 하는 환경요인이다. 여기에서 일 안하기는 공식적 떠나기 대신 선택되는 비공식 형태의 떠나기를 말한다. 반면, 직접적 반대는 공식적으로 목소리를 내는 대신 선택되는 비공식 떠나기로 간주되어야 할 것이다.

6-3 직접반대

일 안하기와는 달리, 직접반대는 체념의 감정보다는 분개의 감정에서 나온다. 마아즈는 농땡이 치는 다양한 이유를 다음과 같이 설명한다: "어떤 사용자는 농땡이 치는 것을 임금의 일부에 해당되는 인센티브로 보고 은근히 눈

---

189) 떠나기, 목소리 그리고 충성=Exit, Voice and Loyalty, Albert. O. Hirshman, 1970, 조직이 마음에 들지 않을 때 가벼운 중이 떠나는 방법도 있지만 항의하는 방법(발언)도 있다. 이 때 충성심은 지렛대 역할을 한다.

감아 주고 심지어 북돋기도 하지만, 어떤 경우는 분명히 분개하는 마음에서 나온다...보스, 회사, 체제 또는 국가에 한 대 먹이는 기분이다"(마아즈, 1982:32). 마아즈가 말하는 "시간농땡이"에 적용된 이 분석은 이 장을 요약한 것이라고 보아도 무방하지만, 나는 몇 가지 밝혀야 할 점이 있다고 생각한다. 하나는 보스 또는 회사에 한 방 먹인다는 생각과, 다른 하나는 체제 또는 국가를 친다는 생각 사이의 차이점이다. 직접 반대는 체제나 국가와 같은 추상적 개념을 겨냥하는 것이 아니지만, 큰 구조로 연결되는 현상을 페널티미트 링크[190]라고 부르고 싶다. 프란시스 피벤과 리차드 클로와드에 따르면(1977), 구조적 억압에 대한 사람들의 경험은 항상 이 연결구조로 중화되지만, 구조적으로 분리된 현상같이 나타난다:

사람들은 구체적 틀 속에서 박탈감과 억압을 경험한다, 그것은 거대하고 추상적인 과정의 산물이 아니라, 특정된 표적에서 나온 특정된 고충이 불만으로 틀을 잡은 구체적 경험이다. 노동자들이 경험하는 것은 공장, 조립라인의 작업속도, 감독자, 스파이, 경비원, 소유자, 월급봉투... 이런 것들이다. 그들은 독점자본주의를 경험하지 못한다...달리 표현하면, 고충이 형성되고, 요구조건이 계산되고, 분노의 표적이 조준되어 나오는 것은 사람들의 일상적 경험이다(피벤 및 클로와드, 1977:20-21).

직접 반대의 줄거리를 보면, 거대 구조의 상전벽해 같은 변화가 아니라, 앞에서 인용한 페널티미트 링크와 같은 것이며, 분노가 반드시 정치적 거대논담에서 유래하는 것이 아님을 나타낸다(특별한 예외는 별개로: 스노우 및 벤포드, 1992). 시

190) 페널티미트 링크=penultimate link: 원래 뜻은 최후 두 번째에서 연결된다는 것이며, 현장 불만과 체제라는 큰 구조와의 연쇄관계를 의미하는 저자의 신조어.

간훔치기를 예로 든다면, 되갚아주기 원리라는 말로 특징을 설명할 수 있다. 전화교환원이 이 말의 논리를 요약한다: "이 회사는 우리한테서 돈을 훔치고 있으므로 여기에서 우리가 하는 일은 자선하는 것이다. 그들이 우리를 훔친다면, 우리도 그들을 훔칠 수 있다." 훔친다는 말이 가리키는 것은 자본주의 세계의 착취라는 뜻이 아니라, 회사가 그 교환원이 일한 실적계산을 빈번하게 틀린다는 것이며, 그것을 그녀는 개인적 모독이라고 경험했다. 그녀가 확실한 형태의 사보타지에 나서게 된 이유가 이것이다: "팀장은 문제마다 어떤 구실을 대겠지만, 당신이 그 보스를 믿지 않는다면 '이것은 구실이 안 된다, 이것은 구실이 안 된다'를 되풀이하여 결국 더 높은 자리의 대답을 들으려고 할 것이다."

피면담자 사이에서 분개를 일으키는 가장 일반적인 원인은 나쁜 보스에서 나온다(꾀부리기 그리고 게으름피우기를 포함하여). 앞에 나온 웹디자이너는 조직 안에서 "모든 것을 허용" 받고 있음에도 불구하고 보스에 지치고 말았다:

> 그는 문자 그대로 아무 일도 안 했다. 앞에서 이메일 이야기를 했다. 그는 그냥 지워버렸다. 아무것도 안 한다는 이유로 그도 혼났다. 그는 거칠고 불쾌하다. 전자메일 MSN에 느닷없이 "cock"를 띄운다. 대답이 없으면 '대답해, cunt'라고 보낸다.[191] 이것이 내가 싫어하는 것이며, 그는 정말 밥맛 없다.

호색적, 가학적, 권위주의적, 그리고 비지성적 보스는 여러 이야기에서 반복

---

191) cock=남성 생식기, cunt=여성 생식기.

된다. 반대를 유발하는 다른 페널티미트 링크, 현장 요인에는 다음과 같은 것이 있다:

미련한 동료:

당나귀 같은 사람들. 속도 없이 열심히 일하는 사람들, 당신이 내 말뜻을 안다면 지능지수가 낮은 사람들. 명령을 받고 따르는 것이 행복한 사람들, 우스꽝스럽고 천박스럽게 어리석은. 이들은 '주임 대우'와 같은 의미없는 직함을 받는다, 중용한다는 느낌을 주기 위하여 만든 의미없는 직함.192)(영업사원)

비윤리적 회사:

우리 모두는 회사를 증오한다. 한 번은 요한(팀리더)이 노란 키위를 들고 와서 몹시 화를 냈다: 계속하여 그는 '저들은 신이나 된 것처럼 생각한다.' [그들이 근무하는 의료회사] 말만 나오면 거의 같은 반응을 보였다. 우리는 톱에 있는 사람들이 어떤 사람인지 다 안다. 그들은 건강이 아니라 질병에서 돈을 번다. 그들이 원하는 것은 증상을 없애는 것이며, 그것이 전부다.(실험실 조수)

그리고 남성중심 문화:

나는 다른 여성(광고 대행사의)에 어떤 일이 일어나고 있는지 알 수 있다. 그들 사이에서는 진지한 성적 평등 풍속도가 있었다, 성적 농담이나, 성차별이 아니라 성을 무시하는 것이다. 여성은 더 힘들게 싸워야 한다. 그리고 '우리-간부-동지'라는 남성자만(男性自慢)이 전부다. 여성이 올라가기는 마냥 더 힘들었다. 많은 여성들이

---

192) 비판이론 시각에서 보면, 자본주의기업에서 묵묵히 열심히 일하는 사람은 미련하다.

올라가려고 애썼지만 자신의 한계를 알고 있었다. 많은 여성이 이와 같은 '선량한-소녀-콤플렉스'에 사로잡혀 있었고 이것은 그들에게 역으로 작용했다. 그들은 그저 일하고 또 일했다. 완전히 지쳐버릴 때까지.(카피라이터)

특정 조직에서는 남성에 우선권이 있으며 여성의 경험에서 오는 어떤 압력에도 영향받지 않는다는 개념을 세 명의 피면담자가 설명했다. 그러나 독특한 구조의 일부가 아니라 오히려 개인적 관심처럼 보였으며, 한 경우는 남성과 여성은 이래야 "한다"와 같은 본질주의적 입장을 나타냈다: "나는 남성이 일반적으로 여성보다 더 여유가 있다고 생각한다. 남성은 그것을 힘든 것이라고 생각하지 않는다. 공노동의 계량적 연구에서는 성별 차이에 관한 한 상극되는 것은 아니다. 두 연구에서는 남녀 사이에 차이가 없거나 거의 없는 것으로 보고되었으며(구베이어, 2012; 조스트, 2005), 핀란드 통계에서는 남자가 일반적으로 하루 평균 32분 공노동을 더 한다고 나타난다. 그런 차이점이 태도 차이를 반영하는 것인지 또는 신경쓰이는 일을 남자들이 적게 한다는 직업적 분포에서 오는 것인지는 의문으로 남는다. 공노동의 실제시간은 측정하지 않았지만, 켈리 가레트 및 제임스 단찌거는 남녀 모두 같은 수준으로 인터넷을 개인적 소통에 사용하는 것을 발견했다, 다만 남성은 개인적 여가 취미에 더 사용했다(가레트 및 단찌거, 2008:291).

일 안하기와는 달리, 직접반대의 동기구조는 사보타지를 향한 욕구를 포함하고 있다. 그러므로 시간훔치기는 "은밀한 복수" 일부를 구성할 수 있다. 시간훔치기와 같은 사보타지 형식은 일의 강도를 크게 줄이면서 종업원의 개인적 위험 노출이 적은 것이다.(모릴 기타, 2003 참조). 이렇게 되면, 시간훔치기 행위에 붙는 의미는 애매해진다. 프레밍 말에 따르면, "그것은 조직에 속하는 것이 아니며, 결정적으로 '쿨하지 않은' 환경에서 '쿨하게' 행동하려는 종업원들이 자발성, 창의성, 분별력을 발휘하는 것이다"(프레밍, 2009:89). 한편, 프레밍은 자신의 논리를 발전시켜, 이런 형태의 동기용어는 종업원에 "나는 여기에서 일하지만 쿨하다"라는 자기기만적 기분을 주어 이데올로기 목적으로도 활용된다고 말한다(리유, 2004:299).

반대행위의 이유가 보편화된 강압성을 의미하는 용어로 진화하지 않은 단계에서, 직접반대라는 용어는 다른 어떤 표현보다 약한 체념을 나타낸다. 희망은 있다, 희망이 세상을 떠난 것은 아니다. 지금 당장 복수할 수 있다; 복수가 충분하지 않다면 공식적으로 떠나는 가능성은 항상 있다. 결국 회사를 떠난 전화교환원은 작업장 외부에 더 좋은 세계가 있다는 믿음을 확인해 준다: "내가 회사에 다시 돌아가는 일은 결코 없을 것이다. 어리석음과 학대가 추억이 되었다." 옛직장을 이와 같이 괴물로 만드는 것은 예외적인 불쾌감을 나타내는 것이라고 할 수 있다. 앞으로 보겠지만, 이것이 꾸며진 반대라는 말과 결정적인 차이점이다.

6-4 꾸며진 반대

캄파그너의 "양아치[193]" 분석에는 그가 말하는 "얌생이꾼[194]"과의 묘한 대조가 포함되었다. 그의 서술에 따르면, 얌생이꾼과는 달리 양아치들은 "반항을

---

193) 양아치=squanderer: 못된 짓을 일삼는 사람.
194) 얌생이꾼=the punk: 물건을 슬금슬금 훔치는 사람.

입에 달고 살면서 [일의 세계]에는 들어가지 않는다. 얌생이꾼은 창고와 계산 대에서 조용히 훔치는 기회를 잃는 값을 치르더라도 그들의 혐오감과 반대입 장을 보여주려고 한다"고 말한다(캄파그너, 2013:35). 캄파그너 분석에서 문제되 는 것은, 얌생이꾼 표본이 사실과 연결되지 않는다는 점 외에도(해너즈, 2013), 보이지 않는 "기생충"처럼 살아가는 얌생이꾼들 대부분이 "비신자"라는 가정 이다. 그들은 사회규범을 깨려고 한다는 의미에서 "부도덕"한 것이 아니라, 도덕성의 울타리 밖에 있다는 의미에서 "무도덕"이라고 캄파그너는 말한다. 한편 더 정치적인 동기로 눈에 띄지 않게 똑같은 부정행위를 저지르는 사람 들이 있다.

작업장 사보타지 역사에 관하여 집중적으로 연구한 제오프 브라운(1977)은, 19 세기 말 글라스고 부두노동자들이 파업방해꾼 대량 고용 결과 파업권을 상실 한 과정을 기술했다. 부두노동자들은 파업방해꾼들의 능률 수준에 맞추어 일 한다는 구실로, "늦장부리기" "시간끌기" "준법투쟁" 등 재래식 생산제한 전술 을 실천에 옮겨 반격했다. 이와 같은 적극적 행동이 협상에서 성공하는 수단 으로 변신했으며, 이 사건은 후에 푸제[195](1913[1898]) 그리고 프랑스의 무정부주 의적 노동조합운동에 심대한 영향을 주었다. 이 사건 이후 늦장부리기는 정 치적으로 변했으나, "전에는 노동자들이 '별다른 의식없이' 본능적으로 행동 에 옮기던" 것이었다고 브라운(1977:15)은 생각한다.

시간훔치기는 노동조합의 무기 목록에서 사라졌지만 그 정치적 국면은 살아

---

195) 푸제=Emile Pouget(1860-1931): 프랑스 무정부주의적 노동조합운동(anarcho-syndicalism)의 대부라 불리며 사보타지 저술(1912)도 있다.

서 꿈틀대고 있다. 직접반대와 꾸며진 반대 용어를 구분하는 한 요소는 어떤 형태의 숨은 기록에 뿌리를 두었느냐는 점이다. 스콧트는 "자존심에 대한 일상적 모욕에 응답"하기 위하여 형성된 사연의 기록과, "불평등, 속박, 군주제, 신분제 등을 합리화시키려는 집요한 이데올로기에 대항"하기 위하여 형성된 사연의 기록을 구분한다(스콧트, 1991:117-18). 후자의 형태라면 "반이데올로기" 또는 "체제부인" 형태를 필요로 하는 것이며 단편적인 저항행위를 뛰어넘는 것이다. "그들은 지불하는 척하고 우리는 일하는 척한다"는 소비에트 노동자들의 속담은 숨은 기록이 시간훔치기에 윤리적 기초를 제공하는 것이다. 여기에서는 특별한 페날티미트 링크와 연결된 것은 아니며 체제 자체에서 온 것이다. 마아즈의 문화기술학에서 찾을 수 있는 다른 예에서는, 부두노동자가 농땡이를 선동하는 말을 한다: "이것은 모두 보험에 들은 것이다- 보험회사가 파산한다는 말을 들은 사람은 아무도 없다. 어떻든 이 부두에서 수백만 달러를 버는것은 그들이고 일하는 것은 우리다."(마아즈, 1982:106). 이러한 말투속의 시간훔치기는 저임금, 특정 보스, 또는 회사에 대한 반동에서 힘을 얻었을 뿐 아니라 비뚤어진 시스템에 반대하는 것이다. 웹 개발자 한 사람은 말한다: "우리는 효율적으로 일한다고 돈을 받는 것이 아니다. 때로 나는 효율성을 피해야 한다고 느낀다."

이 연구에서 면담받은 사람들의 이야기 구성이 동기라는 단어의 들러리 격임을 지적하고 싶다. 꾸며진 반대 속에는, 목적, 지각된 적대감, 부인하기, 그리고 윤리 측면과 관련된 시간훔치기의 누적된 국면이 있음을 발견할 수 있다. 시간훔치기 목적을 중심으로 보면, 꾸며진 반대는 고상한 용어를 제치고 자율과 개인적 원금환수를 으뜸으로 즐기는 것을 배제하지 않고 있다.

시간훔치기는 1석 2조와 같은 것이다. 당신 자신을 완전히 팔아넘기는 것을 피하고, 영화를 감상하면서 보상을 받는다. 그것은 직접 보상이[196] 나오는 투쟁과 같은 것으로 아무 성과도 없는 노조 들러리 서기보다 사실상 [시간훔치기가] 더 나은 것이다. 그것은 즉석용이며 그런 점에서 자본주의가 볼 때 더 아픈 가시에 속한다.(안전 요원)

노동조합 입장에서 다시 보면, 정치적 가치를 객관적으로 인정받지 못할 시간훔치기의 다른 측면이 나온다. 즉, 사보타지, 좀도둑질, 또는 정체성 투쟁을 포함하는 다른 작업장 반대행위와 마찬가지로, 그것이 상징적 행위로 보증을 받지 못하는 한 – 이런 경우는 거의 없다– 완전히 공개될 수 없다는 사실이다. 종업원 개인은 언제나 대체될 수 있으며 이 연구에서 피면담자 아무도 히르시먼의 "목소리"[197]가 유용한 선택이라고 말하지 않았다. 오늘날의 노동인력은 점점 더 많이 불안정을 경험한다(보오디유, 1998; 스탠딩, 2011), 그리고 이러한 유형의 취약성은 스콧트(1991)가 말하는 하위정치[198]와 정치를 구분하는 확실한 조건이다: 힘의 차이 때문에 전자가 온전하게 존재하려면 은밀하지 않을 수 없다. 이러한 사실에도 불구하고, 작업장저항에 관하여 널리 알려진 관념은 "저항"으로 인정받기 위해서는 공식적으로 조직되고 공개적이어야 한다는 것이다. 이에 반하여 "부정행위"는 보다 개인적이며 즉흥적인 형태의 반대 관행이라고 본다(콜린슨 및 아크로이드, 2005). 이 연구에서 시간훔치기는 몇 안 되는

---

196) 여기에서 '직접 보상'은 파업투쟁 성과를 말한다.
197) 히르시먼의 목소리: 6-2, 일 안하기, 각주 189) 참조.
198) 하위정치=infrapolitics: 미국의 정치학자 J. 스콧트가 그의 수필 'The infrapolitics of subordinate groups'(Amoore L. ed. "The Global Resistance Reader";2005)에서 사용한 용어로, 권력자 눈에 띄지 않는 안전지대에서 일어나는 정치적 의미가 담긴 행동을 말한다. 포울슨의 공노동은 여기 해당된다.

예외를 빼고 비공식적이다. 그러나 일단 반대하는 틀이 꾸며지면 동료협력 측면은 극적으로 변한다. 시간훔치기는 사용자나 조직 밖으로 알려지지 않았다는 점에서 비공식적일 수 있지만, 종업원 사이에서는 알게 모르게 분명한 것이다. 꾸며진 반대라는 용어는 동료 사이에 하위정치를 될 수 있는대로 명료하게 지키려는 데 의미가 있다:

우리가 하는 것은 계급 불평등 일부분을 그저 수평하게 하는 것이다. 불공정은 같은 것이므로 공적이건 사적이건 문제가 아니다. 하위계층 사람들은 대개 알고 있다...불평등 이야기가 정상이 되도록 입 밖에 내야 한다는 사실을. 그것은 무임승차[지하철]와 같은 것이다, 나는 그것도 공개적으로 한다. 누가 시비걸면 토론한다. 작업장 투쟁은 심심풀이로 하는 것이 아니다. 그것은 집단적 의식을 유발하기 좋으며 그것으로 족하다. 컴퓨터 파일 공유와 같은 것이다.(복지 보조원)

시간훔치기의 계급 확인 효과[199]는, 그것이 회사의 이윤에 피해를 입히는 효과보다 더 가치있는 경험이다. 비록 공식적으로 조직화되지 않았더라도, 시간훔치기는 경우에 따라 공개적인 반대행위로 발전될 수 있다:

때로 우리는 모두 그 행동에 빠져든다. 한 번은, 우리 40여 명이 우두커니 창밖을 내다보고 있었다. 작업장에 창이 별로 없으므로 밖을 잘 내다보지 못한다. 그 때는 봄이었고 모두 멀거니 서서 도망가고 싶은 생각에 잠겨 있었다. 마치 우리가 정신병원에 있는 것 같았다. 우리는 여기에 갇혀있는 것이다.[200]

---

199) '계급 확인 효과=classs-identifying effect: 공노동이 계급투쟁 전술의 축소 진화형임을 암시한다.
200) '일'에 갇혀있다고 말하지만, 사실은 그들의 인생에 갇혀 있는 것이다.

그때 반장이 들어와 서있는 틈에 그도 끼었다. '자, 이제 일할 때가 되었다, 소매를 걷어 올리자. 이런 모습은 좋은 것이 아니다, 그렇지 않은가?' '걱정 마세요. 야 이리와' 하고 누가 말했다. 우리는 그의 말에 신경쓰지 않았다. 몇몇은 고분고분 움직였다. 다른 사람들은 시큰둥한 채로 있었다.(공장 노동자)

이 에피소드에서 알 수 있는 것은, 명시적으로 반항적인 시간훔치기의 성립 조건은 한 사람 이상이 포함된다는 것이다. 그밖에 알아야 할 것은 여기 동료들이 완전하게 직접반대에 떠밀릴 수 있었다는 점이다. 공장 노동자들은 "자본주의 세계화" 또는 "경쟁사회"와 같은 정치적 표현을 인용했지만, 그 동료들은 서로 다른 이유로 창밖을 내다보고 있었을 것이다. 그가 스스로 밝힌대로, 반장에 도발한다거나 또는 일에서 잠시 떨어지고 싶다는 뜻에서 "도망가고 싶다"는 생각에 빠졌을지도 모른다.

왜 사람들이 공노동을 하는가의 이유를 찾는 연구에서, 이 장이 밝힌 결과는 다른 연구자들이 찾은 이유와 근본적으로 다르다. 이에 관한 연구가 드물기 때문에, 그 결과를 언급하는 것은 유익하다고 생각한다. 캐로라인 다베이트의 연구에서는 종업원들이 자기 일, 자기 보스, 또는 사회 전체에 대한 불만을 표명하는 언급이 없었다. 오히려 사람들이 시간훔치기를 하는 것은 "전화기, 컴퓨터, 이메일 때문에, 또는 인터넷이 손닿는 곳에 있으니까" "가정생활에서 일어나는 시간 제약, 레저에 대한 관심, 장거리 또는 장시간 통근이 시간훔치기를 필요로 하니까" 또는 "그들이 필요한 사람을 접촉하고 볼일을 해결할 수 있는 것은 근무시간밖에 없으니까"(다베이트, 2005:1022) 등등. 과학적 가치는 의문이지만[1], 한 계량적 연구에서 다베이트 및 에릭 에디는 비슷한 발견을 했

다:"회사 일을 하면서 개인적 용무를 보는 것은 업적, 능률, 직무만족, 조직몰입 또는 회사에 남고 싶다는 의도 등 자기평가척도와 관계가 없으며, 오직 늑장부리는 것뿐이다"(다베이트 및 에디, 2007:361; 이 내용은 이미 요약부분에 썼으며 이 연구의 핵심 "발견"이다). 불행하게도 이 연구보고서는 경영관리 시각에서 작성되었기 때문에, 공노동은 줄이고 통제되어야 할 원가를 뜻하며, 종업원은 어떻게든 그것을 "합리화시키고 설명할 수 있는 의미를 세워야 할" 불합리한 행동형태라는 것이다(다베이트, 2005:1014) 예를 들면, 림 비비엔 및 테오 톰프슨에 따르면, 노동자들은 사이버세계 유영을 "회계원장에 빗대는 은유"로 "중립화" 시킨다는 것이다: 즉, "그들은 일탈된 행동을 할 자격이 있다고 합리화한다, 왜냐하면 그들의 과거 충성된 행적이 신용이자를 발생시켜 '현금화' 할 수 있다"는 것이다(비비엔 및 톰프슨, 2005:681). 다만 사이버 유영이 만연되고 있음에도 불구하고 "일탈된 행동" 이라고 생각하는 것은 이상하다. 나아가, 그런 이론적 근거를 "합리화"라고 의미를 부여하는 것에 의문을 품는 사람도 있을 것이다- 종업원은 사용자가 훔쳐간 것을 돌려받을 자격이 있다는 경우는 많다. 사실은, 그들이 순종하는 노예와 같이 쉬지 않고 일해야 한다는 것이 더 불합리한 것이다. 그러나 이와 같은 근본적 투영은, 이 부분의 연구 장르에서는 금기에 속한다. 오히려, 의문은 이데올로기적 우려에서 나온다-어떻게 "조직은 자기들 인간자본을 경쟁하도록 만들어야 하는가" 그리고 얼마나 "조직에서 [공노동]의 잠재적 원가가 중요한 것인가"(다베이트 및 에디, 2007:380). 시간훔치기 하는 개인의 동기에 관한 이 연구 결과가, 경영학자가 제시한 것과 왜 다른가의 이유는 조사대상 선정 차이로 추론해서는 안 된다. 모든 형태의 조직부정행위에 걸치는 공노동 조사연구 접근방법에는 이데올로기 차이가 있으며, 비판적이라는 낡은 형용구를 아직 의미있게 만든다(아크로이드 및 톰프슨, 1999:1; 칼슨,2012:15).

내가 읽은 경영학 문헌 중에서 가장 마음에 드는 내용은 공노동이 "개인마다 생활영역 경계를 균형잡고 넘는 것을" 가능하게 만든다는 말이다(다베이트, 2005:1013). 이 의견은 많은 비판적 학자들이 공감하고 있다. 근본적으로 일은 좋은 것이라고 그들은 말한다. 그러나 일이 너무 많거나, 집중되어 가정생활을 방해하게 되면 종업원들은 일, 가정, 그리고 여가 사이에서 "균형"을 잡기 위하여 시간훔치기로 반응을 보일 수 있다. 이때 합당한 유일한 반작용은, 결코 일 자체에 대한 반발이 아니라 근로조건에 반발하는 것이며, 상실된 의미에 반발하는 것이며, 자신을 보스에 굴종시키고 임금을 위하여 자신의 창의성을 수단화시켜야 한다는 사실에 반발하는 것이다. 그렇다면, 하루에 두 시간 꾀부리기하는 사람이 이것은 "직장생활 균형"201)을 도모하는 일부라고 말한다면, 그것으로 "합리화"되지 않는다고 부정할 수 있느냐는 의문이 따라나온다. 지금까지 이야기해온 면담을 개관하면, 모든 종업원이 시간훔치기를 일과 연계시키지 않고 그냥 일하는 현실에 "따라가기" 위하여 한다는 것이다. 그들의 (부정)행위는 조직변경에 대한 순수한 "반응"이라기보다는 "시스템을 속이고" 나아가 그것을 변경시킨다는 결심에 바탕을 두고 있다는 생각이다.

형태가 다른 작업장 부정행위 의미가 수렴되어야 할 시점이 되었다. 부정행위 유형론에서 칼슨은 근무시간 중의 "사적인 일"을 다음과 같이 정의한다: "당신이 생각하고 행동하기로 예정되지 않았던 것을 생각하고 행동하는 것이며, 조직계층 외부를 향하는 것이다"라고(칼슨, 2012:193). 이것은 꾀부리기가 의미하는 행위가 무엇인가에 대한 좋은 설명이지만(칼슨의 형태론에 잘 어울린다), 꾀부

---

201) 직장생활 균형=work-life balance: 영미에서는 가족생활-건강-안전-여가와 친화적인 직장생활을 지향하는 관리기법을 의미한다. TUC는 work-life balance 가이드라인을 홍보한다.

리기는 "저항"의 한 형태라고 분명히 정의될 수도 있다(칼슨이 정의한 대로 "당신이 생각하고 행동하기로 예정되지 않았던 것을 생각하고 행동하는 것이며, 조직계층 외부를 향하는 것이다"(칼슨, 2012:185)). 그것이 농땡이이건, 사보타지이건, 또는 꾀부리기이건, 그 결과와 의도 양면에서 항상 상부로 올라간다. 당신이 하는 짓 공노동이 당신이 몸바치는 회사의 이익을 감소시킬 것임을 당신은 알고 있다; 따라서 만약 당신 회사였다면 같은 방법으로 부정행위를 하지 않았을 것이다. 저항에 대한 칼슨의 정의대로, 꾀부리기는 저항의 한 표현방법이라고 하지 않을 수 없다. 이와 같은 의미에서, 그것은 자아가 포함되지 않으면 안 될 행위다— 거기에는 다르게 행동한다는 의지가 있어야 하며, "임노동"이라고 불리는 권력구조에 저항한다는 의지가 있어야 한다;[202] 임노동은 언제나 전력투구할 것과 무자비한 일을 공식적으로 요구한다. 우리가 이미 보아 온 바와 같이, 이것은 동일한 부정행위 형태에서 유래하는 결과라 하더라도 매우 다르게 비칠 것이다.

이 장에서 나의 목적은 자아성의 속내를 밝히려는 것이 아니고, 시간훔치기 피면담자 사이에서 발견한 것을 보여주려는 것이다. 동기용어가 시간훔치기의 발달된 유형과 연결되어 있다는 사실에서 그것을 분리시키면, 단순히 서로 다른 모양의 분노로 비칠 것이다. 그러나 여기에서 요점은, 동기용어를 일부 작업장 저항연구에서 이용하는 논리적 일관성 없는 유형의 "자아성" 형태로 축소시킬 수 없다는 것이다. 종업원들이 자기가 하고 있는 일에 관하여 비판적으로[203] 생각할 수 있느냐는 문제는, 이 능력을 부인하는 과장된 주장과 연계시켜야 의미가 붙는다(제2장 참조). 여기에서, 분노는 발달된 작업장 부정행

---

202) 공노동을 '저항' 으로' 저항의 중심에 '자아' 를 이론적 기둥으로 삼는다.

위 유형과 연결된다. 의지는 단순한 생각 이상의 것이다. 동질화 이전의 사회운동과 노조 상태에서 조직화된 저항은 상이한 모양의 자아성에 뿌리를 두고 있었을 것이다. 생각컨대, 절망과 체념으로 상처를 크게 받지 않았기 때문에 시간훔치기도 구조적 변화를 촉발할 수단으로 조직화가 되지 않았을 것이다.

부정행위 유형구분은 계층적인 것이 아니며, 꾸며진 반대가 일 안하기보다 "앞선"것이라고 보는 정도다. 반대로, 일 안하기 공노동에 속하는 피면담자들이 표명한 체념과 절망은 다른 둘보다 진정성이 있어 보였다. 투렌이 말하는 바와 같이 "자아를 찾는 것은 노동자나 시민의 방어 형식을 취하는 것이 아니다; 그것은 애초에 불안감과 같은 개인의 생활경험 단계에서 나타나는 것이며, 내가 자주 언급한 바와 같이 모순된 경험이 누적되는 데서 나오는 것이다"(투렌, 2000b:59). 일 안하기는 그와 같은 초기 경험의 결과라고 보아야 할 것이다– 자기 일의 무의미함, 거기에 매달려야 하는 강압을 경험하지만 반대방향으로의 운동– 임노동 노예에서 벗어나는 길은 눈에 들어오지 않는 그런 경험이다.

만약 자아가 행위자가 되려는 개인의 의지라면– 그리고 공노동이 그런 자아의 표현이라고 생각될 수 있다면– 시간훔치기가 일 부담에서 도망치는 것보다 나은 무엇인가에 성공하는 방법이 될지는 의문으로 남는다. 투렌은 자기의 자아 개념을 반복하여 제시한다. 여기에서 그는 시장과 지역사회 양쪽 압력에 저항함으로써 노동과 문화의 일치 재건을 시도하지 않는다면 알맹이 없

---

203) 비판적으로=critically: '비판적' 이라는 말은 프랑크푸르트학파의 자본주의 문화비판과 방향을 같이한다.

는 자아라고 말한다(2000:83). 이렇게 되면 직접반대와 꾸며진 반대의 동기는 단순한 일 안하기에서 끝나지 않는다는 것을 의미하며 자아와 행위자가 분리되었다는 가능성을 남긴다. 제8장에서 이 문제로 돌아가기 전에, 이미 낭비적인 경제에의 적응과정에서 어떻게 공노동이 나올 수 있는가를 살핌으로써 문제를 더 복잡하게 만들려고 한다.

¹다베이트 및 에디는 115를 넘지 않는 응답자를 대상으로 스노우볼 샘프링204) 웹서베이를 했다. 샘플로서는 재미있지만, 그런 서베이 결과를 일반화시키려는 욕심은 이해하기 어렵다(히리, 2013:129-31 개연성 샘프링 요체로서, 참조).

---

204) 스노우볼 샘플링(snowball sampling): 비확률적 샘프링기법으로, 연구대상이 표본을 선택하여 표본이 눈 덩이처럼 불어난다. 모집단에서 샘플을 찾기 어려울 때 이용되지만 신뢰성은 없다.

공노동의 학문적 연구 가운데 그것이 일 부담이 낮은 결과일 것이라고 언급한 것은 단 한 사람이다. 중간관리자를 대상으로 왜 일하면서 "개인적 용무"를 보느냐는 설문에서, 다베이트(2005:1022)는 "일의 권태로움을 줄이기 위하여/또는 남는 시간을 채우기 위하여"가 가장 빈번한 대답이었음을 발견했다. 참가자의 절반 이상이 같은 이유를 댔으나 다베이트는 이것을 추적하지 않았다. 첫 번째 면담자가 할 일이 너무 없었기 때문에 농땡이는 사실 자발성이 없었다고 나에게 말했을 때, 나도 똑같은 것을 범할 뻔했다— 그것을 분석에서 건너뛰고 꾀부리기와 따라하기라고 부르는 것에 집중하려고 마음먹었기 때문이다. 최근의 일 사회학에서는 일거리가 충분하지 못한 종업원은 제대로 적응하지 못한다. 내가 "참고하기"와 "게으름피기"라고 부르는 것(제4장 참조)은 현장질서의 변칙이며 거기애서 나오는 거대논담은 여전히 "세계화" 그리고 "집중화"에 쏠린다.

다양한 통계적 과제를 통하여 파킨슨법칙(후술)을 다룬 논문에서 예외 몇을 빼면, 게으름피기와 참고하기는 사회과학 문헌에 들지 못한다. 동료들이 휴가를 즐기는 여름 동안 일한 사람 대부분이 그런 공노동 현상을 알고 있다는 사실이 아니라면, 적어도 스웨덴에서는 이것이 문제될 수가 없었을 것이다. 마찬가지로, 그 공노동 현상이 대중문화의 토픽으로 떠오르고 매스미디어에서 떠들어대는 현상이 없었다면 문제될 수 없었을 것이다. 나아가, 서론에서 언급한 "미디어 스캔들" 사례는 "비윤리적" 종업원이 어디까지 갈 수 있는가를 보여주는 것이며, 동시에 근무시간의 절반을 인터넷 서핑에 보내는 사람이 조직 안에서 자기 직능을 어떻게 수행하는가를 보여주는 것이다. 공노동에 관하여 감독자가 아니라 "행위자"를 면담했다면, 두 번째 상황이 뚜렷하게 표면화되었을 것이다.

2012년 독일에서 이와 같은 케이스가 일어났다. 한 공무원이 은퇴하는 날 동료에게 쓴 이별 메시지에서 : "나는 1998년부터 출근했지만 사실은 그 자리에 없었다. 그 덕에 은퇴를 잘 준비하고 떠난다–안녕"이라고 밝혔다. 그 이메일은 베스트파렌 포스트지에 유출되었고 바로 세계 뉴스가 되었다. 그 사람은 1974년부터 자치도시 국가칙량사업소에서 일했으며, 그 조직의 역사에 비판적 의견을 이메일에 담고 있었다. 자치도시 당국은 중복적이며 수평적 구조를 만들었으며, 같은 일을 하는 또 다른 기사까지 고용하여 그 사람이 할 일이 없었다. "물론, 나에게 돌아온 자유의 재미를 톡톡히 보았다"고 쓴 다음 아무 일도 하지 않고 €745,000를 벌었다고 자랑했다. 멘덴의 시장은 "좋게 한 방 먹었다"는 코멘트를 했지만 그 직원이 자기 사정을 소통만 했다면 문제가 풀렸을 것이라고 생각했을 것이다(워터필드, 2012). 후에 멘덴시는, 그 직원이 문제를 상사에 전연 말하지 않았음을 유감으로 생각한다는 보도문을 발표했다.

별로 알려지지 않았지만 빌트지와의 회견에서, 그 전 직원은 자신의 이름과 사진을 공개하고, 자기는 언론이 자신을 묘사한 것만큼 "냉정"하지 못하다고 말했다. "나로서는 어떤 불만도 없었다, 오늘 생각해도 이메일을 썼을 것이다, 나는 항상 나의 서비스를 제공했기 때문에 그들이 그것을 원치 않았다면 내 문제가 아니다"라고 말했다(엥겔버그 및 베게너, 2012).

[표7-1]은 종업원들이 하루 평균 1.7시간 공노동한다는 것이 나타난 미국 서베이 결과다. 이 서베이의 특징은 "시간 낭비" 이유를 들도록 응답자에 요구하고 리스트 속에 "할 일이 충분하지 않다"라는 옵션이 있었다는 점이다. 이 옵션은 1/5에 가까운 응답자가 선택한 가장 일반적인 것으로 나타났으며, "나의 시간은 너무 길다" 그리고 "저임금"이 그 뒤를 따랐고(이 둘은 직접반대의 전형적 사례로 간주될 수 있다), 아주 비슷한 "도전할 일이 없다"가 뒤로 이어졌는 바 이것은 응답자의 1/10을 약간 초과하는 것이다. 앞 장에서 구분한 각각의 동기 유형과 비교하자면, 이미 낭비적인 조직에 적응하는 것이 공노동에 내재하는 가장 중요한 동기로 보인다.

[표7-1] "시간낭비"4대 이유를 제시한 응답자 비율, 미국,
2007: 자료, Blue, 2007

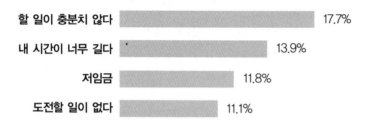

할 일이 충분치 않다	17.7%
내 시간이 너무 길다	13.9%
저임금	11.8%
도전할 일이 없다	11.1%

이 장에서는, 조직화된 나태 속에서 생활을 즐기는 사람들을 살펴보는 것으로 시작한다–독일 공무원의 경우와 같이. 아울러, 집단적 꾀부리기, 게으름 피기, 그리고 참고하기 사이의 차이점과 흐름을 검토할 것이다. 그리고 가장 당혹스러운 미스터리, 왜 어떤 종업원은 공노동을 강제 당하는가를 검토하고, 면담에서 찾은 잠정적 해답을 정리할 것이다.

7-1 재미 문화

특혜 받는 노동자의 일은 점점 집이 되고 한편으로 집은 일이 되고 있다는 알리 호크실드의 대담한 주제는, 다양한 사례의 지지를 받으며 두 번째 부분, 어떻게 집이 일이 되는가를 보여준다. 정보기술이 만드는 "전자 사슬205)", "무슨 일이 일어나면" 해법을 항상 찾을 수 있다는 것, 사무실 일을 집에 들고 가는 것, 가사(家事)의 탈기능화– 이것은 모두 일의 원리에 어떻게 집이 따라가게 되었는가를 보여주는 구체적이며 단단한 사례들이다. 그러면 이 저자의 주장을 뒤집는 움직임이 정말 있는가? 같은 방법으로 "집"(말하자면 여가)이 어떻게 일을 방해하는지의 사례를 저자가 제시하던가? 그런 것이 아니다. 일이 집이 된다는 가장 강력한 논거는, 그녀가 조사한 회사 종업원의 절반 가까이가 집에 있을 때보다 회사에서 일할 때가 더 "편하고" 포근했다는 말을 한 점이다 (호크실드, 1997:82). 노동자들이 어떻게 회사에서 일하면서 집에서보다 더 정서적 지지(동료의)를 경험했는지 저자는 다음 사례를 제시한다(호크실드, 1997:81): 여름철 금요일 "자유복장" 출근이 어떠했는지, 본사 사무직에 제공되는 무료 코크

---

205) 전자 사슬=electronic leash: 전자경보장치와 같이 무선 장치로 정보를 활용하는 기술.

가 어떠했는지(호크실드, 1997:85), 그리고 노동자들이 어떻게 기업문화 프로그램에 참가하고 "헌신 세리머니"에 빠져들었는지(호크실드, 1997:95). 테일러리즘에 정반대되는 대조이기는 하지만, 이 사례들은 집에 있는 것과 같은 종업원의 느낌을 어떻게 관리할 수 있는지를 보여주는 사례들이며 "세상을 뒤집는" 증거는 아니다.

공노동은 "작업장 안의 집" 개념의 진짜 표본이다─ 특히 그것이 위에서 조직되었을 경우에는 그렇다.206) 나는 공노동이 조직 차원의 "재미 문화" 목표와 연결되었다고 생각하는(프레밍, 2005a) 또 다른 웹 개발자를 알게 되었으며, 그는 실제로 일할 때 "아주 집같이 편하다"는 느낌이라고 말했다. 소규모 상담업체에서 일하는 그는, CEO를 포함한 동료 모두는(남자 13, 여자 2 정도) 친구였으며, 근무시간에 "친구 관계"로 빠지는 것이 예사였다. 점심에 집단으로 요리하고, "금요일 맥주" "웰빙 위원회" 연례행사인 "회의/휴가 해외여행"은 피면담자가 냉소하는 기색 없이 평가하는 집단적 활동이었다. 프레밍(2005a, 2009)이 멍청하다기보다 염치없다고 말하는 경영전략, 말하자면 생산성 향상 목적으로 종업원이 일에서 "재미"를 느끼게 만들려는 경영전략과는 달리, 이 회사는 비생산적인 재미도 허용한다. 이것은 어떻게 "일이 아닌 요소가 상징적으로 일 영역에 유입되는가"를 보여주는 것이며(프레밍, 2005a:300, 저자가 강조), 그 상징성은 여기에서 실체로 채워진다. 중요한 것은, 이 회사의 공식 근무시간은 하루 7시간(전액불)이며 "일의 완성을 위하여"라는 포괄적 모토가 있다는 점이다. 회사 규모가 작은데도 불구하고, 창조적 산업207)에서 악명 높은 주야 연속근무

---

206) 공노동의 "작업장 안의 집" 개념은 5-3 '공노동 위험관리'와 대조를 이룬다.

현상을 이 프로그래머는 모른다. 그들의 프로젝트 시한이 임박해 오면 일이 더 집중되지만, 잔업은 거의 하지 않는다.

다음은 내가 그 웹 개발자를 처음 면담했을 때 근무일 이야기다:

> 처음 나는 한 시간 늦었다. 물론 자유근무시간제이지만, 9시에 시작해야 했으나 10시에 도착했다. 9시까지 잤기 때문에...자유근무시간제이므로 뒤에 따라잡으면 되지만 내가 그것을 실제로 했는지 체크하는 사람은 없었다. 그리고 나서 내가 한 일은? 결함 몇 군데를 바로잡고 그런 저런 일을 했다. 그 다음에 우리는 11시 30분에 점심을 먹었다. 오후 2시에 나는 갈 곳이 있었다. 도와줄 일이 있어 [한 큰 신문사] 편집실에 갔다. 점심을 마친 시간이 12시 30분이므로 2시까지 기다렸다. 편집실에서 4시까지 몇 시간 있었으나 회사에 돌아갈 생각이 없었으므로 4시에 근무를 접었다. 그렇다, 나는 늦게 시작하고 일찍 끝낸 것이다.

마아즈가 "솔개" 직업이라고 이름붙인 사례에 해당되는 웹 개발자는, 예를 들어 콜센터에 근무하는 사람들과 완전히 다른 조건에서 일한다: "그는 '근무시간'을 생각대로 돌릴 수 있다: 근무시간은 솔개가 사무실에 배정하기로 선택하는 시간이다. 근무시간은 독창성을 안고 고용되어 독창성을 발휘해야 할 사람이 행사하는 선택지 가운데 하나다. 다음은 이것을 합리화시키는 문구다: '나는 내가 하는 일의 질로 고용된 것이지, 내가 투입하는 시간의 양이 아니다'"(마아즈, 1982:50). 그들은 집에서 일하면서 수시로 고객을 방문할 수 있기 때

---

207) 창조적 산업=creative industries: 지식 또는 정보와 관계되는 경제활동 기업을 의미하며, 문화적 산업, 창조경제라고도 불린다.

문에, 회사 사무실에서 보내는 시간은 통제수단으로 이용되지 않는다. 그 피면담자는, "집에서는 아무것도 이루어지지 않기 때문에" 집에서 일하기를 피하려고 노력하며, 사무실에서 친구들과 시간 보내기를 더 좋아한다고 말했다.

사무실에서도 게으름피기의 최신 방식을 쓸 기회가 있었다: "우리는 닌텐도 Wii[208])를 사원식당에 장착했으나, 지난 여름은 더웠기 때문에 지금은 거기에 질렸다. 지금 우리는 기타영웅[209])에 빠졌으며 거기에 들어가 서로 경쟁한다." CEO도 비디오게임에 들어가기를 좋아하지만 대체로 너무 바쁘다. 이런 행동방식에 어떤 제한이 있는지, 하루 종일 놀아도 되는지 CEO에 내가 물었다: "글쎄, 상급자인 차장의 꾸지람을 듣는 사람도 나오는 때가 있었지. 상급자는 '제기랄, 우리는 할 일이 너무 많아, 지금 놀면 안 돼.' 그러나 그도 놀고 있는 사람들이 실제로 할 일이 별로 없다는 것을 모르고 있었다. 결국 그는 스트레스만 받았을 것이라고 생각한다."

그는 일하면서 자유를 즐기고 있었지만, 그것을 남용하고 싶지 않다고 말했다. 공노동은 오케이다, 올바르게 쓰기만 한다면:

하루 종일 앉아 서핑할 수도 있다, 그러나 대개는 지루하게 된다. 이럴 경우 일감을 맡기는 것은 회사가 담당할 몫이라고 나는 아직 생각한다. 그러므로 그것은 꾀부리기하는 것이라기보다 할 일이 충분하지 않다는 것에 가깝다. 당신이 생각하는 것과 같이 나도 꾀부리기는 해야 할 일 대신 딴 짓을 하는 것이라고 생각한다.

---

208) 2006년 유럽에 발매된 닌텐도의 가정용 게임 비디오.
209) 기타영웅=Guitar Hero: 2005년 출판된 음악리듬 게임 비디오.

그 피면담자는 우리가 지금까지 "시간 낭비"와 연관시키던 개인적 부정행위와 다른 형태의 공노동 개념에 해당되는 이야기를 스스로 표명했다. 그는 느슨한 분위기를 즐기며 남는 시간을– 블로깅, 사진 편집, 소셜미디어 팔레트 훑기 등으로 채웠지만, 그가 일을 적게 한 또 다른 중요한 이유는 그를 회사가 더 이상 필요로 하지 않았기 때문이었다. 그는 회사의 정신이나 계층에 반대하지 않았으며, 노력교섭은 사용자와 종업원 사이가 아니라 상담자와 고객 사이에서 더 이루어졌다. 이러한 공노동 지원은 면담자료가 허용하는 한 더 추적할 가치가 있었을 것이다. 웹디자이너, 꽃 판매원, 웹 개발자(제4장 참조)의 경우, 그리고 사용자가 공노동을 "눈감아 주는"(고문서 관리자, 청소원, 회계직원 비교) 경우는, "재미"의 진짜 문화를 위한 선행조건을 암시한다: 다시 말하면, 공노동이 "창의성"(창의성이라고는 하지만 생산 규범 언급은 미미하다)을 낳는 비옥한 대지로 장려된다면, 그 선행조건은 제품 값에 추가해서 회사 분위기 값도 흔쾌히 지불할 부유한 고객이 넘쳐나는 것이다. 이것은 "재미" 문화와 밀접하게 연결된 구글과 같은 회사의 독점적 지위를 고려한다면 더욱 분명하게 나타난다. 건물 프로아 사이의 슬라이드장치, 게임룸, "시원한" 수족관, 매달린 그물침대, 그리고 접근이 자유로운 무료식사와 안마사(바켈팸, 2008)로 미디어 주목을 끈 구글 쥬릿히 사무실은, 확실한 낭비의 대표적 사례에 속한다. 베브렌(2008[1899])은 여가계급 속에서 이것을– 우월성과 세련미의 표징이지만 궁극적으로 소비자 착취와 자본의 풍부함에 의존하는 낭비라고 관찰했다.

7-2 집단 꾀부리기, 관리 부정행위, 또는 숨겨진 보상?

잠재적 생산량 문제와 발다무스의 노력교섭으로 다시 돌아가면서, 노력교섭은 "과대책정"과 "과소책정"으로 인하여 빈번하게 불균형이 생긴다는 점을 포함하여, 잠재적 생산량은 노동자가 관리자를 어떻게 잘 속이느냐에 따라 결정되지 않는다는 것을 우리는 알고 있다; 오히려 노동자가 일을 더 원해도 잠재적 생산량은 낮을 수가 있다. 이렇게 되는 이유 중에는 사용자가 고객을 속이기 때문일 수도 있고; 다른 이유는 부서 전체의 뒷받침을 받고 관리자가 사용자를 속이기 때문일 수도 있다. 제4장에서 설명한 웹디자이너의 경우가 좋은 본보기다. 그녀 입장에서 잠재적 생산량이 낮은 것은 그녀의 디자인 기술을 발휘할 일거리가 충분치 않았기 때문이 아니라, 그녀 상사가 요령을 부려 잠재적 프로젝트를 최소로 줄였기 때문이다. 관리자가 포함되어 다른 부서와 상사를 속인다면, 낮은 잠재적 생산량은–개별 종업원이 볼 때– 관리적 부정행위의 결과가 될 수 있다.

아크로이드와 톰프슨이 언급하는 바와 같이: "관리자들이 왜 그렇게 많은 부정행위 문제에 휩싸이는지는 그들 스스로가 여기에 끼어들기 때문이다. 관리자는 자본의 대리인이 될 수도 있고 공적 부문의 조직에서는 명령계통의 일부가 될 수 있다, 그러나 그들도 자신의 목표와 욕구가 있는 개인이다"(아크로이드 및 톰프슨, 1999:80). 그럼에도 불구하고, 칼슨이 지적하는 바에 따르면, "저항에 관한 문헌들은 관리적 부정행위를 무시하는 경우가 많았다, 그리고 관리통제와 노동자 저항을 대비하는 연구에 주력했다"(칼슨, 2012:17). 칼슨의 생각은, 권력 계층 안에서 저항은 위를 향하는 것이 당연한 것으로 각인되어, 권력을 잡고 있는 사람–관리자–는 저항할 수 없다고 상정하기 쉽다. 그러나 그들이 회사전체를 지배하지 않는 한, 관리자들도 누군가의 부하이다. 계층 안에서 승진에 힘을 쏟는 순종적인 예스맨이라면 어려울지 모르지만, 관리자 역시 자아가 될 수 있다. 더욱이 그들은 성공에 필요한 자원과 기회를 더 보유한다.

내가 면담을 통하여 수집한 관리적 부정행위의 정교한 사례가 연구실 조수에서 나왔다. 그녀는, 상사를 포함한 부서 전체가 어떻게 환상적 "팀 정신"을 만들어 공노동의 집단적 방식을 썼는지 이야기했다. 그 속에는 근무시간 중 장시간 토론하는 독서클럽도 포함된다. 그들은 대규모 연구소에서 일했으며 그 연구소는 훨씬 더 큰 공장에 소속되어 있었고, 모두 학위 소유자들이다(그녀는 분자생물학자다). 그들은 전문지식, 고임금, 백색가운을 갖추고 있었지만 일은 아주 단조로웠다고 주장했다. 매일 아침 공장 안에 있는 수도꼭지에서 물 샘플을 채취하여 잘못된 것이 없나 확인하는 것이 주업무였다. 보통 두 시간 걸리는 일이므로 사교활동 시간이 충분히 남는다. 그 회사는 스웨덴 산업의 간판 격이었지만, 그 집단 안에서는 회사와 제품에 대해서 뿐만 아니라 산업 전체에 무엇인가 문제가 있다는 정서가 흐르고 있었다(대표적인 예로 꾸며진 반대). "보안상 이유"로, 작업장은 엄중한 전자감시를 받고 있었다. 연구소에 들어가거나, 점심시간에 나가려면 종업원들은 시간이 기록되는 카드를 찍어야 했다. 그뿐 아니라 다른 부서에 출입하려면 카드를 판독기에 통과시켜야 했으며, 이것은 그들이 공장복합시설 내부 어디에 있는지 인사부가 파악하고 있음을 의미한다(파악한다고 생각했다). 만약 그들이 있어야 할 곳을 벗어나거나 점심시간이 예상 외로 길어진다면, 인사부에 해명해야 한다는 것을 의미한다. 말할 것도 없이, 이런 경우는 거의 일어나지 않았다. 그 부서에서 어떤 일이 벌어지고 있는지에 관하여 인사부서는 캄캄했으며, 감시체계도 협력을 통하여 쉽게 조작될 수 있었다. 점심을 오래 할 경우도 각자 카드를 시리즈로 긁어 넘길 수 있고, 어떤 때는 상사가 카드를 모으고 직원을 집에 보낸 다음 자기가 나갈 때 찍고 다음날 아침 주차장에서 카드를 돌려준다.

이따금, 대개 3주 한번 꼴로 보통 오전에, 연구소 직원들은 "거닐면서 하는 관리" 풍경을 경험하게 된다. 연구소에 들어가 연구소 건물 사이를 통과하려면 카드를 통과시키고 코드를 눌러야 하기 때문에, 통상 종업원들에 준비시간이 주어진다. 연구소 관리자들 사이에도 어느 정도 협력이 이루어져 왔다:

> 요한[감독자]은 연구소 내 다른 감독자들과 절친한 친구와 같은 관계이며 때때로 서로 찾아다닌다. 요한이 나타날 때는 [그들이 온다!]라는 말이 들린다. 그러면 곧바로 작업대로 달려가, 피카 같은 것도 걷어치우고, 흰 가운을 입고 모자를 쓰고 눈보호대를 매고 마스크와 장갑을 착용한다. 우리는 분업형태로 나뉘어 안나는 용기를 받고, 나는 오븐을 지켜보고, 사라는 박테리아 배양균을 읽고 빈 칸에 기록한다. 그러면 요한은 아주 즐거워한다. 그는 이런 일상과 연구진의 상사로서 너무 지친 나머지 때로 모두가 현미경에 매달려 위험한 일을 하는 흉내를 낸다. 연구원들이 '하이 요한!' 하고 말을 걸면, '쉿! 일하는 중이야' 라고 능청을 떤다. 이 광경을 누가 본다면, '저런, 여기는 너무 바빠 말할 틈도 없구나.' 라고 생각할 것이다. 이렇게 그들은 5분여를 보내고 '아무 일도 없었던 것처럼' 평상으로 돌아간다.

그 연구실 조수는 직원들이 겉치레 친절을 피하도록 자기 상사가 조장했다고는 생각하지 않는다고 말했다; 자기 상사는 혼자 일하는 것을 원치 않았으며 보수도 "교육을 고려할 때 좋지 않음을" 알고 있었다. 마아즈가 분류한 일의 형태와 보수의 여러 가지 양식에 따르면, 그 상사는 개인적으로 그 직업의 총보수를 인상했다고(그런 놀이를 즐기는 보수) 말할 수 있을 것이다(마아즈, 1982:7-11). 우리가 일의 보수를 생각할 때(발다무스와 같은 구파 산업사회학을 포함하여), 공식적 보수, 말하자면 임금, 커미션, 초과근무수당 및 고용안정과 같은 것만 챙기는 경향이 있다. 비공식 보수, 예를 들면 특혜, 팁, 덤으로 하는 일, 그리고 불법에 속하는 좀도둑질, 과대청구된 비용, 과대기록된 실적, 과소 삭제, 그밖에 여러 형태의 공노동도 항상 개별 종업원 보수에 영향을 미친다. 노동자와 함께 관리자가 포함되어 공노동이 제도화된 경우, 게으름피기, 집단적 꾀부리기, 관리자 부정행위로 볼 수도 있으며, 접근하는 관점에 따라서는 은폐된 보수로 볼 수도 있다. 그것이 실제로 보수인가 아닌가 하는 것은 종업원이 공노동을 어떻게 경험하느냐에 달렸다.

7-3 권태증후군[210)

우리는 이제 "참고하기"형 공노동을 한 종업원으로 들어간다. 즉, 일에 대한 강한 책임감에도 불구하고 할 일이 적은 사람의 경우다. 이 그룹은 일의 사회학에서 사실상 무시되어 왔다. 이러한 현상의 가장 정교한 분석은 볼초바의 유명한 저서 살아있는 죽은 사람: 단절, 집중력 상실에서 찾을 수 있다[211). 이것은 이미 권두언에서 소개된 것이다. 볼초바는 영국 보험회사에서 직장경험을 오래 쌓고 다른 몇몇 회사에서도 일했다. 살아있는 죽은 사람에서 그는, 잘 알려진 현상 —공노동에 관하여 서술하고 있지만, 보상이 아니라 저주에 가깝다.

---

210) 권태증후군= boreout: 공노동의 원인으로 지목되는 권태에는 반복동작, 단조로움, 무의미성 등이 포함되므로 여기에서 권태증후군으로 옮겼다(P. Werder and P. Rothlin, A new phenomenon at work: Boreout(2007).

211) 살아있는 죽은 사람: 단절, 집중력 상실=The Living Dead: Switched Off, Zoned Out, David Bolchover, 2005, 이 책은, 의욕을 잃고 소외된 샐러리맨이 생각보다 훨씬 많음을 고발한 것이다.

1997에서 2003 사이 나는 정규직으로 고용되었다. 이 6년 동안 내가 사용자를 위하여 해야 할 일이 모두 지금 주어진다면, 그리고 내가 능력을 다 바쳐 열심히 일한다면, 그 모든 일을 6개월 안에 편안하게 완수할 수 있었을 것이다, 월요일에서 금요일까지 9시에서 5시까지 일하면서.

매 고용년도마다 한 달의 일감. 적정한 것으로 보인다(볼초바, 2005:22).

볼초바는 더 도전적인 일을 찾아 몇 번 직장을 바꾸었지만, 직장마다 같은 형태의 조직적 나태를 경험했다. 한 회사는 2년 동안 그를 잊고 있었으며 얼굴을 내밀 필요조차 없었다. 그는 근무시간을 사람들이 공노동 시간에 하는 활동으로 보냈으며, 경영관리 책을 한 권 집필하여 호평을 받았고 재판까지 냈다. 그는 MBA를 따면서 배운 지식을 유용하게 활용할 도전적 일을 아직 원하고 있었다. 어떤 사람에게는 이상적 일이라고 할 수 있는 것도 해가 지나면서 그를 우울하게 만들었다. 그가 맡은 한 회사의 책임 중에는 러시아기업의 자산을 보험에 가입시키는 설득이 들어 있었고 쉽게 확대될 수 있었지만, 아무도 신경쓰지 않았으며 그가 요청을 해도 더 이상 일이 주어지지 않았다. 나태스러운 몇 년이 지난 다음 그런 상황을 은퇴하는 상사와 의논했다:

논리와 커먼센스에 가득찬 대 열변이었으나, 상사의 흐린 눈빛은 크리켓시합을 구경하는 이태리사람처럼 보였고, 나와 회사에 도움이 될 역할을 찾는 심오한 생각을 하려는 사람 같이 보이지 않았다. 그는 머나먼 이국땅에 있었으며, 그의 관심을 햇빛이 내리쪼이는 자기집 빌라에서 돌리는 데 무참하게 실패했다(볼초바, 2005:27).

이때의 "설득 행위"에 실패한 다음, 볼초바는 새 회사를 찾았으나 그곳 일 부담은 더 낮았다. "무위의 끝없는 연속"(볼초바, 2005:24)은 더 생산적인 활동을 위하여 그를 결국 모든 직업에서 떠나게 만들었다. 그는 "하루도 부정직하고 헛되이 보내지 않았음"을 반복하여 지적했다(볼초바, 2005:108). 자신이 "시스템을 속여먹었다"고 믿는 친구들의 말에 솔깃하여 그도 "비열한 자만"에 빠지기도 했지만, 그런 자아는 그의 경우에 해당되지 않았다; "나는 시스템을 속여먹지 않았으며 시스템이 스스로를 속인 것이다"라고 그는 서술했다(볼초바, 2005:23).

물론 볼초바 이야기는 그 황당함에 있어 예외적인 것이지만, [표7-1]에서 보면 같은 문제로 고민하는 또 다른 종업원이 있을 것임을 말해 준다. 필립 로드린 및 피터 베르데르는 볼초바가 말하는 음성적 스트레스를 다른 각도에서 분석한 바 있다. 그들은 권태증후군! 이라는 책으로 세계 언론의 관심을 받았으며, 그들은 "권태증후군"하에서 "종업원은 긴장이 풀리고, 동기요인이 없어 종잡을 수 없는 지루함에 빠진다"고 정의했다(로드린 및 베르데르, 2007:4). 그들에 따르면, 모든 형태의 공노동(종업원이 축이 되어 그것을 주도하고 재생산하더라도)은 결과적으로 권태증후군으로 빠진다: "일하는 것도 안 하는 것도 아닌 상태에 장시간 빠지는 것은 끝없고 무서운 지루함에 이른다. 단순히 바쁘게 일하는 척 가장하는 것은 시간이 지나면서 싫증이 생기며, 무엇보다도 만족감이 생기지 않는다. 도전이 없고, 아무도 인정해주지 않는다"(전게서). 이것은 전적으로 볼초바의 공노동 경험에 따른 것으로, 그가 "최후의 금기"라고 표현하는 것을 우리가 발굴하지 않으면 안 되는 이유다.

결국, 이 대규모의 불활동이 기업과 경제에 미치는 막대한 영향과 관계없이, 그동안의 경험을 종합하면 관련된 개인에게도 틀림없이 파괴적 영향을 미친다. 내가 거기에 있었기 때문에 알게 된 것이다. 정직하게 말하면, 당신도 숨을 쉬고 있는 동안 느끼는 것이 가능 하기 때문에. 죽음같은 무기력을 느낄 수 있을 것이다. 당신에게는 이것이 과장된 연극처럼 들릴까? 그렇다면 다행이다. 당신은 분명히 '살아있는 죽은 사람' 여단의 일원이 결코 아니었기 때문에(볼초바, 2005:7).

"할 일이 남아돌수록 사정은 더 악화되어 일이 이데올로기로 퇴화된다,"고 아도르노가 말한 바 있다(아도르노 및 호크이머에서, 2010[1956]:45). 권태증후군은 개인에 도망칠 틈을 주지 않는 이 강압적 이데올로기에서 나오는 경험이다. 다음 장에서 돌아가려는 미스터리는, 더 일하려는 의욕이 생기면 공노동을 피하기가 왜 그렇게 어렵게 되느냐 하는 것이다-개인에 할당되는 잠재적 생산량이 어떻게 그렇게 낮을 수가 있단 말인가. 다음 부분에서는 이 연구에서 참고하기 해당 피면담자들이 경험한 상황을 검토할 것이다.

7-4 참고하기 설명

마틴 니코라우스가 이런 글을 썼다: "점점 더 소수의 사람이 더 많이 생산하라는 압력을 받는 한 편에서, 점점 더 다수의 사람이 더 적게 생산하라는 압력을 받는다"(니코라우스, 1970:203). 그가 마음에 두고 있는 증가추세의 "잉여계급"은 그들이 생산한 것보다 더 소비하며, 노동의 일반 생산성이 올라갈수록 그들의 노동은 점점 비생산적으로 떨어지는 계급이다- 그러나 자본주의 경제에서 이들의 역할은 과잉생산 위험을 치유하는 데 중요하다. 마르크스가 구분하는 생산적인 일과 비생산적인 일의 애매성으로 인하여 니코라우스 분석은 심각하게 꼬였지만, 그는 잉여계급 개념을 중산계급의 지속적인 증가를 설명하는 데 사용했다. 우리가 아무것도 생산하지 않도록 강제 받고 있는 사람을 연구하고 싶다면, 이들의 노동력은 비생산적이라기보다 그냥 빈 것이다, 계급구조와의 연계는 그렇게 직선적인 것이 아니다.

로드린 및 베르데르에 따르면, 권태증후군은 사무실 진단이므로 모든 직장생활에 적용하기에는 너무 멀다: "농업이나 제조산업에서 일하는 노동자들은 측정 가능한 결과가 요구되므로 권태증후군에 시달리지 않으며 따라서 권태증후군 대책은 필요없다"(로드린 및 베르데르, 2007:85). 그들은 다른 페이지에서 이렇게 말한다: "권태증후군은 일의 피크타임에 임박하여 스트레스를 받는 전문직에서 일어난다, 왜냐하면 그들은 무엇을 해야 할지 헤매며 잡지를 읽거나 인터넷 서핑에 매달리는 시간이 더 많이기 때문이다."(로드린 및 베르데르, 2007:80). 일반화시키기에는 실험적 증거가 부족하다는 사실과는 관계없이, 공노동과 권태증후군은 직업패턴을 고려하는 것이 합리적으로 보인다. 최근의 샐러리. 콤 조사에 따르면, 교육을 더 받은 사람일수록 더 "낭비적" 임이 나타났다. 고등학교 졸업생은 59퍼센트가 매일 공노동을 한다고 응답했으나, 박사학위 소지자는 67퍼센트에 이르고 석사·학사 학위 소지자는 그 중간에 끼었다(구베이어, 2012).

파킨슨법칙 창안자도 되풀이한 – "일은 그것을 수행하는 데 동원할 수 있는 시간에 따라 확대된다"(퍼킨슨, 1957:3)– 의 또 다른 관념은, 돈을 더 벌수록 실제로 적게 일한다는 것이다. 파킨슨에 따르면, 관리자들은 자기 지위를 지키기 위하여 부하를 모아야 하는 구조적 이해관계가 있기 때문이다. 관리자가 더 많은 일을 보좌진에 위양할수록 자신의 일은 줄어든다. 이 전략을 언급한 피면담자가 없기 때문에 평가하기는 어렵지만, 그 결과는 자신의 경력에서 펴 낸 볼초바의 간명한 서술에 적용할 수 있을 것이다.

- 작은 회사(PWS)- 직함 무- 매우 힘든 일- 쥐꼬리 월급
- 더 큰 회사(Minet)- 부장- 더 적은 일- 더 많은 월급
- 훨씬 큰 회사(Humungous)-부사장 보(실제로 딕 체니와 함께)- 사실상 일이 없는 11개월을 포함하여 더 적은 일- 더 많은 월급
- 또 다른 큰 회사(Gargantuan)- 이사- 책 한 권 저술을 빼고 아주 적은 일- 더더욱 많은 월급(볼초바, 2005:31).

고위직 종업원 사이에 사이버 게으름피기가 현저하게 더 빈번하다는 다른 연구 결과를 볼초바의 경력이 거울과 같이 비쳐준다: "특히, 고임금을 받고, 관리직 또는 전문직에 있으며, 더 많은 교육을 받고, 작업장 자율이 허용되는 종업원은 하위계층 사람보다 더 많이 근무시간 중 개인 목적의 온라인에 빠진다"(가렛트 및 단찌거, 2008:291). 내가 면담하게 된 전직 전무이사도 계층이 올라갈수록 노동은 공허하게 된다는 논리를 지지했다. 그 여성은 갑자기 해임되어 스웨덴에서 "'코끼리' 무덤"이라고 불리는 위치에 밀려났다. 여기는, 전직 행정부 고위관료가 유배되어 보수 전액을 받으며 다음 인사를 기다리는 곳이다(그런 일은 일어나지 않는다). 월 $21,000 상당의 보수를 받고 있는 그 여성을 내가 만났을 때, 두 시간의 운동을 막 끝내고 있었다. 그 여성의 해임에 앞선 언론의 소용돌이에도 불구하고, 이 희귀한 '참고하기' 공노동 사례에서는 수치심이나 후회의 흔적이 보이지 않았다: "그녀는 충격에서 반응으로 진전하고, 그 반응은 이런 것이다: 그래 기다리자, 내가 무엇을 잘못했는가? 그러고 나면

문제가 있는 것은 내가 아님을 깨닫게 될 것이다. 문제는 다른 누군가에 있다."프라다안경을 끼고 롤렉스시계를 찬 이 여성은, 내가 면담한 사람 가운데 공적이라고는 할 수 없지만, 공개적으로 공노동을 실행한 유일한 사람이다. 그 여성은 이것을 일이라고 보지 않았으며, 법적 도덕적 권리가 있는 그 여성의 신분특권 중 하나였다.

공노동의 특수한 경우를 무시하면, 소득과의 관계는 분명하지 않다. [표7-2]에 나타난 핀란드 서베이 결과에 따르면, 소득 €40,001에서 60,000 사이 사람들은 이보다 더 받거나 적게 받는 사람들보다 공노동이 상당수준 적었다. 이것이 무엇을 의미하는지는 말하기 어렵다;[212] 내가 제언하고 싶은 것은 전통적으로 노조가 결성된 같은 산업 안에서 기술해체가 만연되었지만, 소득과 불투명성 사이에 직접관계는 없다는 것이다.

[표7-2] 총소득에 따른 하루 공노동 시간

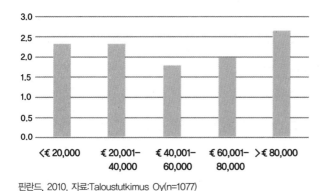

핀란드, 2010. 자료:Taloustutkimus Oy(n=1077)

---

212) 소득 €40,001- 60,000 사이는 아래로 두 계층 위로 한 계층의 중앙에 해당되며, 동료 간에 승진기회를 경쟁하는 계층이다. 이것은 맡은 일에 전념하는 계층도 있음을 말한다.

이것은 낮은 잠재적 생산량에 대한 의문을 제기한다. 먼저, 참고하기 공노동의 경우라 할지라도 어떤 일감이 수행할 가치가 있고 어떤 일감이 그렇지 않은지 개인적 판단이 있어야 한다는 점이 강조되어야 한다. 창고의 한 "지배인보"(스웨덴식 직함으로 접수, 경비, 판매 담당에 주어진 호칭)는 "컨디션이 좋지 않을 때"에만, 길어야 반시간 또는 잠시 공노동을 즐긴다고 말했다: "어떤 날은 고객을 기다리며 우두커니 서 있는다, 고객이 와야 할 일이 생기므로 밖으로 나가다시피 하여 고객을 유인한다. 누가 찾는다면 무엇인가를 하고 싶던 때이었기 때문에 그를 기다리게 두지 않는다." 종업원들은 한가한 시간에 청소하고, 쓰레기를 비우고, 상점을 정돈하라고 지시받는다. 문제는 아무것도 할 일이 없는 날이다: "오전 중에 모두 청소를 끝마쳤다면, 오후에는 아무것도 할 것이 없는 몇 시간이 나온다." 피면담자들도 알고 있지만, "아무것도 없다"는 것은 "할 가치있는 일이 없는 것"을 의미한다– 종업원 사이에 평가가 다를 수 있지만. 그들은 항상 짝을 지어 일한다, 면담 당시에 함께 일했던 동료는, 아무것도 없음을 다르게 판단했다.

내가 지금 함께 일하는 동료는 할 일이 없으면 따분하다고 생각한다, 그래서 달려가 청소하고 윤내고 그리고 어슬렁거린다. 그러나 나는 그렇게 하는 것이 싫다. 생각하면 터무니 없이 무의미한 것이다.[213] 윤내기 위해서 윤내는 것. 이미 윤이 나고 있다면 말이다? 청소는 임상적으로 깨끗해야 하는 것은 아니다, 바닥에 먼지가 있다면 말이 다르다는 뜻이다...우리는 한 주일에 한 번 물걸레질을 하므로

---

213) 저자가 말하는 일의 무의미성 속에는 ① 이미 청결한 곳을 다시 청소하는 무의미성 ② 새 의자에 페인트칠하는 무의미성 ③ 단조롭고 자극이 없는 일의 무의미성 ④ 성공과 동떨어진 일의 무의미성 ⑤ 인생의 무의미성 등이 혼재하고 있다.

몇 번씩 할 필요가 없다.

우리는 꾀부리기 행적과 특히 무의미한 과외노동이라고 깎아내리는 것 사이의 이유붙이기 차이를 인정한다-대체로 청소와 행정에 관계되는 것이지만. 유일한 차이점은 참고하기 공노동을 하는 종업원은 더 강한 일 책임감을 가지고 있다는 점이다- 그들은 일하기를 원한다, 그렇다 하더라도 하고 있는 일의 의미를 생각하지 않을 수 없다. 노동자들 말에 따르면, 관리자들은 공노동 존재를 잘 알고 있으며 어느 정도 그것을 수용하고 있다-"한 십오 분 정도 서핑하는 것은 그럴 수 있다"- 그러나 그 전모를 파악하고 있는 것 같지는 않다. 월급과 비교할 때 꽤 큰 뭉치돈 보너스 프로그램이 있었다, 아마도 종업원들의 창의성을 자극하기 위하여 설계된 것으로 보아지만 별로 도움이 되지 못했으며 지목한 웹페이지를 막지도 못했다: "나는 단지 시간을 때우기 위하여 느리게 일할 수는 없다. 이런 경우, 우리에게 일을 더 배정하는 것은 오히려 관리자에 달린 것이라고 나는 생각한다."

종업원 스스로 이름붙인 바와 같이, 이런 형태의 "비자발적 꾀부리기"는 종업원을 무기력하게 만들기 때문에 특히 당혹스러운 것이다. 이것은 참고하기 공노동 피면담자 모두가 공유하는 느낌이다. 제4장에서 언급한 바와 같이, 공노동은 사람의 감각을 무디게 하는 효과가 나올 수 있기 때문에 공노동을 경험한 사람은 일할 기회가 오더라도 실제로 몸바치기 어렵게 만든다. 로드린 및 베르데르는(2007:39-46) 이것을 "권태의 역설"이라고 부르며 이것이 일어나는 단계는 서로 다르다. 경력이 시작되는 출발점에서 당신은 스트레스에 겁먹으며 그것이 주로 일에서 오는 것이라고 도전한다. 그리고 취업을 하고 나면, 소문과 같은 스트레스뭉치가 아님을 곧 깨닫게 된다. 당신은 현실을 있는 그대로 받아들이기를 배우고 일 더 받기를 피하는 적절한 메시지를 보낸다. 결국, 무서운 권태가 당신의 일하는 시간뿐만 아니라 생활 전체를 독으로 마취시킨다고 로드린과 베르데르는 말한다. 이렇게 되면 무기력으로 말미암아 이런 상황을 유지한다는 역설이 나온다. 이것은 공노동이 나쁜 것이 아니라는 인상을 주어 왔기 때문에 거기에서 다른 결과가 나오리라는 것을 몰랐을 것이며, 오히려 공노동행위에 만족했기 때문일 것이다.

로드린과 베르데르가 요점을 지적했다고 할 수 있지만, 왜 사람들이 공노동을 감내하는가에 대한 설명에서는 필요 이상으로 공노동 현상을 개인화시킨다. 때로는 노동과정이 나태를 불가피한 것으로 만든다. 여러 사람들이 토의해 온 전형적 사례는 자동화된 생산과정을 지켜보는 일을 하는 작업진행 감시 노동자였다(고르즈, 1989,2003). 이와 비슷한 감시작업은 기술적으로 공노동에 해당되지 않는다— 여기에서 노동자는, 깨어있는 상태가 바로 보상 대상이므로, 이들이 공노동 축에 들려면 잠을 자거나 작업장을 벗어나야 된다. 여기에서, 현직에 있는 동안 너무 스트레스를 받아 체중이 크게 증가했다는 전직 생산과정 감시노동자와 내가 나눈 회고담을 이야기하는 것이 좋겠다. "나는 지긋지긋한 권태로움에 빠져 나의 마지막 수단은 먹는 것이었다. 전자레인지에 덮인 피자, 러시아 파스트리. 내가 더 오래 거기 있었다면 배만 거대하게 불어났을 것이다. 이것이 거기 있는 사람들의 실상이다."

공노동에 관계되는 이야기를 더 한다면, 우리는 이미 상담사나 단기고용 또는 프로젝트 고용의 경우를 알고 있다. 이들도 약정된 일을 해야 하지만 제한된 시간은 연장될 수 있으며, 이 때 일이 공노동의 유인요소가 되는 것이다. 여기에서는, 근무시간을 될 수 있는대로 늘리는 것이 경제적 이익이 된다. 이 것은 내가 한 은행원을 면담했을 때 더 분명해졌다. 그는 하루에 반시간이나 또는 십오 분 이상 걸리지 않는 프로젝트 책임을 맡고 있었다. 그가 말한 것은 "일감 없는 근무시간이 길어지면 상대적으로 권태감이 닥치며 갑자기 무엇인 가를 하게 된다. 일의 참다운 의미는, 당신이 적절한 양의 일을 계속할 경우가 아니라 전연 딴 방법으로 갑자기 느끼게 된다. 왜냐하면, 그동안 일 아닌 것이 정상화되어 왔기 때문이다." 그러나 그가 문제점을 상급자에 말하기를 주저 한 것은 그것이 유일한 이유가 아니다.

내가 그를 면담했을 때 그는 새로 구성된 프로젝트에서 정규직으로 일 년 가 까이 일하면서 첫 여름을 보내고 있었다. 그의 주 업무는 본사 재정상담역에 주요 고객을 보내고 그 결과를 보고하는 것이었다:

그것은 좋은 설정이었다, 기껏해야 하루 고객이 셋 또는 넷이라는 것을 제외하 면... 나는 하루 7시간의 일과 중에서 반시간 정도의 효과적인 일을 한다. 그러므 로 죽은 시간이 굉장히 나온다.

질문자 〉 재미있는데요!

아니요, 아주 따분할 뿐입니다.

로드린 및 베르데르가 지적한 권태증후군 과정을 그 은행원이 확인했다: "말하자면, 할 일이 아무것도 없다는 것은 아주 좋은 것이다, 그러나 일주일만 그렇게 지내면 지치기 시작한다. 그러면 권태에 갇혀 있는 대신 무엇인가를 하게 될 것이다." 그의 경우 업무량 계산착오는 상급자의 기술적 지식 부족에서 연유한 것 같다: "내가 깨달은 것은 상급자들이 엑셀214)에 어둡다는 것이다. 그래서 그들이 장시간 끄는 내용을 나는 즉각 해치울 수 있다." 프로젝트를 주도한 그의 상급자들은 다른 사무실에 있었기 때문에 그는 현지 관리자에 할 일을 더 달라고 요청했다. "그러나 내 생각에는 현지 관리자가 사태를 추스리기에는 시간이 정말 없을 것 같다. 그들은 그저 '그래 어떻게 되겠지' 하는 식으로 보였다, 참다못하여 다음 날 이메일을 띄워 '내가 할 일을 찾았나요?' 라고 물었으나, '그래, 내일 오후까지 해결하지' 라는 답을 했다.'"

이 사례는 의사소통이 반드시 해법에 이르지 못한다는 것을 명확하게 보여주는 것이다. 그 은행원이 전력을 바칠만한 충분한 일감이 없다는 것은 분명하다. 그렇기는 하지만, 바쁘게 일하는 동료를 보면 죄책감을 느끼게 되어 그가 무엇을 하는지 아무도 볼 수 없는 사무실 구석으로 그는 물러났다. "내가 적은 일을 하면서 엄청나게 많은 일을 하는 동료와 같은 월급을 받으면 내가 그들을 착취한다는 생각에 빠지게 되는 당혹스러운 상황을 피하고 싶었다." 고용계약을 연장하는 미팅에서 그는 자기의 강제된 나태 이야기를 했다. 할 일을 더 얻어냈는가? 아니다. 고용계약 연장 면담에서 그는 하루 세 시간 근무 조건으로 고용되었다, 노동법이 하루 세 시간 미만 고용은 허용하지 않기 때문이라는 설명이었다. 그는 몇 가지 새 프로젝트를 주도했으나, 아직 하루 반

---

214) Excel=사무실에서 이용하는 마이크로소프트사 소프트웨어 이름.

시간 조금 넘게 일한다.

여가계급이론에서 베브렌은, 19세기를 통하여 새로 등장한 중산층 사람들이, 자기들도 일을 해야 한다는 부끄러운 사실을 숨기기 위하여 부인과 하인들에 '존경받는' 놀이215)를 어떻게 시켰는지 묘사하고 있다. 오늘날, 일은 명예의 새로운 훈장이 되었다. 조나단 게르슈니가 말한대로, "지금은 지배계층이 돈 벌기 위하여 일한다. 경쟁의 원리가 작용하여, 사회적 지위의 우월성을 과시하고 싶어하는 사람들은 나태를 들어내려고 하지 않는다- 그러나 산업사회는 분명하다(게르슈니, 2009:42). 1980s부터 오늘날까지, 영국, 미국, 캐나다, 그리고 오스트라리아에서는 유급 그리고 무급 일이 꾸준히 증가했다(게르슈니, 2011; 쇼르, 1991). 이와 같은 도덕기준의 변화로, 지금은 바쁘게 움직여 나태를 숨겨야 하는 것은 놀라운 것이 아니다. 이 장에서는, 비자발적인 형태의 나태가 어떻게 일어나는지 검토했다.

낮은 잠재적 생산량은 일감이 없음을 책임있는 관리자에 이야기하지 않은 종업원 문제라고 말한 멘덴 시장의 견해는, 공노동을 개인화하고 꾀부리기와 따라하기로 축소시키는 작용을 한다(다베이트, 2005; 로드린 및 베르데르, 2007; 비비엔 및 톰프슨, 2005 참조). 로드린 및 베르데르는 이 점에 있어서 아주 분명하다: "개인의 책임이 핵심 역할을 한다" 그리고 "행동해야 하는 것은 종업원 개인이다," 라고 그들은 말한다(로드린 및 베르데르, 2007:102). 그러면서 회사가 "종업원을 잘 대우하고 자기책임을 인식하지 못하거나 일부만 인식하는 사람을 도와야 한

---

215) 존경받는 놀이=honorific idleness: 귀족계급이 하인계급에 '대리여가(vicarious leisure)'를 베푸는 부분 (4-3 '게으름피기') 참조.

다"는 점을 인정한다(로드린 및 베르데르, 2007:103).

공노동을 피하지 못하고 해야 할 때가 있는 이유에는 사용자-종업원의 특별한 관계를 초월하는 요소가 있음을 강조하고 싶다. 불투명성(측정 가능성을 포함하여)이 참고하기와 게으름피기 양쪽에서 핵심 역할을 한다. 즉, 불투명성은 노동자가 능동적으로 만든 것이 아니라 일감 안에 내재하는 것이다. 종업원의 일 책임감이 강하고 약한 것을 떠나 습관화도 중요한 요소로 보인다. 경우에 따라서는, 종업원이 자기 상황을 상급관리자에 이야기하면 참고하기 공노동 문제는 제거될 수 있을 것이다. 그러나, 참고하기 공노동을 하는 당사자가 일 책임감을 낮추려고 힘써야 한다고 머리를 굴리는 사람도 있을 것이다. 참고하기에 분류될 수 있는 공노동 경험자를 면담하면서 내가 충격을 받은 것은, 그들이 공노동시간 중에 할 대체활동을 찾는데 무력했다는 점이다. 그들은 개인적으로 솔선력이 부족한 것을 괴로워하는 것으로 보였다. 내가 여기에서 말하는 솔선력은, 시간을 죽이기 위하여 다시 무의미한 일감을 만드는 그런 것이 아니라, 의미있는 활동 또는 "일감"을 찾아내는 솔선력이다- 그런 일감이 회사에 기여할 것인가 아닌가는 별개로 하고.

로드린 및 베르데르는 그 반대를 우려하고 있다: "일이 이들 종업원에 전연 재미가 없다면 어떻게 되겠는가? 그저 똑같은 것을 더 주는 것은 그들을 행복하게 만들지 못한다(로드린 및 베르데르, 2007:109). 그러므로 관리자들은 "일에 의미를 부여하는 데 도움이 되는 다른 요소에 신경써야 한다"라고 주장한다(로드린 및 베르데르, 2007:115). 그렇지만 종업원들의 재미를 끌지도 못하는 것에 왜 "의미를 부여하는가?" 아무리 우스꽝스럽더라도 모든 형태의 활동에 의미를 붙일 수 있다는 생각이, 우리가 일의 본질을 제치고 일의 조직을 문제삼는 이유의 핵심이다.[216] 공노동의 다양한 형태가 혼란스러워, 로드린 및 베르데르는 공노동 "문제"에 확실한 해법을 내지 않는다. 꾀부리기와 게으름피기의 경우, 헌신을 유발하는 기법을 찾는 노력은 관리적 시각에서 가치가 있을 것이다. 반대로 노동자 시각에 맞추어 참고하기 공노동에 집중하면, 인생(생활)에서 일보다 더 의미있는 다른 활동을 실현하는 것이 보다 절실한 이슈로 보인다.

참고하기 공노동의 신비를 설명하는 다른 요소는 자본주의식 근로계약에 내재하는 비효율성이다. 우리는 생산한 결과가 아니라 시간으로 보상받기 때문에, 시간은 생산적 활동으로서의 "일"을 흐리게 만드는 성질을 띠게 된다. 사무실에서 상급자와 함께 긴 시간을 보내고, 주말에 일하고, 저녁 늦게 업무관련 이메일을 보내는 것은 헌신하는 증표가 된다. 노동과정의 불투명성이 너무 심각하여 이들 증표가 종업원의 업적을 평가하는 유일한 척도가 된다면, 이 증표는 곧 공노동 모습으로 변질되기 쉽다―처음에는 공노동에 따라갈 만

---

216) 일의 본질과 조직에 관한 저자의 생각과 다른 사례가 있다: 미국 정신과의사인 H.C.카틀러는 십대에 오렌지주스공장에 첫 취업하여, 컨베어벨트를 타고 오는 오렌지주스 상자를 화물운반대에 옮기는 일을 맡았다. 1시간도 되기 전에 끝없이 굴러떨어지는 상자가 지겹고 지루했다. 컨베어벨트 반대편에서 일하는 동료작업자는 한 시간 동안이나 말이 없다 나온 첫마디가 '이 일은 사람의 진을 뺀다!' 였다. 자기 이름도 밝히지 않은 그는 슬금슬금 꾀를 피워 소년 카틀러가 상자를 더 날라야 했다. 첫날은 하루가 한없이 길게 느껴졌다.

다음날 무뚝뚝한 동료작업자와 교대하여 나이가 많은 칼이 왔으며, 그는 열성과 힘에 넘쳐 일을 했다. 동작경제 원칙을 이용하여 리듬을 타고 상자를 운반했으며 마치 직업운동선수가 연습하는 것과 같이 즐거워 보였다. 그는 동료와 함께 일하는 것을 즐겼으며 옛동료들의 신상을 훤히 알고 이야기했다. 그는 하루에 오렌지주스가 얼마나 생산되고 어디로 팔려나가는가에 대해서도 알려고 했으며, 때로는 '조심해라. o.j. 표시가 있는 상자는 왕실 요트에 직송되어 외교관들의 보드카 칵테일에 쓰일 것이다.' 이것은 카틀러가 30년 전 경험을 서술한 것이다(H.C. Cutler, The Art of Happiness at Work, 2003). 여기에서 일의 본질과 작업장 조직은, 저자가 의도하는 공노동 정당화 구실과 동행하지 않는다.

한 것 같지만 점차 권태로 변한다. 종업원이 자신의 우월성을 인정받는 데 기울고 그 행진이 길어질수록, 일을 더 배정받거나 사실대로 말하기가 점점 어려워진다. 의사소통은 심대한 위험성 감수를 의미한다. 상급자에게 실망을 주는 것은 일자리를 위태롭게 할 수 있으며, 할 일이 실제로 더 있다는 보장도 없다. 당신의 일이 파트타임 근로계약으로 후퇴되거나 심지어 감원대상에 오를 위험은 항상 도사리고 있다.

다음 장에서는 작업장저항과 자아성으로 돌아간다. 이미 본 바와 같이, 일정한 형태의 작업장 부정행위 뒤에 있는 개인적 동기는 크게 다를 수 있다. 종업원이 공노동을 어떻게 정의하고 또는 인식하는가, 공노동이 저항의 한 수단인가 그리고 저들이 저항한다고 말하는 그것인가 하는 것은 자아성의 전체개념을 복잡하게 만든다. 이제 우리는 저항의 개념에 대해서도 같은 말을 할 수 있다는 것을 안다(그에 관한 주관적 시각에서 분리하여). 칼슨이 정의한 대로, 만일 저항이 "근로계약에 들어있지 않은 무엇인가를 작업장에서 생각하고 행동하는 것이라면, 그리고 행동하고 생각하는 것이 조직계층의 상부를 겨냥한다면," 그 의미가 고도의 다면적 개념에서 유래했음을 인정해야 한다. 비능률 또는 "시간낭비"를 공개적으로 촉구하는 사용자는 없겠지만, 자기회사 종업원이 끊임없이 할 일을 더 요구했음을 알면 당혹할 것이다. 당신의 근로계약에 들어있지 않은 것을 행동하고 생각하는 것은 보편적인 것이 아니며, 공식적 규칙에 따라야 하는 것도 아니다. 조직계층의 상부를 겨냥하는 것도, 측근 상급자가 부정행위를 꾸밀 경우에는 아주 불투명할 수 있다. 분자생물학자와 웹 개발자(제4장 참조)와 같은 게으름피기 공노동행위도 저항이었을까, 아니면 상급자에 일을 더 요구하는 것이 더 강한 반대행위로 비쳤을까? 조직의 전반적인 도덕성이 공노동을 될 수 있는대로 줄이려는 것이라 할지라도, 단위부서 전체가 반대되는 규범에 지배되는 경우도 나올 수 있다. 최소의 투입과 최고의 산출을 의미하는 최대효율 합리주의는, 우리가 생각하는 것과 같이 자본주의 생산에서 지배적인 합리주의가 아니다, 그렇다면 어떤 의미에서 시간훔치기를 공노동이라고 볼 수 있는가?

[1]애석하게도, Salary.com은 "시간낭비"에 해당되는 이들 이유를 다시 조사하지 않았다. 2012부터의 조사에서, 대부분 응답자들은 "충분한 도전이 없다"(35퍼센트), "장시간 노동" 34퍼센트, "인센티브가 없다" 32퍼센트, "만족하지 않는다" 30퍼센트, "지루하다" 23퍼센트로 나타났다. 물론, "충분한 도전이 없다" 그리고 "지루하다"는 할 일이 충분하지 않다에 가깝다(구베이어, 2012 참조).

결합된 저항?

제2장에서 언급한 일 사회학 내부의 자아 부정하기 경향은 본 연구와 기타 연구를 통하여 잘못이 증명되고 있다. 종업원들은 상상할 수 있는 방법을 다 동원하여 일에 저항한다. 여기에서 나는, 오늘날 노동 국면과의 관계에서 저항을- 시간훔치기 방법이라고 설명했다. 그렇다면 공노동을 정말로 "저항"이라고 부를 수 있겠는가? 그렇게 부른다면 장기적 안목에서 어떤 차이가 있는가? 이것이 지금 조직부정행위 논담을 지배하는 두 질문이다. 우리는 종업원들이 부정행위하는 것을 안다, 그렇다고 그것이 부정행위 이상인가, 일상적 사소한 것 이상인가? 권력이 상징성을 넘어 정말로 도전받는가, 만일 그렇다면, 잠재적이라 할지라도, 그 투쟁이 구조적 변화로 이어질 것인가? 이 질문은 공노동 연구에 아주 적절한 것이다. 이미 본 바와 같이, 사람들은 여러 이유로 시간을 훔친다. 그 가운데 일부는 어느 정도 집단적 의미의 자아에 속한다; 시간을 훔칠 때 그들은 대부분 자기생활의 주인이 되려는 시도를 한다. 다른 일부에게는, 공노동이 자아성 문제가 아니라 이미 낭비적인 조직에 적응하는 것이다. 이들 공노동 형태가 모두 저항인가, 아니라

면, 그저 비정상일 뿐인가 또는 어떤 유형의 합리성과 결합된 것인가? 공노동의 결합 가능성에 대해서는 앞에서 언급이 있었지만, 여기에서는 앞 장에서 설명한 공노동 형태별로 검토할 것이다.

조스린 홀랜더 및 래첼 아인보너(2004:544)는 저항의 형태 차이를 구분하는 가치있는 형태론을 제안했다. 그들의 첫 번째 자아 국면은 그동안 내가 밝히려고 힘써 온 것으로, 행위자가 그 행위를 저항으로 의도한 것인가의 여부이다. 이것은 투렌, 특히 스콧트가 강조한 것이기도 하다. 여기에서, 그 행위를 저항상대(말하자면 관리자 또는 사용자) 또는 외부 관찰자가 저항으로 인정하였는가라는 의문이 생길 것이다. 이것은 우리에게 저항의 대인관계 국면을 제기한다. 예를 들자면, 그 저항이 행위자만 저항이라고 인정하는 것이라면 "시도된 저항"이라고 말할 수 있을 것이다. 다시 말하면 의미있는 변화를 초래하지 못한 저항이 된다는 뜻이다. 만약 그 저항을 저항상대인 사용자 또는 관찰자만 저항이라고 인정했다면, 각각 "대상-인정" 또는 "외부-인정" 저항이라고 말할 수 있을 것이다. 홀랜더 및 아인보너 모형에 추가하여, 그 저항행위를 상대인 사용자가 위협으로 받아들였는가의 여부도 따질 수 있을 것이다. 예를 들면, 회사에는 공노동을 규제하는 공식 규칙이 있을 것이며 그것을 공식적으로 부정행위로 돌릴 수 있지만, 실제는 그것이 기업에 현실적 위협이 아님을 관리자가 알고 있다는 뜻이다.

근년에, 이 작업장저항의 대인관계 국면이 제2장 및 3장에서 검토한 자아 이슈를 흐려놓았다. 작업장 자아를 부인하는 대신(이에 반대되는 증거가 지금은 넘쳐난다), 많은 학자들은 조직행동론 분야의 기능주의217)방향으로 선회하고 있다(발디 및 바이쯔, 2004:9-12 참조). 기능주의 입장을 결합한 논리는 다음과 같이 요약할 수 있다: 저항의 특수한 행위는 실제에 있어 전혀 저항이 아니다; 그것은 기업의 합리성/일의 세계/자본주의 속에 결합되었으며, 더 나아가 저항의 상대인 바로 그 시스템을 재생산한다. 이런 의미에서, 투렌의 자아는 분해되어 두 개의 반쪽이 되었다: (1)행위자가 되려는 것 (2) 분리되어 떨어져 나온 것. 우리는 우리 자신이 자아라고 아직 경험한다, 그러나 확립된 권력구조에 실제로 저항한다는 의미에서 행위자가 아니다.

안타깝게도, 결합에 관한 논담은 극도의 일반화와 동행하는 경향이 있다. 예를 들면, 낮은 잠재적 생산량 환경 아래에서 자신을 "헐값에 팔아넘기기"를 거부하는 나머지 "시간훔치기"하는 사람은(게으름피기하는 사람의 경우) 어느 정도 자신을 속이는 것이다, 그렇다고 모든 형태의 공노동을 관리에 동조하는 행위의 눈속임라고 말할 수 있는가? 결합 논담이 빠지기 쉬운 추상성을 재생산하는 대신 나는 여기에서 논의를 구체화시키고자 한다. 독자들이 이미 아는 바와 같이, 공노동이 때로 결합된다고 생각하는 것은 합당한 것이다, 그러나 더 구체화시키기 위해서는 우리 자신에 물어볼 필요가 있다: 어느 형태의 공노동인가 그리고 어느 형태의 결합인가?

나는 공노동에 특별히 적합한 결합 논담이 셋 있다고 말하고 싶다. 셋은 각각 일정한 형태의 합리성에서 나온다. 바바라 토운리는 이성의 태만(2008) 속에서

---

217) 기능주의=functionalism:철학에서 기능주의는, 생각, 욕구, 고통 등 정신적 상태는 내부요소에 의존하지 않고, 감각적 자극, 행동 등 인과적 관계에 의하여 결정된다는 입장을 말한다. 여기에서는 작업장저항을 '자아' 의 작품으로 보지 않는 환경을 말한다.

조직이론에 자주 나오는 여러 형태의 합리성을 열거한다. 저자는 뿌리가 없는, 형태를 갖춘, 뿌리가 깊은 세 종류의 합리성을 구분했다.[218] 뿌리가 없는 합리성은 신고전경제학과 관계가 깊으며 베버의 관료주의 개념에서도 나타난다. 근대 노동자를 기계의 부속품으로 보는 주장에 길을 닦아 준(제2장 참조) 베버의 평가를 정리하면, "합리적 계산...그것은 노동자 개개인을 기계의 톱니 하나로 축소하며, 이런 시각을 자신에 비추어 보면, 어떻게 작은 톱니에서 큰 것으로 전환시킬 것인가를 묻게 된다"(베버, 1978[1922]:1ix)는 것이다. 뿌리가 없는 합리성은 개인과 사회기구에서 떨어져 독자적으로 작용하는 것 같이 보인다; 그것은 외부적 힘이 되어 우리가 원하건 아니건 우리를 톱니로 축소한다. 위에서 언급한 두 번째 부분도 형태를 갖춘 합리성 개념을 요약한다, 즉, 노동자의 몸, 감정, 그리고 "불합리한" 잠재의식을 결합하는 합리성이다(타운리, 2008:159ff 참조). 이런 형태의 합리성은 경제적 또는 사회적 시각에서 합리적인 것이 아닐 수도 있다; 그 기본적 기능은 현존하는 지배권력 구조를 수용함으로써 그것을 재생산하게 될 노동자를 생산하는 것이다. 베버도 역시 형태를 갖춘 합리성 개념과 공조했다는 점은 일부 조직이론가들도 알고 있는 것이다. 베버의 관료주의 이론은 조직이 작동하는 설명서가 아니다; 베버는 상이한 "경제조직의 형태"를 제시했으며(베버, 1978[1922]:74-75 참조) 그 속에는, 사회적으로 형성된 합리성을 받아들여 더 뿌리가 깊은 조직형태가 있다는 것이다. 산업사회학이 나오기 전부터 그는 노동자들이 어떻게 관리되어 왔는가를 설명했다: 노동자들은 "최고 효율"과 같은 출처불명의 합리성에 의하여 길들

---

218) 이성의 태만= Reason's Neglect: Rationality and Organizing(2008): 이성과 합리성은 중요하지만 좁게 해석되어 왔다며, 재탐구하면서 합리성을 ① 뿌리가 없는(disembedded) ② 뿌리가 깊은(embedded) ③ 형태를 갖춘(embodied) 것으로 구분한다.

여겨 왔을 뿐만 아니라, 성과급제(스베드베르그, 2003:92 참조) 조작을 통해서도 길들여졌다. 생산은 일정한 패턴에 따르는 경영과 노동자의 경쟁 결과이며 그것은 뿌리가 깊은 합리성의 대표적 사례다.

이 장에서는 공노동과 관계되는 결합 논담 셋을 검토하고자 한다; 각각 합리성의 한 형태를 안고 나온 것이다. 수익형 결합은 뿌리가 없는 합리성 개념에 바탕을 두고 있다, 더 정확하게 말하면, 전연 비합리적으로 보이는 조직현상이 사실은 장기적으로 더 생산적이라는 아이디어를 말한다. 정신적 결합은 형태를 갖춘 합리성 개념에서 나온다. 여기에서 저항의 조직상 형태(시간훔치기와 같은)는 더 심각한 반대로부터 권력을 보호하는 정신적 안전밸브가 된다. 시뮬레이션 결합은 뿌리가 깊은 합리성 개념에 바탕을 두고 있다. 이에 따르면, 교육시뮬레이션, 생산시뮬레이션, 저항시뮬레이션 등 산업자본주의 주요 기구의 시뮬레이션이 그 실체의 가치를 뛰어넘는 단계에 자본주의가 진입했다. 그러면 일의 시뮬레이션은 포괄적인 시뮬레이션의 합리성에 흡수될 것이다.

세 가지 결합 논의는 모두 공노동 설명 안에서 고려되어야 한다고 말하고 싶다. 그러나 어떤 형태의 공노동을 말하는가에 주의를 기울여야 한다. 즉, 공노동을 경험적 이슈로 다루고 추상적 동의어 반복에 빠지지 말아야 한다는 것이다. 나의 경험적 자료가 이들 논점을 전적으로 부정하거나 또는 입증할 수 없음을 나는 안다– 실제로, 이것은 단일 연구에서 수집할 수 있는 것보다 더 많은 것을 필요로 한다. 이 장에서 나의 욕심은, 앞에서 발전시킨 형태를 분석적으로 사용하는 시범을 보이고 공노동에 대한 새로운 접근의 문을 여는 것이다.

8-1 수익형 결합

경영학의 주류에 속하는 이론가들은 공노동이 개인과 조직에 어떻게 유익할 수 있는가를 지적하는 사려깊은 시기가 있었다. 공노동이 내포하는 생산성과 "원가" 손실 우려를 떠나서(사용자 입장), 다베이트는 공노동이 "개인의 생활영역 사이에서 균형을 잡아주거나 그 경계선을 넘나들게" 만든다고 말했으며(다베이트, 2005:1013), 결과적으로 "개인적 행위가 조직에 항상 부정적 의미를 남기는 것은 아니라고 했다"(다베이트, 2005:1027).'같은 의미로, 가렛트 및 단찌거도 사이버 게으름피기 연구에서 "긍정적"의미의 결론을 남겼다:

> 예를 들면, 부모가 회사 컴퓨터에서 어린 자녀를 빠르고 쉽게 체크하거나 가사를 효율적으로 관리할 수 있다면, 그들은 걱정을 덜고 자리를 뜨는 경우가 줄어들 것이다. 그리고 잠시의 낮잠이 정신활동에 생기를 준다는 것이 입증되어 온 것과 같이, 혼자놀이에 잠시 빠지는 것, 친구에 단신보내기, 그 날의 온라인 거래 검색, 또는 스포츠기록 체크 등이 개개인의 일과 생산성에 활기를 줄지도 모른다(가렛트 및 단찌거, 2008:291).

공노동이 종업원의 "정신적 에너지를 회복시킨다"는 생각은 보통으로 하는 것이다; 사이버게으름피기 활동이 정보교환망 만들기와 피알의 일부이기 때문에 생산성을 증가시킨다는 것은 미디어 강론에서 들었을 것이다. 이렇게 일반화하는 것은, 모든 종업원은 충실한 노동자이며, 그들은 오직 장기 생산성만 내다본다는 가정 위에서 성립되는 것이다. 다른 말로 표현하면, 그들은 모든 형태의 공노동을 따라하기로 축소하는 것이다.

우리가 따라하기에 집중한다 하더라도 공노동이 어떻게 회사에 유익할 수 있는가는 분명하지 않다. 증명된 사실은 없지만, 피면담자 대부분이 직장에서 소셜 미디어를 사용했어도 일과 관련된 정보망을 세우기 위한 것이었다고 말한 사람은 하나도 없었다. 만약 그런 사람이 있다 하더라도, 그 정보망이 공노동 원가("회사 돈"이라는 개념으로)를 얼마나 보상했는지 경제적 가치를 추산하기는 어렵다. 비슷하게, 일 부담과 가족생활 기능을 균형잡는 수단으로서의 공노동은 어느 국면에서 설득력 있는 해명으로 보이며, 공노동이 가정과 관련된 부담감을 해소시키는 공간을 만든다는 주장도 일부 피면담자가 표명했다. 그러나 이것이 그들의 시간훔치기 주목적이었다고 말한 사람은 없다. 여러 이유로 여성은 남성보다 가사문제로 더 부담을 안고 있기 때문에, 만약 가족과 일의 균형이 시간훔치기의 중심 이유라면, 이것이 여성에 반영되어 남성보다 더 시간훔치기를 할 것이라고 생각할 수 있다. 그러나 제6장에서 설명한 바와 같이, 어떤 공노동 조사도 이것을 지적하는 것이 없다- 어느 쪽이냐 하면, 남성이 일반적으로 여성보다 더 많은 시간을 훔친다.

이 연구에서 따라하기 공노동 성향의 종업원 사이에서는, 정보망 구축하기와 일-가족 균형잡기는 다른 관심-건강하게 사는 것에 눌려 지워졌다. 그들은 서로 다른 사회복지기관 사무실에 근무하고 있었지만, 두 사회복지사가 공노동의 합리성을 설명한 이야기는 거의 동일했다.

일을 너무 많이 하는 사람이나 안 하는 사람이나 병에 걸린다는 것을 우리는 알고 있으며, 앓는 것은 작업장으로 볼 때 더욱 해로운 것이다. 당신이 대역을 쓰지 않고 누군가를 돌볼 수 있으면 그것이 유익한 것이다. 그것은 말할 필요도 없음을 우리는 안다. 왜 그런지도 안다. 누군가 제대로 일하지 않는 사람이 있다고 의심하지 않는다. 오전과 오후 피카휴식에서, 모두 얼굴이 보이는지 관심이 많다. 오후 다섯 시가 되면 당신은 누군가를 당신편에 붙이려고 한다. 그러면 근무시간이 끝난다. 늦게까지 일하는 것은 좋지 않다.

이 여성은 관리자 자리에 있으며 상황을 수다스럽게 설명한다는 평을 받고 있지만, 피카휴식 시간에 모두 나와야 하는 것, 정시에 퇴근하는 것, 사이버 게으름피기를 하건 안 하건 아무도 개의치 않는다는 것에 관하여는 다른 사회복지사와 생각이 같았다. 그 여성은 "내 부서에서 몇 사람이 장기 병가 중이며 나도 그랬다, 부서조직이 작았기 때문에 스트레스를 너무 받아 모두 앓게 되는 것이 오히려 문제다"라고 말했다. 너무 많이 일하는 것은 이렇게 공노동보다 생산성에 더 큰 위협이라고 인식되고 있다. 나중에 면담한 사람은 공노동으로 소비한 시간에 기분전환 국면이 있다고 말했다: "그대로 편안하게 앉아 있으면 반응이 느껴지고 하는 일에도 새로운 전망이 보인다." 여기에서 의문이 일어난다, 이것이 따라하기 공노동의 중요한 양상인가 또는 "합리화시키는" 수단인가. 정말로 당신은 하루 두 시간 이와 같은 방법의 기분전환이 필요한가, 아니면 일 책임감이 높은 사람이 시간을 훔치는 다른 국면이 있는가? "그 위에, 팀원들과 잘 어울리고 긴장을 풀고 재미도 본다는 것을 사용자도 느낄 수 있다. 우리가 잘 지내면 직장을 떠나지 않을 것이며, 그래서 나는 편하게 지내면서 보수를 받는 것이 왜 좋은지 항상 논리를 찾는다,"고 사회복지사가 말했다.

행복한 노동자가 더 생산적이라는 생각은 문헌과 공노동의 일반적 관점 속에 뿌리를 내리고 있다. 최근의 Salary.com 조사에 따르면, 응답자 71퍼센트가 공노동이 생산성을 위하여 "유익하다"고 믿는다는 대답을 했다: 보고서는 "근무시간 중에 페이스북이나 트위터에 접속하고 잠시의 공백시간을 갖는 것은, 종업원을 규제로 묶어두는 것보다 실제로 더 생산적이라고 믿는다는 응답을 했다"고 전한다(구베이어, 2012). 이 이론은 타운젠트(2004)의 재미있는 한 편의 비교문화기술학 논문에서도 확인되었다. 타운젠트는 공노동에 대한 관리자 태도가 첨예하게 다른 두 수상스포츠센터를 비교했다. "리틀풀즈"에서는 비오는 날 고객이 적을 경우 종업원들이 능동적으로 쉬도록 배려했다. 반대로, 관리자와 종업원 모두에 만족하지 않는 "콩글로머리트 레저" 경영진은, "쉬는 시간이 있으면 청소하는 시간도 있다"라는 표어만 반복했다(타운젠트, 2004:54). 나의 면담자 다수가 증언한 바에 따르면, 그 표어는 쉬는 시간을 모두 청소로 채우라는 뜻이다.

타운젠트는, 리틀풀 종업원들이 내가 앞서 언급한 "책임지는 자율"을 발전시킨 것을 관찰했다. 말하자면, 시간훔치기가 언제는 "괜찮고"(사용자 입장에서) 언제는 안 되는가에 관한 감잡기를 뜻한다: "느슨하게 일하는 시간과 수준에는 회사가 수용할 수 있는 한계가 있다는 것을 종업원이 알고 있는 곳에서 발달한 문화"라는 뜻이다(타운젠트, 2004:51). 센터에 인파가 넘치고 할 일이 많을 경우에는, 종업원들은 조직을 위하여 자기들 건강과 안전을 건다. 반대로 한가한 동안에는 그들은 허식 없이 물러난다(이것은 아주 예외적이라고 보아야 할 것이다). 콩글로머리트 레저의 관리자와 종업원들은 오히려 "무책임한 자율"에 빠져 있다. 그들은 가능한대로 꾀부리기에 들어간다 — 관리자들은 점심 먹는 데 세 시간이나 걸리고 노동자들은 될 수 있는대로 적게 일하려고 한다. 도둑질과 착복이 관행화되어 널리 퍼졌고, 그 총액은 상당한 것이다. 타운젠트에 따르면, 이 결과가 가리키는 것은, "공식적이고 관료적 구조는 저항문화 발발에 기여한" 반면(타운젠트, 2004:57) 공노동 허용은 기업의 전체적 생산성을 위하여 유익했음을 말한다는 것이다.

이것이 내가 수익형 결합이라고 부르는 것의 요체다, "기능장애"같이 보이는 행위가 사실은 기능적이고–"전체로 볼 때"– 또 부정행위에 대한 더 관용적인 (Y이론) 태도가(외관상) 기업에 도움이 될 수 있다는 아이디어를 말한다. 다시 말하지만, 이 이론은 내가 여기에서 수집할 수 있었던 것보다 더 많은 자료를 필요로 하고, 아마도 타운젠트가 수집한 것보다도 더 많아야 할 것이다. 한 여성 판매원은, 그녀가 친구와 함께 옷가게에 앉아 공개적으로 일은 하지 않고 수다를 떨고 있을 때 받은 세평은: "세월이 좋군요, 재미있어 보이네요. 지금 즐기는 것을 보면 여기 근무하는 것이 행운이네요"였다. 그러나"그것을 재미로 보지 않는 사람도 있을 것이며 그가 밖에 나가면 화를 냈을지도 모른다, 내가 다 알 수는 없다"라는 반향을 보였다.

이것은 수익형 결합 연구의 어려움을 포착한 것이다. 옷가게에서 있었던 "편안한 분위기"의 득과 실을 어떻게 측정할 수 있는가? 근무시간 중에 일어나는 정보교환활동의 경제적 가치를 어떻게 측정할 수 있겠는가? 누구나 아는 것이지만 사회적 네트워킹의 효과는 고도의 전후관계를 안고 있기 때문에, 동일한 사람이 같은 일을 하면서 네트워킹을 할 때와 안 할 때를 비교하지 않으면 안 된다. 그러나 그것은 불가능한 작업이다. 다른 말로 표현하면, 이러한 관념은 사실관계에 바탕을 둔 것이 아니며 제시되는 증거도 없고 경솔한 면까지 있다. 예를 들면, 리틀풀즈 종업원들이 책을 읽는 대신 강박적으로 청소를 했다면 실제로 덜 생산적이었을까? 어떻게 그것을 알 수 있을까? 앞으로 알게 되지만, 동일한 수수께끼가 모든 결합 논담에서 나타난다.

8-2 정신적 결합

이제 꾸며진 반대에서 동기를 얻고 꾀부리기 공노동을 하는 경우로 돌아가자. 다시 말하면, 개별기업보다 더 거대한 구조를 성토하는 정치적 주장에 바탕을 두는 경우를 말한다. 공노동이, 노동자와는 관계없이 낮은 잠재적 생산량에서 나오는 경우가 있고, 무지한 관리자에서 나오는 경우도 있고, 순전히 낭비성에서 나오는 경우도 있다는 것을 전제로 할 때; 또한 공노동을 적당하게 허용하면 전적으로 금지하기보다 기업에 더 유익하다는 것을 전제로 한다면─ 공노동을 저항이라고 취급하는 것이 본질적 의미에서 정말로 합리적인가? 자기가 하는 모든 일에서 언제나 꾀부리기에 최선을 다하는 일용인부의 경우를 보자. 그에게, 꾀부리기는 사회가 먼저 빼앗아 간 것을 몰래 훔쳐내는 방법이다. 그가 나에게 한 이야기는 옛날로 거슬러 올라가며, 이미 어렸을 때 그는 가족과 관계되는 정치적 이슈에 얽혀 있었다:

나의 어머니는 내가 출생한 이래 건강보험을 타고 있다. 이야기에 따르면 등 부상 때문이라고 한다. 처음에는 어머니가 가난에 시달리고 있었기 때문에 심리적인 것이라고 생각한 때도 있었으며 그것을 뒷받침하는 다른 증후도 많았다. 그러나 결국 모든 증상이 등 부상에서 온 것으로 낙착되었다. 어머니는 아직 질병 보험금으로 살아간다, 한 달에 칠천[스톡호름에서 간신히 아파트 임차료 지불할 정도].

아버지가 없어 안정된 수입이 나오지 않는 이 남자는, 분명히 꾀부리기를 자극할만한 분노가 있었다. 그러나 꾀부리기가 그의 운명에 떨어진 불공정에 저항하는 것이라고 어떤 방법으로 설명할 수 있는가? 그것은 별수 없는 개인적 위로에 지나지 않았는가, 겨우 부스러기나 훔치면서 제도를 우롱한다는 기분?

한편, 제2장에서 검토한 자아 부정하기 이론은 다른 종류의 저항연구가 나오면서 점차 줄어들고 있으며, 오늘날 비판적 작업장 연구[219]에서 비관적인 경향은 저항을 적응이라고 간주하는 것이다. 다음은 마이어가 요약하는 논담이다:

> 제도를 바꾸려고 시도하거나 제도에 반대하는 것은 소용없다, 왜냐하면 그것은 제도를 강화할 뿐이기 때문이다; 도전은 제도의 존재를 더욱 요새화시킨다. 물론, '병가(病暇) 신청하기' 또는 '너의 일이 너를 훔치므로 너의 일을 훔쳐라' 등과 같은 무정부주의자들의 구호를 채택하며 만족할 수도 있다. 이런 것은 재미에 불과하고, 반란으로 시작한 육십년대 저항운동의 전술을 보라. 그들이 지금 어떻게 되었는지 우리는 알고 있다: 지금 그들 은 당신들의 보스다(마이어, 2006:134).

공노동저항이 오늘날과 같이 유형화되지 않았던 시기에는, 이런 논담이 산업사회학 특히 노동과정이론의 주변을 오랫동안 맴돌았다. 톰 루프튼(1963)은 일찍이, 농땡이와 꾀부리기가 노동자의 상대적 만족감을 줄 수 있으며 그것이

---

219) 비판적 작업장 연구: 3-1 저항으로서의 자아성, 각주 109) 참조.

산업의 더 큰 폐해 가능성을 감소시킨다고 강조했다. 로울리 테일러 및 폴 월튼(1971)은 이 무장해제 양상을 그들의 "공리주의적 사보타지" 개념 속에 넣었다: 승인받지 않은 시간 까먹기 활동은 욕구불만을 감소시킬 수 있고 그래서 노동과정의 효율을 높일 수 있다. 이런 종류의 사보타지는 어떤 정치적 의식을 꼭 수반하는 것은 아니며 오히려 있는 그대로의 노동을 참고 하려는 의지이다. 이 논담에서 가장 정교한 사례는 부라보이가 그의 저서 생산 동의에서 보여주었다.220)

부라보이의 얼라이드주식회사 현장연구는(이 현장은 우연하게도 로이가 전에 연구한 현장과 동일하다는 것이 밝혀졌다)221) 정확하게 왜 "노동자들은 열심히 일하는가"에 조준되었다. 전형적인 두 설명(물질적 보상을 보고 열심히 일한다, 또는 생애에 걸친 사회화, 그리고 가족, 학교, 매스미디어 등 외부 제도가 심은 내재화된 신념 때문에)을 거부하고 그가 탐구한 것은 역설적으로 "기준채우기222) 게임"을 분석하는 것이었으며 다음과 같이 설명한다:

기준채우기 게임은, 작업조직에서 일어나는 생산활동과 사회관계를 평가하는 틀을 제공한다. 우리는 기준채우기가 단계의 연속으로 성립되는 것을 관찰할 수 있

---

220) 부라보이의 생산 동의=Manufacturing Consent: Changes in Labor Process Under Monopoly Capitalism, Micjael Burawoy, 1979: 이 연구는 마르크시스트의 노동과정이론과 문화기술학을 결합한 것으로 ① 왜 노동자는 열심히 일하는가 ② 왜 노동자는 자신의 착취에 일상적으로 동의하는가에 조준되었다.

221) 로이(D. Roy)는 기계공작회사 기능공으로 들어가 노동자와 생활하면서 연구한 성과급제를 1959년 Banana Time 제목으로 발표했다. 바나나타임은 로우랜드의 공노동 개념으로 승화되고 있으며, 30년 후 부라보이가 같은 현장에서 연구한 것이다.

222) 기준채우기=making out; 성과급제에서 작업성과를 조작적으로 채워나가는 상황을 의미한다.

으며-기계 운전자와 작업조건을 규제하는 객체가 부딪치는 것을 관찰할 수 있다. 게임 규칙은 외부에서 부과된 관계의 틀이라고 경험된다. 기준채우기 기술은, 한 단계에서 다음 단계로 될 수 있는대로 빨리 나가기 위하여 이들 관계를 조작하는 것이다(부라보이, 1979:51).

이런 방법으로 기준채우기를 일단 마치고 나면, 로이가 먼저 설명한 대로 공노동을 즐길 수 있다. 성과급제를 속이는 것과 관련된 이런저런 게임은 노동자의 공격성에 대한 심리적 안전밸브를 구성한다고 부라보이는 말한다. 상대적 만족 몇 가지를 보면, 피로 감소, 시간 걱정 해소, 기준채우기 성공에서 오는 사회적 보상 그리고 기준채우기에 실패했을 경우에 오는 수치심 회피 등이 있다. 이 게임은 디톤이 말하는 권태 딜레마도 해결한다, 왜냐하면 심리적 투자가 없을 경우, 지나친 일 안하기는 심한 권태에 빠지기 때문이다(디톤, 1977:61). 게임을 하면 시간이 빨리 지나간다. 부라보이는 이들 기분전환의 확실성을 의심하지 않으며, 노력교섭에서 노동자 측이 챙길 수 있는 진짜 이득도 있다. 문제는 그런 노력교섭 자체를 문제삼지 않게 된다는 점이다. 부라보이에 따르면, 진짜투쟁 또는 "이념적 투쟁"은 "노력교섭의 형태에 관한 것이 아니라 바로 노력에 대한 보상개념이"되어야 하기 때문이다(1979:177). 노동자들은 기준채우기를 하는 동안 계급과 관계되는 이익을 좀 챙기겠지만, 계급사회를 뛰어넘는 급진적 욕구는 충족되지 않고 남을 것이며 오히려 "제도를 때려눕힌다"는 눈속임 감정으로 가로막힐 것이다. 독점자본주의 밑에서 필요노동의 기계화는 가장 중요한 잉여가치 창출수단이 되어 노동과정 강화를 앞서기 때문에, 근원적인 억압은 인식되지 않는다. 자본가는 노동자들의 기준채우기로 잃는 한두 시간의 경제적 손실을 감당할 수 있으며, 나아가 자기들의 주목적, 말하자면 잉여가치를 확보하고 숨기는 데 성공한다. 여기에서 부라보이는 노동과정이론의 통제와 저항 개념을 갑자기 변경한다: "강제는 어떤 고용관계라도 응당 그 뒤에 항상 존재한다, 그러나 게임을 세우는 것은 능동적 협력과 동의가 넘치는 조건을 제공한다"(1979:83).

성과급제도는 서구 직장생활에 널리 보급된 것이 아니므로, 기준채우기 게임은 오늘날 특별한 것이 아니다. 제5장에서 본 바와 같이, 시뮬레이션은 일반화되었지만, 그 원칙은 오늘날 전후관계가 더 얽혀있다. 시뮬레이션에는 일정한 의견일치를 수반하는 것이 사실이다. 집단행동을 조직하거나 거기에 참가하는 것을 공개적으로 반대하는 것은 감시를 피하려는 사람에게 비생산적일 수밖에 없다. 한 세관 관리에 따르면, 그의 동료 대부분은 "느슨하게 일하는 것, 집에서와 같은 짓을 할 수 있으면서 돈을 버는 것에 매우 만족한다." 그러나 거기에서 한 단계만 더 나가면 심각한 결과가 나온다: "바로 며칠 전 문을 통과하는 차 검색을 거부하고 해고된 고참 직원이 있다. 직원들이 사무실에 들어와 왜 그랬느냐고 묻자: '당신은 당신 일을 하고 나는 내 일을 한다.' 고 대답했다. 그렇게 말하지만 그도 나와 마찬가지로, 저녁에는 주로 영화를 본다."

성공적인 시간훔치기는 공개리에 반항적으로 할 수 없다. 제5장에서 예시한 대로, 무엇을 해서는 안 되고 할 수 있는 것은 무엇인지 알고 있어야 한다. 그 요체는 일에 의심을 품거나 피하는 것이 아니라 그것을 시뮬레이션하는 것이다. 공노동은 시스템에 역행하거나 시스템 밖에 있는 것이 아니라 안에 있는 것이다. 그러므로 실행에 옮기는 사람은 그 규칙을 완전하게 숙지해야 하고,

그러면서 마음속으로는 그것을 경멸하는 것이다. 많은 이가 언급한대로, 이런 유형의 부정행위는 냉소를 필요로 한다. 냉소 분석이 매우 널리 퍼졌기 때문에(특히 비판적 경영학자 사이에) 조직부정행위 안의 새로운 장르라고 말하는 사람까지 있다; 다른 사람의 냉소에 관하여 냉소적으로 서술하는 냉소 장르라고 말할 수 있다.[223] 이 장르에는 나 자신도 기여했지만, 핵심 이슈는 저항에 따르는 경제적 결과가 어떤 것이냐가 아니라, 종업원들이 일의 이데올로기에 사로잡힌 상태에서 자기들 마음을 해방시킬 수 있는가의 여부에 있다(포올슨, 2010:21ff), 여기에서 비판이론의 전통적 이슈 속에 뿌리박힌 허위의식에 되돌아가게 된다(제2장 참조).

이 장르에 관하여 서술하는 학자들은 얼마나 상이한 게임이 나오고 재생산되었는가 보다는, 조직문화가 어떻게 무해한 형태의 반항성을 품어주느냐, 그리고 종업원이 소위 "스베크형 얼치기행동을[224]"따라함으로써 자기 자신을 어떻게 속이고 있는지에 더 신경을 쓴다. 이 때 스베크형 얼치기행동은, "상급자(때로는 동료까지)도 속수무책으로 '눈치채지 못하는' 예민한 형태의 위반행위"를 말한다(프레밍 및 시웰, 2002:859). 초기의 사례에 쿤다의(1992) 정보기술회사 연구가 있다. 여기에서 그는 멋대로 떠도는 풍자와 냉소가 관리명령을 도덕

---

223) 냉소=cynicism: 희랍철학에 뿌리를 둔 냉소주의는, 오늘날 전통적 윤리나 가치관을 불신하고 사회를 백안시하는 태도로 이해된다. 노동자저항과 공노동 연구가 활발해지면서 종업원의 부정행위를 냉소적 측면에서 다루는 장르까지 생긴 것을 말한다. 착취 논리를 모르면서 일하는 노동자를 표현한 마르크스의 말 "they do not know it, but they are doing it"에서 ① 눈감고 따라간다는 의미의 이데올로기 개념이 생겼고 ② 노동자의 생각에 초점을 맞추면 허위의식이 되며 ③ 속이고 속는 상황에 초점을 맞추면 냉소주의 개념이 나온다. 결국 ideology-false consciousness-cynicism은 모두 자본주의 생산양식을 비판하는 프랑크푸르트 학파의 수사적 소재가 되었다.

224) 스베크형 얼치기행동=Svejkian transgressions: 3-3 각주 136) 착한 병사 스베크 참조.

적으로 평가하고 배척하는 비판능력을 어떻게 손상시켰는지 관찰하였다. 만일 우리가 이미 작업장 환경에 대한 도덕적 거리감을 품고 있었다면, 냉소는 단순히 관심을 끊는 불행한 결과가 될 수 있다. 그 요지는 이런 것이다: 자율적인 자신을 찾아 애쓰는 것 즉, 스스로 행동과 거리를 두려는 의식은 이데올로기적으로 변한다. 왜냐하면, 그런 의식이 작용하여 환상에 불과한 순수한 데카르트형 자아[225) 관념이 살아나 우리에 위안을 주기 때문이다. "자본주의가 존속하는 것은 이 비판적 의식 풍조에도 불구하고가 아니라 그 때문이다"라는 관념은(체르데르스트룀 및 프레밍, 2012:29) 우리를 푸코 유형의 논담으로 거슬러 올라가게 만든다. 그 논담 이후 갑자기 저항에 관심이 커졌으며, 지금은 기능주의[226) 논리가 비틀어 모든 형태의 작업장저항이 공허하게 보인다.²프레밍 및 스파이서가 말하는 바와 같이 "우리가 느끼는 진정한 의문은, 작업장 정체성에 관한 이와 같은 관리적 사고[227)와 결합될 수 없는 저항이 어떤 종류인가 하는 것이다(프레밍 및 스파이서, 2008:304). 콘투에 따르면, 작업장저항은 "자유자본주의 입장에서 볼 때 내재적 범죄행위"를 구성하며, 왜 "권력과 저항의 상호결합이 상극적인가"를 예시한다(콘투, 2008:367). 저자 콘투가 표현하는 "이 빠진 저항[228)"은, 그녀의 말뜻을 진지하게 받아들일 때 "아편 같은 저항"이라고 불러야 할 것 같다. 저항은 대중의 새로운 아편이다, 저항은 "꿩 먹고 알도 먹는" 길이다, 또는 저자가 반사적으로 표명한 것과 같이: 저항은 "우리의(사회학계 구성원과 같은) 예민한 환상"을 유지하는 길이다, "그렇다, '작업장' (우리 자신의 것

---

225) 데카르트형 자아=Cartesian ego: '나는 생각한다. 고로 나는 존재한다' 는 데카르트의 단순하고 순수한 자아를 의미한다.

226) 기능주의=functionalism: 8장 결합된 저항, 각주 217) 참조.

227) 여기에서 말하는 '관리적 사고' 는, 공노동이 종업원의 정신 안정에 기여한다는 유형의 주장을 말한다.

228) 이 빠진 저항=decaf resistance:커피에서 카페인을 뺐다는 뜻의 decaf는 '이 빠진' 호랑이 비유와 같다.

을 포함하여)은 조용한 곳이 아니다"(콘투, 2008:370).[3]

저항 이미지는 놀랍기도 하고 관심을 끄는 힘도 있다: "자기들은 차게바라 티
셔츠를 입고 공적 계층조직을 거부하기 때문에 자본주의 외부에 산다고 생각
하는 "자유분방한 부르주아"(프레밍, 2009:85)의 디자인 대행업체들이, 실제 행동
에 있어서는 일에 전적으로 동화된다. 이론적으로, 이러한 자기기만은 시간
훔치기 공노동의 경우에도 나타날 수 있으며 게으름피기를 하는 종업원 사이
에서도 별로 다르지 않을 것이다. 자기기만은, 광범한 경력자료와 주관적 개
입을 차단하는 관찰자의 분석 자세- 이 두 가지가 없으면 연구하기 어렵기
때문에, 나의 면담조사에 해당되는지 말하기 어렵다. 그러나, 시간훔치기를
하면서 서로 협력한 실험실 종업원들은 사실상 자신들을 속이고 있었다고 말
해도 좋을 것이다; 말하자면, 임노동 제도 내부에서 일에 저항하지 말고, 투
쟁적으로 "일 거부"에 나서야 했었다는 뜻이다(프레밍, 2009:155). 웹 개발자가 컴
퓨터게임을 즐기고 주말이면 사무실에서 금요맥주파티 여는 것을 냉소적으
로 보는 것까지는 쉬운 것이다. 그러나 웹 개발자가 "이 곳에 직접 상하계층
은 없다" 그리고 "아무든지 누구에게나 어떤 말이라도 할 수 있다, 그래서 분
위기가 좋다"와 같은 의심스러운 의견을 상대성을 고려하지 않고 진술했지만
이해하기 어렵다- 예를 들면, 요즈음 직장생활이 어떠한가라는 문제와 관련
하여, 아무도 "일주일에 2~3 시간 이상" 일하지 않는다는 솔라나스[229]의 "자
동화 사회"(솔라나스, 1967:5) 이야기를 하지 않는다.

---

229) 솔라나스: 3-3 발레리 솔라나스, 각주 134) 참조.

더욱이, 조직부정행위와 냉소를 동렬에 놓는 것, 그리고 조직부정행위가 본심에서 나오고 깊이 생각한 결과라는 생각은 의심스럽게 보인다. 제6장에서 본 바와 같이, 꾀부리기 공노동을 하는 모두가 정치적 거대담론에서 자극받는 것은 아니다. 일부(카피라이터, 집표원)는 특별히 저항하는 상대가 없으며 단지 일을 안 하려고 한다는 것을 분명히 밝혔다. 앞에 언급한 비정규직 노동자와 같은 경우는, 시간훔치기할 때 정치국면을 고려하지만 실제로는 전통적 행동주의 양식에 더 따랐다(예를 들면, 그는 2001년 구텐부르크 EU정상회의 기간 중 폭동에 참가했다). 부정행위의 동기가 꾸며진 반대에서 나왔다 하더라도 그 사람이 공노동을 크게 즐길 것이라고 말할 근거가 없다. 카피라이터의 경우, 공노동이 실제로는 다른 형태의 저항으로 채워졌다(그 여성은 근무시간을 블로그 쓰기, 쪽지 프린트하기 등으로 보냈다).

정신적 결합이 공노동이나 기타 부정행위에서 일어날 수도 있지만, 이런 논담은 너무 일반적이고 유형나누기에 치우쳤다는 약점이 있다. 결합에 관한 논담이 새로운 이론적 외관을 갖추고 다시 등장하기 전, 부라보이 주장은 다음과 같은 점에서 호되게 비판받았다(예를 들면, 클로우손 및 판타지아, 1983; 에드윈드, 1986; 가트먼, 1983; 로시그노 및 호드슨, 2004; 톰프슨,1983): 즉, 일방적인 구조주의[230] 접근이라는 점, 변증법적 추론이 결여되었다는 점, 그리고 외부관계를 떠나 노동과정에 동의가 있었다고 가정하는 점. 변증법적 추론 문제에 대해서는 단 클로우손 및 리차드 판타지아가 다음과 같이 평했다: "부라보이는 반복하여 작업장의 어떤 특징을 거론하며 그것이 시스템을 강화한다고 주장한다. 그러

---

230) 구조주의(structuralism): 2장 작업장의 권력, 각주 42) 참조

나 그것은 노동자의 진취적 잠재력의 증거임이 일반적으로 확인되어 온 것이다. 어떤 현상이 동시에 두 작용을 한다는 것을 그가 모르는 것 같다, 어떤 사물은 그 자체일 수도 있고 그 반대일 수도 있다"(1983:676).[4]

오늘날의 냉소적 냉소 비판에 관하여서도 똑같은 말을 할 수 있다. 포울 윌리스(1981)가 노동자 학습[231]에서 말한 바와 같이, 냉소적 젊은이는 순진한 체제신봉자보다 일 사회에 쉽게 동화될 수 있다(체제신봉자는 실망하기 쉬우며 잡음을 낸다). 냉소적 사고는 적은 기대를 의미하며, 만일 당신이 "체제를 우롱했다"고 느끼게 되면, 눈에 보이는 학대를 더 참게 될지도 모른다. 이미 본 바와 같이, 공노동의 어떤 사례는 분명히 "진정시키는" 효과가 있기 때문에 일의 "근본적" 압력에 "동의하는 것"이라고 말할 수 있을 것이다. 따라하기 공노동 사례에서 보면(제4장 참조), 그 원리를 해석하는 데 심리필터[232]가 필요 없다. 공노동을 맛보기만 해도 "자유의 느낌이 온다," 또는 "내 시간을 내가 관리한다는 느낌"이 온다는 휴가담당관 말은, 공노동이 무엇인가를 느끼게 한다는 진지성이 보이지만, 이것은 당신이 실제로 당신 시간의 주인일 경우의 진짜 자유와 다른 것이다. 일 책임감이 낮은 사람들 사이에는, 일 안하기와 직접반대(제6장 참조)의 경우 동기용어가 가득하다는 주장이 있다. 즉, 회사에 몰래 복수하는 수단으로 일에서 뺑소니치든가 또는 꾀부리기를 한다는 오기에 찬 만족감이 나

---

231) 노동자 학습=Learning To Labor: How Working Class Kids Get Working Class Jobs, Paul Willis, 1977: 영국 중부지역 해머타운에서 현장조사(ethnography)를 통하여 노동계급 2세도 노동자가 되는 과정을 밝힌 문제작이다.

232) 심리필터=Žižekian filter: 사람이 무한한 정보자료를 식별하여 의사결정을 할 수 있는 것은 의식 내부에서 필터작용을 거치기 때문이라는 슬로베니아 태생 마르크시스트 철학자 Slavoj Žižek(1949년생, 뉴욕대학 교수) 주장을 의미한다.

온다는 것이다. 그러나, 전적인 헌신이 더 반대행위를 이끌게 된다는 이유는 생각하기 어렵다. 그리고, 냉소적 사고에 대한 냉소적 비판도 종업원의 반대 행위가 무엇을 수반하게 되는지에는 놀랍게 과묵하다.

저항이 "때묻지 않은 놀라운 자유 행위"(콘투, 2008:374)에서 나오고 그 저항이 "권력관계 집중을 가로막는 실제 행위"(콘투, 2008:376)가 된다면, 그것은 사회혁명 바로 그것과 같다고 할 수 있을 것이다. 따라서 콘투 자신의 입으로도: 자본주의 사회 틀 안에서는 "실제 행위인 저항은 불가능하다"고 말했다. 이것은 다음과 같은 연결고리를 고려하면 이해가 된다. 즉, 조건 없는 기본 소득, 식당 확장, 생산성 증가에 비례한 근무시간 단축 등 주장은 일 비판에서 나오지만, 결국 구조 변화로 연결되는 것이다. 프레밍에 따르면, 진짜 저항은 일을 거부하는 것이다;[233] 사회적 공장[234]의 보편화와 "교활한 자본주의 신풍조[235] 앞에서 정치적 전략에 활로를 제공하는 유일한 접근방법은 일에서의 해방"이다(2009:164).[236] 그러나 어떤 사람은 "일에서의 해방" 주장은 일 비평가들이 그

---

233) 일 거부=refusal of work: 공노동도 일을 거부하는 유형에 속하지만, 공개적으로 '일' 거부를 촉구하는 정치적 과격파가 있다. 미국의 무정부주의자 블랙은 세계의 모든 불행이 '일'에서 온다며 일을 없애라는 에세이를 써 유명하며(Bob Black, The Abolition of Work, 1985), 이태리의 자치파 마르크시스트인 안토니오 네그리(Antonio Negri)는 '일 거부'를 혁명 잠재성이 있는 정치적 행위로 본다.

234) 사회적 공장=social factory: '사회적 공장' 개념은 이태리 자치파 마르크시스트 마리오 트론티(Mario Tronti)가 먼저 제시했고 안토니오 네그리는 '담장없는 공장'이란 표현을 썼다. 모두 자본주의가 발달하면서 보호받지 못하는 비정규성 노동이 다방면에서 증가하여 사회전체가 공장이 되었다며 계급투쟁에 대신하는 개인의 자치적 투쟁을 제시했다(자치파 마르크시즘).

235) 자본주의 신풍조=new spirit of capitalism: Luc Boltanski and Eve Ciapello, The New Spirit of Capitalism(1999), 사회주의자인 저자들은 1970s 이후의 자본주의 변화를 분석하면서, 계층화된 포디즘형 작업구조를 포기하고, 종업원 주도의 자율적인 일을 바탕으로 하는 새로운 네트워크형 조직을 개발했다며 이것을 '교활한 자본주의 신풍조'라고 냉소한다.

동안 제시해온 것과 매우 다르다고 느낄 것이다. 여기에서 안토니오 그람시 (1988:94)[237]의 다음 말에 솔깃해진다 즉, "노동조합은 그 관료주의적 형태로 인하여 일어나지 않는 계급전쟁을 방지하는 역할을 한다." 그러면서 그는 왜 공장위원회[238]가 공동체 조직의 우월한 형태에 속하는지 논리를 제공했다. 한편, 가장 유명한 스라보즈 지젝크의 냉소적 냉소주의 비판은 구체적 대안이나 정치적 개혁에는 거의 언급이 없다(더 균형잡힌 분석은 프레밍 및 스파이서, 2003,2007 참조).

여기의 순수한 부정(否定)이 들어내는 것은 냉소주의 비판자들이 말하는 냉소보다 더 기만적인 냉소가 될 수 있다는 것이다. 지젝크의 이데올로기 개념 재구성에서, 냉소가 핵심 역할을 한다. 지젝크에 따르면, "허위의식"[239] 형태 속에는 이데올로기가 없고 이슈만 있다; 그 이론에 따르면, 반대는 있을 수 있지만, 이 반대는 내부에서 스스로 이데올로기로 변한다는 것이다: "오늘날, 우리는 이데올로기를 '정말로 믿지' 않는다고 머릿속으로 생각만 한다– 이와 같이 머릿속에서 거리가 벌어졌지만, 우리는 그것을 반복한다"(지젝크, 2009:3). 우리가 보는 것은 "게몽된 허위의식"의 확장이다: 사람들은 그 허위성을 잘 안다, 사람들은 이데올로기의 보편성 뒤에 숨겨진 특수 이해관계를 충분히 지

---

236) 런던대교수 P. Fleming은 여기 인용된 저서(Authenticity and the Cultural Politics of Work)에서 ① 오늘날 조직에서 개인적인 진정한 자율(외부압력에 영향받지 않는 실존주의적 자아)이 고조되고 있다며 ② '진정한 너 자신이 되라' 는 뜻의 '일에서의 해방' 메시지를 전한다.

237) 안토니오 그람시=Antonio Gramsci(1891-1937), 이태리의 마르크시스트 이론가, 1920년대 남부 공업도시 튜린에서 노동자위원회운동도 주도했으나 파시스트정권 출현으로 무산되었다.

238) 공장위원회=factory council: 공장위원회 운동은 119-1920 사이에 이태리에서 계급혁명 바람을 타고 튜린을 중심으로 정치적 파업을 일으키기도 했으나 1922년 파시스트 집권으로 소멸되었다.

239) 허위의식: 2장 작업장 권력, 각주 47) 참조

각하고 있다, 그러면서 아무도 그것을 단념하는 사람은 없다"(지젝크, 1989:26). 이것은 좌파학자의 심금을 울리는 실증적 분석이 아니며 어느 정도 과장되어 왔다. 지젝크가 말하는 것은 정치적 의식과 실천 사이의 이데올로기 관계 하나에 불과하다. 이데올로기 신봉과 그 실천 양쪽을 다 하는 사람이 있다는 것을 생각하기는 어렵지 않다. 심지어 어떤 것을 신봉하면서 실제로는 그와 반대로 행동하는 사람을 생각할 수도 있다. 제5장의 광산기사는 대표적 사례다. "회사는 돈을 벌지 않으면 안 된다"는 것, 그리고 "맡은 일을 수행"해야 한다는 것 등을 믿고 있으면서, 그는 광범한 시간훔치기를 감행했다. 더 심각한 지젝크의 개념화 단점은 권력을 이데올로기로 대체하는 것이다. 우리 대부분이 돈을 벌기 위하여 일에 내몰리는 것을 무시하고 권력을 끌어냄으로써 일은 순수한 이데올로기로 축소되었다: 우리는 이것이 허위임을 안다. 우리는 여전히 매일 아침 사무실에 출근하고 있지 않은가. 지젝크 이전에 냉소적 이성 비판을 출판한 피터 슬로터다이크는 냉소와 일 사이의 관계를 분명히 밝혔다: "심리적으로, 오늘날 냉소는 우울증 증세의 경계선이라고 이해될 수 있다− 우울증 보유자는 의기소침 증후를 관리해나갈 수 있고 그러면서 그럭저럭 일을 계속할 수 있으니까. 정말로 이것은 근대 냉소론에서 아주 긴요한 논점이다: 우울증 보유자들이, 어떤 일이 일어날지도 모름에도 불구하고, 특히 어떤 일이 일어났음에도 불구하고 일을 하게 만드는 능력"을 말한다(슬로터다이크, 2001[1983]:5).

냉소적 기능주의자들이[240] 슬로터다이크의 분석을 잊은 듯이 보이는 것은(간

---

[240] 기능주의(functionalism): 자본주의 이데올로기에 물든 의식의 허위성을 말로는 표현하지만 자본주의가 여전히 가동되는 것을 마르크시즘의 기능주의라고 비꼰 것이다(8장 결합된 저항, 각주 217) 참조).

혹 언급되지만) "냉소적 이유" 즉, "계몽된 허위의식"241)(슬로터다이크, 2001[1983]:217)과 "키니칼 아이로니"의 차이 때문이다. 키니칼 아이로니에서 냉소는 풍자와 저항으로 묘사된다.242) 냉소는 무의미함을 아는 것이 자신을 보호할지도 모른다는 생각에서 사무실에 나가지만, 키닉은 행동을 일으킨다.

키니시즘은 이론이 아니라고 슬로터다이크는 말한다: 그것은 "지식을 다루는 형식, 상대화시키는 형식, 빈정대는 행동거지.... 일부는 살아남는 정신적 기술, 일부는 지적 저항, 일부는 조롱, 일부는 '비판'"을 의미한다(슬로터다이크, 2001[1983]:292). 슬로터다이크 자신은 그 말을 쓰지 않지만," 키니스즘은 내가 언급한 "부정행위"와 가까워 보인다– 존경하지 않는 것, 뻔뻔스러움, 때로 조심스럽고, 때로는 그대로 있기보다 행동에 더 마음쓰는 치밀하지 못한 유형의 저항 그런 것이다. 냉소는 품위가 있고, 지적이며, 무엇보다도 "이론"이 있다:"마르크시즘과 특히 정신분석에서는 냉소가 정장을 하고 넥타이를 매어 부르주아의 품위를 완전하게 가장한다. "이론"자격으로 기록에 남으려고 조롱243)으로서의 생을 포기했다(슬로터다이크, 2001[1983]:16). 슬로터다이크가 지적하

---

241) 계몽된 허위의식=enlightened false consciousness: 슬로터다이크가 Crytique of Cynical Reason(1983)에서 처음 설계한 개념으로 마르크스 · 레닌 대에 설계된 허위의식이 오늘날 진화된 것을 가르킨다.

242) 이 부분은 P. Sloterdijk가 Critique of Cynical Reason에서 cynicism과 kynicism의 차이점을 정교하게 수사적으로 비교한 것을 S. Žižek가 The Sublime of Ideology(1989)에서 언급했고, 이것을 다시 저자가 자기 이론구성에 짜깁기한 것이므로 동일어 반복과 맴도는 점이 나온다. 작업장에서 일어나는 공노동과 현대인의 사회불신 성향을 프랑크푸르트학파가 cynicism을 매개로 교묘하게 수사적으로 엮은 것이다. kynicism은 그리스 디오게네스 철학에 뿌리를 둔 것으로, 우리나라 탈춤이 양반과 지배계급의 권위를 웃음거리로 삼는 구조와 유사한 개념이다. 이에 비하여 cynicism은 어느 정도 격식을 갖춘 것이라고 구분할 수 있다.

243) 조롱=satire: 풍자보다 빈정대고 비꼬는 면이 강한 용어.

는 바와 같이, "품위"(과학적 정당성을 떠나) 문제와 관련하여 얄궂은 결과의 하나
는 비판이론이 "부르주아 기능주의"를 향하여 걸어가는 경향이다.

냉소가 강조하는 것은 해방의 변증법에 있는 것이 아니라 일반적 신비화 메커니
즘이다. 만약 의식하는 모든 것이 생산과정의 지배에서 나타나는 허위와 똑같이
가짜라고 한다면, 생산과정이 계속되는 한 스스로의 허위성에 포로가 되어 남아
있을 수밖에 없다.244) 그리고 그 생산과정이 완전하게 가동된다는 것은 마르크시
즘이 끊임없이 강조하는 것이다. 여기에서 마르크시즘 이론 내부의 숨겨진 기능
주의가 살아나게 된다. 이러한 기능주의로 인하여, '필연적인 허위의식' 이라는 유
명한 구절 이상으로 예리한 표현은 오늘날 존재하지 않는다. 시각을 여기에 맞추
면, 가짜의식은 객관적 환상구조 속에 자리잡고 거기에 매어있는 것이 된다. 허위
의 존재는 그 과정의 기능이다 (슬로터다이크, 2001 [1983]:38–39).245)

슬로터다이크에게서 영감을 받은 지젝과 다른 사람들은, "비지성인" 사이에
서 매일 일어나는 반대행위에 그의 비판논리를 적용하는 데 더 신경을 쓰고,
슬로터다이크의 중심 주제를 간과하고 있다. 슬로터다이크가 말하는 냉소주
의는 말하자면 이론상 냉소적 조직연구(상위의 상위조직)에 적용될 수 있으며, 그
렇게 되면 작업장 냉소뿐만 아니라 모든 형태의 현장 부정행위가 정신적 안
전밸브로 해석될 수 있고 그것은 사무실이 노동자들의 권태증후군으로 불타

---

244) 여기에서 말하는 허위성은 자본주의 생산과정의 지배구조가 왜곡된 것이기 때문에 그것을 믿고 순종하는
의식이 허위이며 가짜라는 것이다: 2-2-3 허위의식 참조.
245) 이 부분은, 신조어 '허위의식' 형성과정을 냉소적으로 분해하여 혼란스러우나 요지는: 자본주의를 허위의
식이라고 비판하면서 자본주의 생산방식을 용납하는 것은 기능주의에 빠졌기 때문이라는 요지이다.

는 것을 방지하는 것이다.

나는 끝없이 반복되는 퇴행적 냉소의 냉소담론에 끼어들고 싶지 않기 때문에, 슬로터다이크가 비평하는 순수하게 지적인 냉소 형태가, 공노동의 특수형태인 소위 참고하기에 긴요하다는 것을 지적한다. 권태증후군[246]의 표출양식은 무활동이다. 게으름피기, 따라하기 그리고 꾀부리기 속에는, 공노동의 범위를 키우려는 의지가 있다. 심지어 일 안하기에 들어가는 종업원 사이에도(말하자면 분개심이 끼지 않은 꾀부리기), 일을 피하기 위한 대단한 독창성과 정교함이 따를 수 있다(제5장 참조). 그러나 권태증후군은 적응하는 것이다. 권태증후군 당사자는 무엇인가 잘못되고 있다는 것을 알지만 불성실한 충실 속에 남아 있다. 게으름피기하는 사람은 자신의 이익을 위하여 낮은 잠재적 생산력 수준으로 일을 끌고 가지만, 권태증후군에 빠진 사람은 월급쟁이 습성에 묶여 있다– 무엇을 할 것인지 지시를 받아야 하고 "사적 행위"(말하자면 스스로의 의지에서 나오는 일과 무관한 활동)보다 외부에서 부과되는 지시에 가치를 더 둔다. 참고하기가 조직 안에서 공식적으로 인정되는 드문 경우를 제외하면, 권태증후군의 냉소적 사고는 제도화된 일 시뮬레이션을[247] 감수하는 데서 들어났다– 결국, 권태증후군 뒤에 있는 동일한 시뮬레이션을 그는 계속 재생산하다.

이 장의 나머지 부분에서는 여기에서 말한 시뮬레이션으로 돌아가 우리가 저항을 이해하는 데 그것이 어떤 의미를 갖는지 검토할 것이다. 나는 뿌리가 없

---

246) 권태증후군=boreout: 7-3 권태증후군, 각주 210) 참조
247) 제도화된 일 시뮬레이션=institutionalized simulation of work: 회사가 잠재적 생산량을 너무 낮게 또는 너무 높게 책정하는 것은 제도적 일 시뮬레이션 결과라고 할 수 있다.

는, 그리고 형태를 갖춘 합리성 관념이 공노동 설명에 어떻게 사용될 수 있는가, 그리고 이러한 설명에 어떤 난점과 모순이 포함되었는지 앞에서 검토했다. 다음 부분에서는 더 형태를 갖춘 합리성 관념을 추구할 것이다: 시뮬레이션 그 자체가 근대 직장생활 속에서 지배적인 합리성의 일부가 될 수 있을까? 만약 그렇다면, 그런 조건 밑에서 공노동을 어떻게 이해해야 되겠는가? 만약 일이 생산에서 분리된다면, 일을 피하려고 할 때 무엇을 저항하려는 것인가?

8-3 시뮬레이션형 결합

특히 제5장에서 본 바와 같이, 꾀부리기 공노동에 성공하려면 일의 불투명성을 활용해야 한다- 그러려면 일을 하는 것이 아니라 일을 시뮬레이션해야 한다. 칼빈주의 성향의 "정직한" 독자는(이 책이 여기까지 오는 데 기여한 사람이다) 그런 전략이 도덕 유린으로 보일 것이다. 그러나 일 사회에서는, 일을 시뮬레이션하는 것이 공노동에만 있는 것이 아니다. 스웨덴에서는, 제대로 일은 아니지만 그 구조를 닮은 것을 정부의 실업자 고용수단으로 오랫동안 제도화하고 있다. 활동보장 프로그램이라고 불리는 극단적인 경우를 보면, 장기실업자가 시간을 소비하도록 완전한 새 의자 페인트칠하기, 자기가족 족보 세우기, 탁구하기, 그냥 앉아있기를 정부가 강제해 왔고 지금도 강제한다- 그들을 어떻게라도 "활동시킨다"는 명분으로(바게, 2005; 베만, 2011 참조). "실질적 일"에 대한 공적 지원과 무의미성 사이에서 균형잡기는 이런 프로그램과 관련하여 항상 문제영역이었다. 장애인을 위한 유사한 단체는 임노동 이미지로 장애인을 고용하려고 더 앞서 있기 때문에, 외관 만들기에 집중하더라도 무시당하고 오명에 빠지는 효과가 나오고 있다(홈비스트, 2005; 라달, 1990 참조).

자신의 불활동을 홈비스트 위하여 일을 고안해내는 것은 개인만이 아니다. 창의성은 훨씬 부족하지만 정부도 그런 짓을 한다. 우파 평론가들은 이와 같은 "성인 유치원"이 공적 부분에서만 살아남을 수 있다고 믿으려 한다. 분명한 이유로, 나는 그런 단정에 반론을 제기한다. 정부가 주도하는 시뮬레이션의 눈에 띄는 특성은, 염치가 없고, 공개적이며, 경제적 합리성 하나 없이, 영국의 푸어하우스248) 잉태 때와 같은 두려움에서 나왔다는 것이다─ 즉, "지도자가 없는 집단, 통제 밖의 집단─감독도 관찰도 안 되고, 정규적이고 벌칙이 있는 일상을 벗어난" 집단(실업자집단을 지칭한다:역자 주)에 대한 두려움을 말한다(바우먼, 2004:18). 이 두려움은 사기업 시뮬레이션에서도 나타나지만 그 심도는 미약하다. 여기 시뮬레이션은 알베슨(2008)이 말하는 "공허의 승리249)"와 연계하여 이해하는 것이 좋을 것이다.

알베슨에 따르면, 고등교육, 전문직, 그리고 조직체는 서로 공중에 성 쌓기를 독려하지만 그 기초는 반석이 아니라 점점 공허해지는 완곡어법이다. 공허성의 연결고리는 잘 알려진 것이다: 대학이 잉여노동의 창고가 되면, 학위 인플레가 일어나 일자리 찾는 사람들을 고등교육으로 몰고 간다, 그러나 한 옆에서는 기술해체가 계속되고(톰프슨 기타, 2001 참조), 옛날에는 학위 같은 것이 필요 없었다. 이것이 전문화를 향한 경쟁을 유발하고 실질적 기회 부족은 자격증 강박관념을 불러일으킨다─ 창의성이란 말의 향연은 실제 노동과정을 숨기는

---

248) 푸어하우스=poor house: 19세기 영국 빅토리아 왕조에서 보급된 푸어하우스는, 교구 내의 빈곤층을 수용하는 시설로 출발하였으나, 시간이 지나면서 빈곤어린이 강제노동 비난을 받았다.

249) 공허의 승리=the triumph of emptiness: The Triumph of Emptiness ;Consumerism, Higher Education, and Work Organization, Mats Alverson, 2013,

수단이 되었다. 모든 산업이 여기에 영향받은 것은 아니지만; 대부분"상징적 영역"에서 일어나며 그 범위 역시 확장되고 있다.

사기업이 점점 더 상징적 영역으로 이동하고 있다: 상표전략 그리고 기대 관리와 같은 것은 기술적으로 앞선 상품과 서비스 제공보다 더 중요한 문제가 된다…일반적으로, 기업에 미화(美化) 서비스를 제공하는 사업 확장이 나타난다('기업 미화산업'). 미적이며 깔끔한 외관- 구조, 공간, 서신용지 디자인, 회사 제복, 준수한 직원 외모 등- 이 전에 없이 중요시되고 있다(알베슨, 2008:147, 저자 번역).

참고하기 공노동의 사례 일부를 이것이 설명한다. "샵윈도우 진열"에는 일손이 필요하다, 그리고 때로는 그 일손 자체가 진열의 일부가 된다. 예를 들면 제4장의 꽃 판매원 이야기의 경우, 관리 결함이나 일 책임감 부족으로 돌릴 수가 없다. 그 꽃매장은 큰 백화점의 일부이기 때문에 사실상 그 여성은 현금 수납원으로 필요한 것이 아니었다. 판매원으로 일한 그 여성과 또 두 사람은, 단지 구색을 맞추기 위하여 거기에 있어야 한다고 말했다- "만일 당신이 꽃 가게에 들어간다면 누군가가 '어서 오십시오, 무엇을 도와드릴까요?' 라고 물어오기를 기대한다." 반대로, 그 여성의 경우 이런 장면이 꼴사납게 느껴졌다, "멋쩍게 서있기만 하는 모습은 보기에 좋지 않다… 누가 무슨 일을 하는지 알 수 없는 사무실과는 다르다. 그러나 내가 카운터 의자에 다리를 꼬고 앉아 있으면 지나가는 사람들이 무슨 말을 할까 '저 여자는 도대체 무엇을 하고 있는 거지? 그러면 나는 '아무것도요, 시간을 죽이고 있어요?' 이것은 결코 일이 아니다." 언제든지 누가 들어오면 그 여성은 항상 바쁘게 보이려고 애썼다, "꽃에 물을 하루에 몇 번 주게 되어 있는지" 잘 알고 있으면서. 다른 말로 표현하면, 그 여성이 거기에 있는 것은 심미적 배려가 주목적이며 그 여성의 서비스는 필요하지 않았다.

알베슨의 분석은 조직이론의 신제도존중주의[250]와 다시 연결시켜 주지만, 역사적 분석도 잊지 않는다. 그의 분석에 사용된 조직이론은 다음과 같은 것이다: 쓰레기깡통형 의사결정(코헨 기타, 1972)[251]; "동종이형"[252] 으로 알려진 가소로운 모방(디마지오 및 포웰, 1983); 정통성 속설과 의례행위 조직이 실제행동 과정에서 분리되는 것(마이어 및 로완, 1977)[253]– 이상 열거한 내용을 요약하면 위선적 조직(부른슨, 2002[1989])[254]이 항상 조직생활의 일부가 되어 왔다는 말이 된다. 그

---

250) 신제도존중주의=new institutionalism: M. 베버에 뿌리를 둔 사회학의 제도존중주의는 공공조직의 구조와 환경연구가 중심이었으며 이것을 역사적 제도존중주의라고 한다. 그러나, 모든 조직은 광범한 조직환경의 영향을 받으며 조직의 주목적은 조직이 살아남는 것, 경제적 성공보다는 정통성을 확립하는 것이라는 주장이 나왔다. 이것을 신제도존중주의라고 하며, 여기에서는 개인이 스스로 인지하고 지각하는 바에 따라 행동하는 면을 강조한다.

251) 쓰레기깡통형 의사결정=garbage can decision: 조직의사결정 과정은 복잡하고 역동적이며 순탄하고 합리적인 것이 아님을 강조한 말로서, 대학기관을 연구한 저자는, 다양한 행위자가 산만하게 등장하고 다종다양한 잠재적 해법이 떠오르는 무질서한 의사결정 환경을 가리켜 쓰레기 더미에서 깡통이 튀어나오는 것에 비유한 것이다. 대학이나 정부기관 또는 임의조직 등 느슨한 환경에서 주로 나타나는 현상이다.

252) 동종이형(isomorphism): 원래 수학에 쓰이는 용어이지만 사회학에서는, 구조나 과정 등 외관이 유사하게 발달하는 조직을 말하며, 모방인가 또는 독자적 개발인가는 따지지 않는다. 신제도존중주의 논리를 확인하는 것이다.

253) 정통성 속설과 의례행위= legitimating myths and ceremonies: 조직이론가들은 조직환경이 시장압력보다 강하게 공식구조 발달에 영향을 미친다고 말한다. 환경에 일찍 적응하여 성과를 올리면 정통성을 인정받고 그렇지 못하면 불합리하고 나태한 조직으로 낙인찍는다. 조직기구 호칭, 절차, 조직역할 등이 유행에 따르는 것은 이런 '조직 속설을 기업이 의례적'으로 따르기 때문이다. 마이어와 로완은 이와 같은 조직 속설이 단지 정통성을 확보하는 수단으로 의례적으로 채택되기도 하지만, 효과가 입증되지 않으면 실제 행동을 정통성과 분리하여 속설의 피해를 줄인다고 말했다.

254) 위선적 조직=organization of hypocricy: 조직이론은 비전, 가치관, 의식, 정체성 등을 구성원이 공유하는 통일체를 가정한다. 그러나 조직 내외부에 일체성, 통일성이 없고 서로 충돌할 때 이것을 부른슨이 위선적 조직이라고 불렀다.

러나 현재 상황 아래에서 그것을 강화시키는 좋은 토양이 조성된다고 알베슨은 말한다. 자기 회사조직 안에서 말과 행동의 분리를 경험한 종업원들은 그와 똑같은 전략을 자신들의 목표를 위하여 따라 할 수도 있을 것이다. 상호성이라는 측면에서 도덕적 구실이 있을 뿐만 아니라, 머리를 물 위에서 지키기 위하여 이중행동을 하지 않을 수 없을지도 모른다. 프로젝트에 고용된 사람들(기계기술자 제4장 참조)은 실제보다 낮은 작업 속도를 보고한 경제적 이유가 있었을지도 모르며; 앞 장에서 언급한 은행직원의 경우는 참고하기 공노동을 할 경우 일이 시뮬레이션하는 능력에 따라 좌우된다는 것을 보여준다. 여기에서 우리는 자본주의 임노동 조직에는 공노동이 파고들 실속있는 유인요소가 많다는 것을 알 수 있다. 이렇게 되면, 공노동 정도를 결정하는 구조적 요소가 노동과정의 불투명성이나 잠재적 생산량에 한정되는 것이 아님을 알 수 있다. 종업원의 일 책임감을 떠나서, 공노동 시뮬레이션이 없다면 그것이 이상하게 보일 경우가 있음을 알 수 있다.

마이클 파워는 그의 저서 회계감사 사회: 입증의 의례행위[255]에서, 결과책임과 투명성에 대한 엄청난 요구가 제조업과 서비스 산업에 "회계감사 폭탄"을 어떻게 안겼는지 설명한다. 오늘날 회계감사는 재무와 관련되는 분야에 한정되는 현상이 아니라 의료, 기술, 교육, 환경 분야도 포함되며, 조직이나 개인을 체크하고 정밀검사하는 활동이 스스로 하나의 큰 산업을 이루고 있다. 감사하는 규범이 새로운 공공관리의 핵심이며 복지국가에서 "규제국가"로의 전환 중심에 있다(파워, 1997:52). 그리고 산업생산, 특히 총체적 품질관리 분야에

---

255) 회계감사 사회: 입증의 의례행위=The Audit Society: Rituals of Verification, Michael Power, 1999.

서는 긴 역사가 쌓였다(파워, 1997:58). 파워가 주장하는 것은 감사가 결백을 증명하는 중립적 행위가 결코 아니라는 것이다; 현장 업무수행에 영향을 미칠 수 있고, 조직과 개인의 일하는 방법에도 의심할 여지없이 영향을 미친다. 실질적인 조직 운영과 무관하게 "감사용 업무수행 이미지"(파워, 1997:95)가 생겨난다면 감사과정이 분리될 수 있다. 감사는 조직을 식민화함으로써 "감사 부과와 감사대상 업무수행 관련지침이 의도한 것과 반대되는 결과를 낳아 감사대상 업무 자체에 역기능이 될 수 있다."(파워, 1997:98).

파워는 이 두 반응을 감사제도의 실패라고 생각한다. 그러나 밀러의 "경제적 가상현실"256)관념에 따르면, 그것은 이탈이 아니라 법칙으로 간주된다. 밀러의 기본 시각은 현실세계를 대상으로 하는 경제적 모델(그리고 이론)은 입증이 끝났다는 것이다; 오늘날 측정되는 것은 모델에 맞춘 현실세계다. 이것은 거시적, 미시적 수준에서 경제에 변화를 낳는다. 이미 언급한 바와 같이, 밀러는 그 자신이 감사제도의 일부가 되어 포스닥 대학원 학생에 소비한 시간의 양을 가리는 시간표를 작성한다. 그가 보인 반응은, 다른 사람들과 마찬가지로, 규정된 시간을 시간표에 채우라고 비서를 시키는 것이다- 이렇게 해서 분리의 전형적 사례가 나온다. 마이클 캘론의 수행성이론257)과는 대조적으로, 밀

---

256) 경제적 가상현실=economic virtualism: 이 부분은 D. Miller가 프랑스 사회학자 마이클 캘런의 저서(The Laws of the Markets:1998) 서평을 하면서 말미에 경제적 가상이라는 사견을 붙인 것이다.

257) 수행성 이론= theory of performativity: 언어철학자 J.L.오스틴은, 언어가 사실을 표현하는 것에 그치지 않고 행동이 될 수 있다는 의미에서 이것을 수행적 말(performative utterance)이라고 했다. 주례가 성혼을 선언하고 판사가 판결하는 것은 단순히 보도하거나 기술하는 것을 넘어 행위를 완성하고 정체성을 세우는 것이다. 수행성이론은 특히 여성운동가와 동성애론에서 활용되고 마이클 캘론은 경제학에 응용했다. 사회과학에서는 규범과 습관에 바탕을 둔 개인의 일상행동에 응용된다.

러는 "자본주의 사회도 역시, 그 틀 안에 있는 것은 실제 행위가 일어나는 시장체제가 아니라, 반대로 시장 이데올로기의 관례화된 표현이다...이때 혼돈은, 자본주의의 경우 이러한 관례적이며 이데올로기적인 체제가 실제로 시장이라 불린다는 것이다(밀러, 2002:224). 밀러에 따르면, "시장 이데올로기"는 "실제 시장"과 단순하게 부합되는 것이 아니다. 우리가 관례적 행위를 만들며 가상세계에 적응해 가려고 애를 써도, 가상세계를 넘어 항상 무엇인가가 있다: 현지에 뿌리박힌 경제행위 관행은 예속되는 것을 피하기 위하여 외부압력을 분리시키지 않을 수 없다. 로인 요한슨(1992)과 같은 사람들은, 관료제도와 같이 제대로 된 합리화 조직이라도 제 기능을 발휘하기 위해서는 그런 분리가 필요하다고 밝혔다.

경제적 가상세계에 관한 밀러의 분석에 두 점을 추가하고자 한다. 첫 번째는 감사조작이 얼마나 용이하며 널리 퍼질 수 있는지에 관한 것이다. 많은 조직이 내걸고 있는 모토 "안개 같은 신비주의가 냉냉한 선명성보다 낫다!258)(알베슨, 2008:166, 나의 역서)는 개인도 따라할 수 있는 것이며, 거기에서 일어나는 분리는 "실제 시장"의 작동에 관한 생각 없이 순전히 이기적인 이유로 생기는 것이다.5 당신의 특권이 크면 그만큼 감사제도는 낙후한 상태에 있기 쉽다. 현장의 일 속이기 연구에서 마아즈는, 경영상담사들은 자기들이 원하면 "추가 일수" 만들기는 어렵지 않음을 발견했다: "5일 걸리는 일이 잘 풀려 고객이 만족한다면, '동료와 협의' '답사' '연락' '조사검토' '보고서 작성' 등 구실로 '눈

---

258) 안개같은 신비주의가 냉냉한 선명성보다 낫다=better a solid mystification than a bleak clarification: '견실한 신비가 차가운 선명성보다 낫다'로 번역되지만 우리 속담 '물이 너무 맑으면 물고기가 없다'와 같은 뜻이다.

에 보이지 않는 날짜'가 추가로 청구될 수 있다— 이런 조작은 모두 현장에서 보내는 날짜와 달리 눈에 잘 들어오지 않는다(마아즈, 1982:51). 당신이 만일 사무실에 갇혀있다면, 더 창의적이어야 하겠지만, 감옥과 같은 조건 밑에 있다 할지라도 감사제도를 조작할 방법은 항상 어느 정도 열려있다.

두 번째, 일부 감사제도의 비효율성은, 감사 제창론자 사이에서도 잘 알려진 것이다. 아주 소수의 학자들만 "출판 아니면 퇴출" 제도가[259]훌륭한 연구자와 무능한 연구자를 실제로 구분할 수 있다고 믿는다. 그 말대로 실천에 옮기고 있는 사람이 아니면, 논문을 서로 인용하고 공동저자로 이름을 서로 올려주는 것이 얼마나 쉬운지 다 알고 있다(스콧트, 2012:114 참조). 마찬가지로, 리포트 작성, 시간표 기재, 또는 단지 출근부에 도장 찍는 행위는 전연 일 개념이 들어가는 것이 아니다— 그러나 아직 감시체제는 그 이상 발달하지 않은 상태에 있다. 다시 서론에서 언급한 스캔들에 돌아가지만, 공공기관의 사이버 게으름피기 정도를 폭로한 언론보도의 가장 놀라운 장면은, 그 어마어마한 "게으름피기"가 소프트웨어 모니터가 반응할 때까지 아무도 몰라야 했다는 사실이다. 크로지어가 그의 관료주의 연구에서 말한 바에 따르면: "그동안 인간은 최적 해법을 구하지 못할 수밖에 없었다. 인간은 자신이 알고 있는 몇 개의 특수한 기준에 견주어 단지 납득하는 해법에 항상 만족할 수밖에 없었다"(크로지어, 1971:159). 관리자들이 알고 있는 "특수한 기준"이 현장적용은 가능하지만 낯설게 알려지고 있다는 것을 사람들과 제도주의자들이 모른 척하는 것 같다. 진행되고 있는 일에 관하여 관리자들이 사실상 별로 아는 것이 없다는 느낌

---

259) 출판 아니면 퇴출= publish or perish: 미국 대학에서 교수에 가해지는 압력, 신속히 그리고 계속적으로 역구결과를 출판해야 살아남는 환경을 표현한 말.

이, 증가되는 감시 소프트웨어 인기를 말해 준다. 이 책을 집필할 때, 미국 내 종업원의 30퍼센트가 근무 중 페이스북과 트위터를 차단당했으며(구베이어, 2012), 재택근무자를 위한 컴퓨터모니터링 프로그램이 미국 사용자 사이에 퍼지기 시작했다(10퍼센트의 사용자들이 사용 중이다). 월스트리트저널 기사 중에는, 모니터링 프로그램을 통하여 종업원 한 사람이 대부분의 근무시간을 석사학위 공부에 사용하고 있음을 발견했다는 사용자 말이 있다(셀렌바거, 2012). 여기에서 이런 의문이 나올 것이다: 산출량을 중심으로 그 기준이 채워지지 않고 있다면, 모니터링 소프트웨어가 왜 필요한가? 종업원이 생산한 것을 보고 누가 요구수준을 채우지 못했는지 가리는 것이 용이하지 않겠는가? 감사나 외부에서 부과되는 규칙이라 할지라도 "실제" 경제와 노동과정 주변에 가상벽을 만들고 있다는 것을 안다면, 그것이 사실이 아님도 알기 때문에 그것은 가상으로 남는다. 경영이 새로운 품질 보장과 모니터링 시스템을 개발하지 않으면 안 되는 이유가 여기 있다— 관리자들은 자신이 "내부사정을 잘 아는" 입장이 아님을 알고 있다.

그러나, 정말로 위선적인 조직이라면, 누구나 그것을 다 알고 있다 하더라도 일에서 떨어져 나가는 것은 공개적으로 일어나지 않는다. 대신, 효율성과 전문성의 시뮬레이션이 가미된 그런 관례화된 행위가 세워진다. 카피라이터 말을 들어보자:

> 그 텍스트를 작성하는 데 얼마나 많은 시간이 투입되었는가와는 관계없이, 다섯 번은 더 다시 쓰지 않으면 안 될 것임을 나는 알고 있었다. [처음에는] 보스 입맛에 맞추는 특수기법을 모르고 썼으나, 일단 그것을 알고 난 다음부터 텍스트의 주

관적 의미를 개선하기 위하여 4시간 이상 일할 필요가 없었다. 그 이후 내가 말할 수 있게 된 것은 '나는 이렇게 그리고 저렇게 생각했다' 였다. 그러면 얼마나 지적 인 것인가와는 관계없이 저렇게 생각한 것이 최종 채택되었다. 그러므로 조사를 더하고 문장을 어떻게 고칠까 생각하는 것은 의미가 없어졌다. 요는 단지 행동의 문제였다.

상황이 이렇게 되면, 공노동은 "제도를 우롱하는" 수단이 될 수 없다―왜냐하 면 그것이 제도의 일부이기 때문이다. 피면담자 일부도 이런 사실을 알고 있 었던 것으로 보인다. 믿을 수 없다는 관념, 무엇인가 근본적으로 잘못되었다 는 관념은, 게으름피기에서 상대적 만족을 얻고 있음에도 불구하고 피면담자 사이에 돌고 있었다. 웹 개발자 한 사람은 자기 일이 무엇인가 옳지 않다는 것 을 항상 느끼고 있었다고 말했다; 특히 그가 십대일 때 어린이 보육직에 20년 이상 근무한 어머니보다 두 배 이상 벌었다: "내가 말하고 싶은 것은, 내가 어 머니보다 돈 가치가 더 있다는 생각을 한다고 말할 수 없다는 것이다. 어머니 는 나보다 훨씬 힘들게 일했으며, 사람들이 말하는 사회적 공헌을 크게 했다 260). 내가 만드는 플래쉬배너261)는 단지 사람들을 짜증나게 한다."

카피라이터와 같이, 그는 처세방법을 터득해가고 있다. 그것이 단지 "행동하 는 문제" 이건 또는 정당성과 의미를 제대로 느끼지 못하는 문제이건 시뮬레 이션의 가장 우려할 국면은 그 효과가 아주 사실적이라는 점이다. 다른 사람

---

260) 이 부분은, 노동시장 논리를 떠나 투입된 노동시간의 가치를 균등하게 평가하는 사회주의 생산개념을 암시 하고 있다.

261) 플래쉬배너=flash banner: 컴퓨터 화면에 뜨는 광고 영상.

들은 그것을 사실인 것처럼 취급하지 않으면 안 된다, 그 결과는 공식 또는 비공식 규칙으로 나타난다, 그것은 당신에게 월급을 준다, 심지어 사회적 존경까지 준다, 경우에 따라서는 그것이 엄연한 사실이 될 수 있으므로 손을 뺄 수 없게 된다.

쟝 보드리야르262)는 이 담론을 극단적으로 끌고 가 유명하다. 소쉬르의 기표가 기의에서 분리되었을 뿐만 아니라263), 근대 정치경제학에서 교환가치와 사용가치 구분도 똑같이 내부붕괴를 일으켰다고 보드리야르는 주장한다. 경제의 "금융자본주의화264)"가 오늘날과 같은 보편적 개념이 되기 오래 전부터, 보드리야르는 "화폐 기호"가 어떻게 " 실제 생산지표는 물론 심지어 금본위제도까지 뛰어넘어 무한한 투기 속으로"도망칠 수 있었는지 설명했다(보드리야르, 1993[1976]:7). 비슷하게, 일도 생산에서 분리되었다. 이것이 보드리야르가 말하는 "노동의 죽음"의 요체다. 노동은 아직 존재한다, 그러나 사용가치 개념과 관계되는 기본적 욕구(보드리야르에 따르면 이것도 역시 분산되었다)와의 모든 연계를 상실했다. 대신, 그 주목적은 자신의 재생산이다:

그러나, 일은 사회의 의례적 반사체로, 도덕성으로, 여론으로, 규칙으로, 현실원

---

262) 쟝 보드리야르=Jean Baudrillard: 프랑스 사회학자(1929-2007)로 다양한 장르의 글을 썼으며 Michel Foucault 등과 함께 후기구조주의에 속한다.

263) 소쉬르=Ferdinant de Saussure, 1857-1913: 스위스 출신 구조주의 언어학자이며 기호학자, 그가 언어구조를 기표와 기의로 구분하였다.

264) 금융자본주의화=financialization: 1980-2010 사이에 발달한 금융자본주의를 말할 때 금융자본주의화되었다고 표현하며, 금융시장이 전통적 산업경제나 농업경제를 압도하기에 이른다.

265) 마르크스는 노동자의 '일' 을 노동력 재생산행위라고 보았다.

칙으로, 노동력 재생산265)에 어느 때보다 더 필요한 것으로 남아있다; 사회규범의 현실원칙266), 즉: 거대한 노동력 징표의 의식(儀式)이 사회전반에 확대되고 있다―왜냐하면 그 스스로 자신을 재생산하기 때문이며, 실제 생산이 있느냐 없느냐는 별로 문제되지 않는다(보드리야르, 1993[1976]: 11).

이 재생산 "규칙"은 임노동과 관계되는 모든 사회기구와 관련되며― 파업까지도 결합되어 있다: "사람이 오직 노동력을 더 생산하기 위하여 노동하는 제도의 모순된 순환고리와 닮은 것은 파업을 위하여 파업을 요구하는 것이다"(보드리야르, 1993[1976]:28). 이와 같은 재생산의 요점은 자본이 노동자들 속에서 임노동을 더 이상 구매하지 않는 새로운 권력이동을 숨기는 것이다. 주류 정치토론에서 빛나는 것은 자본이 대중에 주는 진정한 선물이 임노동이라는 것이다― 그 선물은 정부를 위하여 투표할 만큼 현명한 대중이라야 받을 수 있으며, 정부는 임노동을 선물한 자본에 커다란 보상을 보장하게 될 것이다. 임금이 우리가 실제로 생산한 것에 대하여 지불되지 않는 이유가 이것이다. 우리 자신을 일 조작에 굴종시키는 것에 대하여 지급되는 것이 임금이다: "임금은 이 독약이 들은 선물의 표식이며, 재생산 규범 전체를 요약하는 징표다. 지금 사회는 이 일방적인 노동력 선물을 인정한다, 오히려 임금은 노동력 선물을 통하여 자본이 자행한 지배를 상징적으로 상환하는 것이라고 해야 할 것이다 267)(보드리야르, 1993[1976]:41).[6]

---

266) 현실원칙=reality principle: 프로이드 심리학에서 현실원칙은 ego가 외부세계의 현실을 감안하여 id의 맹목적 쾌락추구를 억제하는 능력을 말한다. 노동에 있어서는 현실원칙이 의식화(儀式化) 되었다는 의미다.

267) labor는 임노동(일감+노동력+임금=임노동), labour=노동력 또는 노동, workers=노동자로 옮겼다.

만약 임노동이 이미 시뮬레이션이었다고 한다면, 시뮬레이션 속에서 임노동을 시뮬레이션하는 것은 무슨 의미가 있는가? 공산주의 헝가리의 레닌철강소에서 수행한 브라보이(1992)의 후기 문화기술학 작품 중 하나를 생각해보자. "사회주의 색칠하기" 장에서, 브라보이는 수상 방문에 준비하라는 명령을 노동자들이 어떻게 받는지 설명한다. 상대적으로(브라보이의 시카고 기계공장 업적과 비교하여) 낮은 생산속도는 정지되었다, 그리고 모든 노력은 철강기계 청소(자연적인 이유로 평소 아주 더럽다)에 집중되었다. 이어지는 북새통 속에서 브라보이는 "슬래그 통"에 황색과 녹색 칠을 하라는 명령을 받았다, 그러나 그가 찾을 수 있는 것은 검정붓밖에 없었다. 아무 일도 하지 않는 대신, 그는 검정 색칠을 하기 시작했다:

이 까다로운 일을 시작하려고 할 무렵 감독자가 다가와 호통을 쳤다, 손은 뒷짐을 지고 헬멧은 상하로 움직였다, 머리는 전투를 위하여 앞으로 숙여졌다. '도대체 무엇을 하고 있는가?' '검정색을 칠한다고?,' 나는 될 수 있는대로 순진하게 대답했다. 그러나 납득하지 않는 것 같아 재빨리 추가했다, '다른 것을 칠하게 붓이 더 없나요?, 없어, 더 이상 붓은 없다.' 좀 위험스럽지만 나는 계속해 말했다 '그렇다면 사회주의 건설을 도울 수 없군요.' 용광로 기능공 입에서 '사회주의 건설'이라는 말이 나오자 친구들은 폭소했다. 감독자도 동료 한 사람이 끼어들자 물러섰다, '당신은 아무것도 모르는구려. 당신은 사회주의를 건설하는 것이 아니라 사회주의를 색칠하고 있는 거요. 그것도 검정색으로.' (브라보이 및 루카스, 1992:125).

자본주의 기업은 수익성에 의존하지만-합리성은 페인트칠로 지워지고- 권위주의적 사회주의는 "우리에게 부정과 불합리성을 숨기라고 요구하면서 평등과 효율의 외관을 페인트칠한다"(브라보이 및 루카스, 1992:129)고 브라보이는 주장한다. 그러나 수상 방문에 대비하는 것과 우리 경제에서 공노동이 지속적으로 은폐되는 것이 정말로 크게 다른 것인가?[268] 헝가리에서 보여준 사례를 우리 연구에서 나온 사례와 비교해보자— 우리 연구의 상대인 "전투영웅들[269]"은 "거니는 관리" 쇼를 펼치고, 연구소 연구원들은 "분석작업" 흉내내기에 빠져들었던 이야기와 매우 닮지 않았는가? 브라보이 및 브레이버맨이 강조하는 것과 같이 우리가 참으로 독점자본주의 밑에 산다면, 공노동—모든 형태의—이 정말로 자본주의를 색칠하는 것이라고 말하는 것은 무리일까?

이 장에서 나는 공노동이 생산시스템 속에서 결합될 수 있는 방법 세 가지를 검토하였다. 수익형 결합은 근대 작업장의 내재적 효율을 강조하면서 뿌리가 없는 합리성[270] 관념 위에 서있다. 공노동과 같은 것은 이 주제에서 분명한 변칙이지만, 사실 최고의 효율에 기여한다— 말하자면, 공노동 기간 중 종업원은 여가기회를 얻고, 사적인 의무 같은 것을 채우며, 그리고 실제 근무시간에 생산적으로 일하는 데 필요한 것을 얻는다. 정신적 결합은 형태를 갖춘 합리성에 바탕을 둔 것이다. 이에 따르면 제도는 그것을 현실 그대로 받아들이는 사람들에 의존한다. 공노동이 일에 대한 낮은 책임감에서 나왔다고 하더라도, 현실을 있는 그대로 받아들이는 범주에 가까운 것이다. 당신이 제도를 우롱했다는 느낌이나, 또는 "제도를 지켜보고 있었다"는 생각은, 더 급진적 행

---

268) 사회주의기업 공노동 사례는 이것이 유일하다..

269) 전투영웅=the Red Barons: 1차세계대전 중 독일제국공군의 전설적 전투비행사 Manfred Albrecht Freiherr von Richthofen을 Red Baron으로 호칭한 것을, 용감한 공노동 전사에 비유한 것으로 보인다 (7-2 내용 참조).

270) 뿌리가 없는 합리성: 8장 결합된 저항, 각주 218)참조. 뿌리가 깊은 합리성, 형태를 갖춘 합리성과 구분된다.

동으로 연결되는 실망을 완화시켜 준다. 시뮬레이션형 결합의 경우, 경제적 합리성은 시뮬레이션이 포괄적 합리성으로 간주되는 사회에 뿌리내린다는 관념에서 성립된다. 그런 사회에서 일을 시뮬레이션한다는 것은 기존의 시뮬레이션형 경제 속에서 또 다른 부산물을 의미할 뿐이다.

공노동 만연이 작업장 저항을 경시한 결과라는 것을 이러한 담론이 반박하지 못한다 하더라도, 그 주관적 범위를 넘어 공노동에 대한 중요한 전망을 가능하게 만든다. 특히 따라하기의 경우, 공노동은 장기적으로 생산성에 큰 보탬이 될 수 있으며, 종업원들이 권태증후군에 빠질 위험에 노출되어 있을 경우에는 더욱 그렇다. 꾀부리기와 게으름피기의 경우에는, 종업원들이 자기들 하는 일이 상대적으로 그렇게 나쁘지는 않다고 느끼게 될 위험이 있다. 우리가 보드리야르식 분석 관점을 피하고자 한다면, 언젠가 "노동" 그리고 "생산"의 세계차원 개념 이 서로 분리될 수 있을 것이라고 말할 수도 있다. 비슷하게, 한 조직 안에서 정치과정 그리고 운용과정이 분리될 수도 있다. 개인 차원에서도, 감사제도 충족시키기와 실제 일이 똑같이 분리될 수도 있다. 만약 이들 분리가 동시에 일어나고 시간훔치기하는 종업원들이, 자신들의 특별한 분리는[271] 일 사회의 한 측면에 저항하는 방법이라고 생각한다면, 언젠가 자아가 행위자로부터 분리될 것임을 말할 수 있을 것이다. 세 형태의 결합 담론이 말하려는 것은 이것이 전부다: 우리는 일에 저항한다고 생각하지만, 일의 위상을 우리시대를 지배하는 제도로 사실상 강화하고 있는 것이다.

---

271) 특별한 분리: 시간훔치기 행위를 정상근무에서 분리된 것이라고 표현한 것이다.

모든 형태의 저항은 "사실상" 결합되었다고 반박하는 기능주의자에 내가 반대하는 요점은, 그들이 자신들의 이론에 지나치게 도취된 것 같다는 것이다. 적은 양의 공노동은 생산성에 좋을 수 있다는 재치있는 이론을 인적자원관리 학자들이 되뇌는 것은, 이 이론을 이미 '따라하기' 공노동 종업원들이 실천하고 있다는 것을 무시하는 것 같다. 냉소적 기능주의자들은 냉소가 당신을 "제도의 정상에" 올려놓지 않는다고 열 올려 말하지만, 그들의 냉소가 자율과 같다는 것을 믿는 사람이 거의 없다는 사실을 무시하는 것 같다. 내가 또 말하고 싶은 것은, 노동이 시뮬레이션되고 있다는 사실을 이 연구의 피면담자들보다 더 잘 아는 학자가 드물다는 것이다. "우리는 단지 다시 메우기 위하여 구멍을 판다,"고 창고 종업원은 투덜댄다. 그에게 있어서 "임노동이라는 선물을 통하여 자본이 자행하는 지배"는 이론상의 관념 이상의 것이다– 일이 어떻게 생명을 도둑질 하는지는 일상적인 경험이다. 그런 환경 아래에서 공노동은 "제도 우롱" 방법이 아니다, 왜냐하면 그것이 제도의 일부이기 때문이다. 공노동은 자유가 아니다, 상대적 자유일 수도 있지만, 임노동으로 남는다.

이것은 저항의 한 형태인 꾀부리기가 특히 기만적이라는 의미는 아니다. 숨은 기록272) 은 결코 "자유의 영역"이 아니라고 스콧트는 지적한다(스콧트, 1991:5); 그것은 언제나 개인의 통제력 밖에 있는 요인으로 결정된다. 이것 역시 투렌이 자아에 관하여 말하는 그런 것이다:

자아는 결코 그 자신의 주인이 아니다; 그 환경의 주인도 물론 아니다. 자아는 항

---

272) 3-2 '저항의 암초울타리' 에서 '숨은 기록' 참조.

상 현존하는 권력에 대항하여 악과 연대를 한다, 사회적 규범을 뒤집는 에로티시 즘, 그리고 자신의 초인간성 또는 신성한 자기이미지와 더불어...자아는 상품세계 와 지역사회 공간에서 정보를 얻어 수단적 행동과 문화적 정체성의 약하고 한정 된 짝을 맞춘다(투렌, 2000b:62).

투렌이 말하는 "수단성의 세계" 그리고 "정체성의 세계"는 시간훔치기를 할 경우 검토되어야 할 영역이다(제5장에서 본 바와 같다); 그것들은 변경되고 조작될 수 있지만, 저항이 개인적인 것이라면 일부에 그칠 것이다. 이것 역시 보드리 야르의 거시적 시뮬레이션에서 중요하다. 보드리야르(1995)는 걸프전쟁은 일 어나지 않았다에서, 미군이 주도한 연합군의 기술적 우위가 이라크군을 웃 음거리로 만들어 가상전쟁이 되었다는 이유로 걸프전쟁은 실제상의 전쟁이 아니었다고 말한다. 그러나 자아라는 입장에서 보면, 권력중심에 대한 저항 은 전투에서 승리하는 기회로 정의되지 않는다. 자아는 행위자가 되려는 의 지이며 사회적 변화가 아무리 적어도 그것은 문제가 아니다. "자본"이 할 수 있는 것과 비교하면 종업원이 할 수 있는 부정행위는 극미한 것이지만, 각자 개인생활에서 보면 하루 두 시간의 공노동과 공노동이 없는 것과의 차이는 "히스테리적인 불행"과 "보통 행복하지 않은 것"의 차이와 같다. 마이크 눈 및 폴 브라이튼(2007:273) 말에 따르면 이것은 분명히 특별한 전후관계에 딸렸 다: "살아남는 전략과 연결된 특수행동은 어떤 상황에서는 동의하는 형식으 로 생각될 수 있겠지만 다른 상황에서는 저항하는 형식으로 생각될 수도 있 다, 그것을 둘러싼 환경의 차이 때문이다." 매우 탄력적인 "일"개념은 이런 담 론을 혼란에 빠뜨린다, 왜냐하면 일이 의미하는 광범한 현실이 서로 너무 다 르기 때문이다.

실제 결과를 떠나서, 저항하는 의지의 내면에 있는 가치를 이해하는 것이 중요하다. 그것이 비록 도망치고 싶은 막연한 의지라고 할지라도, 일 안하기의 작은 행위는 노동의 강제성을 상기시켜 주고 무엇인가에 대한 동경을 우리에게 일깨워 준다. 근대 작업장이 밀즈(제2장 참조)가 말하는 즐거운 로봇으로 가득하다고 믿는 사람은 드물다; 오늘날, 지적 비관주의[273]는 기능주의를 타고 재미를 본다. 한편, 우리가 로봇이 아님을 일깨워주는 모든 것을 강화시켜야 한다. 독일의 이상주의자 언스트 블러크를 평하면서, 슬로터다이크는 다음과 같이 말했다: "'유토피아 정신' 또는 '희망의 원칙'[274]이 표현하는 것을 스스로 경험하지 못한 사람이라면, 그것을 믿도록 설득 당할 사람은 없다."(슬러터다이크, 2001[1983]):125). 우리는 끝없는 생산 "합리화"에서 살아남으려고 애쓸 뿐이라는 공식기록과, 제도가 너무 효과적이기 때문에 그것을 감당하기가 어려울 지경이라는 두 공식기록이 현재 노사 양쪽에 도움을 주고 있다. 경영 측에서는 제도를 현명하게 짠 것에 보람을 느끼고; 종업원측에서는 사실을 은폐하는 가상의 벽으로 그것을 이용할 수 있다. 한편 숨은 기록은, 어느 쪽에도 도움이 되지 못한다. 숨은 기록은, 자기들이 상대적으로 무력함을 알고 그 사실을 은밀하게 부인하는 방법을 찾는 하위직에서 나오는 것이다. 그러므로 "안전-밸브 이론 뒤에 어떤 종류의 심리법칙이 있는가 사람들이 의심한다"라고

---

273) 지적 비관주의=intellectual pessimism: 이태리 사회학자 A. 그람치가 즐겨 쓴 말 '지적 비관주의, 의지의 낙관주의' 를 연상시키는 말, 여기에서 지적 비관주의는 자본주의 악폐를 비판하는 지식인을 의미한다. 한편 낙관주의는 풍요로운 현대문명을 이룬 역사발전에 만족한다는 냉소적 표현이다.

274) 언스트 블러크=Ernst Bloch(1985-1977): 독일의 마르크시스트 철학자이며 다음 두 저서로 유명하다. 유토피아 정신(spirit of utopia:1923) 희망의 원칙(principle of hope, vol. 1-3: 1954, 1955, 1959). 그의 주제는 유토피아이며, 종교와 마르크스혁명을 포함하는 서구문명을 유토피아를 향한 욕구의 점철로 보고, 미술과 문학 음악을 포함하는 문화가 모두 유토피아 충동에서 나온다고 본다.

스콧트는 기술한다. "관행화된 반항 틀 짜기가 실제 반항으로 이어질 가능성을 왜 줄이게 되는지 그 이유가 무엇인가? 왜 반항 틀 짜기가 옷 입어보기처럼 쉽게 적용되지 않고, 또 실제 반항의 자극제가 될 수 없는 것일까?(스콧트, 1991:178). 스콧트가 확신에 차 말하는 것처럼, 역사는 두 번째 가정을 지지하는 사례로 가득하다.

[1]아이버슨 및 라슨도 아주 똑같은 논담을 제기해 왔지만(2012), 경우에 따라서는 공노동이 저항행위에 더 가까움을 인정했다.

[2]윌못트는 실제의 자신을 가상하는 죄가 포함된 흡수 형태를 이미 언급했다: "더욱이, '실제의 자신' 이라고 판단되는 것에서 심리적으로 멀리 떨어져 역할을 수행함으로써...개인은 그 결과에 대하여 실존적 책임을 별로 느끼지 못한다. 그러나, 이 희곡연출 같은 '게임 플레이' 에는 비용이 따른다. 개인은 피할 수 없이 주어진 역할 수행과정에서 구성요소가 되지만, 자신을 돌아보는 길에서 벗어난다... '실제' 자신은 연출된 자신의 구성물이다; 그것이 짜여지는 순간 자신은 독립해서 존재하지 않는다"(윌못트, 1993:537).

[3]더 구체적 형태의 부정행위를 연구하는 곳에서 그와 똑같은 논쟁이 일어난다. 예를 들면, 라드너는 자신의 연구에서 시간훔치기 종업원들은 자신들이 하는 일의 일부 국면만 의심했다고 기술했다: "노동자들이 종종 출퇴근 기록을 날조하는 부정행위를 하면서, 자신들의 노동력 전부를 직접 고객에 팔아넘기는 경영권의 합당성에 대해서는 궁극적으로 의심하지 않았다."(라드너, 2009:33). 일을 계속하기 원하면서 고용관계의 이러한 근본문제를 어떻게 감히

의심할 수 있겠느냐고 반문하는 사람도 있을 것이다.

작업장 해방이 주제로 떠오를 때마다 종업원 가운데서 새로운 협력자를 찾는 문제가 제기될 수 있다. 작업장 낮잠을 정당화시키는 연구에서 박스터 및 크롤-스미드는, 낮잠은 "카타콤 안의 비밀장소"에서 나와 더 공개적으로 개방되고 용인되기에 이르렀다고 말한다(대개 생산성 이익을 내세우는 순진한 기능주의자 의견): 그들의 냉소적 비판은 이런 논의 자체가 사실상 낮잠을 규제하는 방법이라는 것이다: "한 때 숨어서 하던 이 행위를 규제하기 위하여 몇 가지 전략이 쓰인다: 절차에서 벗어나는 사람에 대한 강력한 감시통제와 벌칙 적용; 낮잠 규범을 꽉짜인 작업스케줄에 맞추어 내면화시키고 위반행위는 동료의 압력으로 처리하는 포용성과 신뢰에 바탕을 둔 제도"(박스터 및 크롤-스미드, 2005:46).

'부라보이를 비평하면서, 클로우슨 및 판타지아는 수익형 결합 개념에 의문을 제기한다. "낭비"가 인상된 가격으로 "외부전가"된다 하더라도 전후관계가 밝혀져야 한다; 기업이 독점적 지위에 있다면(부라보이는 당연한 것으로 본다) 그런 미캐니즘이 작용되겠지만, 이런 주장은 세심한 추적이 필요하다. 부라보이 자료를 사용하여 클로우슨 및 판타지아(1983:675)는 "기준채우기"와 표준임률을 비교한 결과 임금 차이가 20퍼센트 나왔다. 이것이 20퍼센트 높은 가격을 의미한다면, 그 회사는 독점적 지위에 있어야 하거나 또는 동일한 "기준채우기" 원가를 부담하는 경쟁기업이 있어야 한다. 그러나 만일 원가 피해가 없다면, 왜 제조산업은 이런 형태의 게으름피기를 줄이기 위하여 그 엄청난 노력과 자원을 쏟아 붓는가? 노동자를 흥분시켜 자신들이 시스템을 우롱한다고 믿도록 함으로써 노동자를 우롱하려는 것인가?

⁵재무회계 세계에는, "창의적 회계"라는 분과까지 생겨 제도를 어떻게 우회할 것인가를 특화한다. 파워가 말하는 바에 따르면: "창의적 회계 실천가들은 이윤은 '당신이 좋아하는 것'임을 알고 있으며, 모든 재무회계 규칙에는 거기에 따라가는 것처럼 보이면서 그 규칙의 목적을 어지럽히는 길이 있음도 잘 알고 있다"(파워, 1997:94).

⁶지배가 일 사회의 관리원칙임을 보드리야르 만큼 용감하게 강조한 사람은 없을 것이다, 그러나 그의 비판은 마르쿠제의 일차원 인간²⁷⁵⁾까지 소급된다. 마르쿠제는 베버 비판에서도 이 점에 관하여 명백한 틀을 세웠다. 마르쿠제는 에세이 막스 베버 저술 속의 산업화와 자본주의(1969)에서, 베버의 목적지향 합리성에서 뿌리가 없는 개념을 호되게 비판했다: 비판의 근거는 베버의 합리성이 "이성"과 자본주의 이성을 동격화시키고, 그렇게 함으로써 비뚤어진 합리성 모형을 객관성과 극대효율 서열로 추켜세웠다는 것이다. 이 비판은 1세대 프랑크푸르트학파 전체가 공감한 것이며, 제이에 따르면: "프랑크푸르트 연구소는, 자본주의가 사회경제적 합리성의 최고 형태라는 베버 주장을 부인했으며, 마르크시스트로서 그들은, 사회화된 생산수단이 결여된 계획되지 않은 경제는 불합리 바로 그것이라는 생각도 부인한다"는 것이다(제이, 1973:121). 마르쿠제는, "수단적 합리성"²⁷⁶⁾대신 "지배의 합리성"²⁷⁷⁾이라는 말을 그의 저술에 사용하였다, 그리고 비판이론에 대한 그의 중요한 공헌 중 하나

---

275) 일차원 인간=One-Dimensional Man, 3-1 저항으로서의 자아, 각주 113) 참조.
276) 수단적 합리성=instrumental reason=instrumental rationality: 2-2 기계부속품 각주 63) 참조.
　　지배의 합리성=rationality of domination: 기술이 이데올로기 중립이라는 주장을 엎고 마르쿠제는 기술
277) 이 합리성 이름을 빌린 지배수단이라고 본다. 2-2 기계 부속품, 각주 66) 참조.

는 기술(여기에서는 가장 넓은 의미로 이해된다)은 이데올로기 요소가 없는 중립적 수단이라는 개념에 대한 도전이었다. 이것은 초기 비판이론에서 가장 기본적 비판에 속하지만, 하버마스는 철저하게 거부하였다.

나는 이 책을 시작하면서, 일은 생활을 흡수한다, 또한 우리 시간, 사상 그리고 감정을 짜 맞춘다, 그러면서 우리가 그것에 저항하기 위하여 할 수 있는 것이 별로 없다는 느낌을 떠올렸다. 말할 필요도 없이 나의 느낌은 근거가 충분하다: 일을 떠나지 못하는 일벌레가 있다, 일을 꿈꾸는 사람도 있다, 자기 상사를 즐겁게 해주려는 사람도 있다 등등. 노동시장의 불안정화, 노동운동의 약화, 신관리기법의 계속적 발달은 노동자를 취약한 위치에 몰아넣어 완전한 굴종이 논리적 목적으로 보인다. 한편, 사회과학 특히 비판이론에서는 우리가 일의 지배를 받는 노예라고 생각하도록 만드는 논리가 실험적 바탕도 없이 나돈다. 초기 산업화 이래 노동자는 기계의 통제 밑에 들어가 절망적으로 무력한 부속품에 불과하다고 생각되어 왔다. 서구사회에 산업생산이 상대적으로 감소하자, 허위의식 관념이 비판이론의 중심이 되었다. 다시, 권력이 최상의 우리 이익에 반하는 것을 믿도록 이데올로기적으로 움직일 수 있다고 생각하기에 충분한 이유가 아직 있다. 그러나 허위의식 문제는 누군가 그 때문에 비난을 받을 수도 있고 그렇다고 완전히 부인하기도 불가능하다는 것이다. 더 유감스러운 현상은 "올바른" 의식은 없다고 말하는 것, 권력에 바탕을 둔 이데올로기(또는 조직논담)[278]는 사방에 있다는 것, 상황이 이렇기 때문에 우리는 "자아"가 된다는 것이다.

작업장의 모든 행위는 이데올로기 아니면 조직논담의 일부일 것이라는 가정을 미리 세우지 않고 공노동을 연구하기 위하여, 나는 아주 반대 개념 "자아"를 내세웠다. 자아는 행위자가 되려는 의지를 뜻하며, 바로 "권력중심에 대한 저항" 가운데 형성된다(투렌, 1995:167). 이런 의미의 자아는 그동안 대부분 갖가지 사회운동과 관련하여 연구되어 왔으나, 작업장에서 일어나는 개인적 저항 표현과 관련해서는 별로 연구되지 않았다. 일은 대개 근대사회의 권력 허브로 생각되어 왔으며, 그 사회제도 속에서 수단적 합리성이 최상위에서 지배하고 저항은 효과적으로 제거되었다. 공노동을 연구하려는 포괄적인 동기는 그런 밑그림에 문제를 제기하고, 대부분 노동이 처한 힘든 조건 속에서 자아가 어떻게 작용하는지 새로운 무엇을 찾으려는 것이다.

모든 것이 내가 품었던 희미한 생각대로 되었다면, 아주 따분한 연구가 되었을 것이다. 공노동이 노동자 저항의 확실한 결과임을 나는 믿고 있었다. 나는 어떤 일이든지 잠재적 생산량에 한계가 있을 것이라는 생각을 하지 않았으며 일에서 떠나고 싶은 동기가 없는 사람들이 공노동에 그렇게 빠져들 것이라고 생각하지 않았다. 적극적으로 시간을 훔치는 종업원의 기술을 보면, 왜 참고하기와 게으름피기가 일어나는지 알기 쉽다. 가장 결정적인 요소는 노동과정

---

278) 조직논담=discourse: M. 푸코는 징표가 연속되어 선언문과 같이 된 실체를 discourse라고 했으며 앞에서 조직논담으로 번역했다. 2-4 각주 89)참조.

이 매우 불투명하다는 것이다, 다시 말하면 제 삼자도 당신의 일이 얼마나 오래 걸릴지 쉽게 예측할 수 있다는 것이다. 불투명성은 조작될 수 있다: 그 조작될 수 있는 부분을 줄이기 위하여 경영 측이 계속적으로 노력하는 것과 같이, 노동자 측은 늘어나고 있는 불확실성을 이용할 수 있다. 그러나 그 불투명성은 당신이 좋아하고 안 하는 것과는 관계없이 처음부터 그 자리에 있었을 것이다. 여기에는 얕보아서 안 될 역동성이 있다: 상대적으로 힘들지 않은 일에 변화가 없고 새로운 일감을 배정받게 될 두려움이 생길 경우, 꾀부리기 또는 따라하기로 시작될 수 있는 것이 게으름피기로 변할 수도 있다. 일단 이와 같은 상황에 빠지게 되면, 일 시뮬레이션에 매달리는 오랜 시간의 지루함이 모든 계획을 참고하기로 바꿀 수도 있으며, 아니면 권태증후군에 빠질지도 모른다. 그러나, 이 과정이 얼마나 순탄하게 진행되는가는 직업에 따라 다르다, 어떤 작업장에서는 직업의 불투명성이 증가되는 별난 환경도 있을 수 있을 것이며, 어떤 작업장은 더 투명하게 될 수도 있다.

저항행위로서의 시간훔치기 분석은 내가 생각했던 것보다 훨씬 복잡한 것으로 나타났다. 노동자는 증거가 말하듯 기계의 톱니바퀴이건, 또는 온갖 거짓 믿음으로 회유되어[279] 추호의 불만 증후도 없이 무작정 일하는 사람에 자니지 않건, 그것이 노동자의 유일한 형태가 아니다. 물론 자아도 작업장에서 적극적일 수 있지만, 혼자 공개적으로 일에 반대하는 것은 해고로 연결되기 쉬우므로, 일 저항은 시민저항과 아주 다르다. 가장 분명한 차이점이 바로 가장 중요한 것일 수 있다: 일을 두고, 당신은 공개적으로 반대할 수 없다. 어떤 이유

---

279) '거짓 믿음으로 회유되어' 라는 표현은 자본주의 허위의식을 말한다. 2-1 자아개념 부인, 각주 47) 참조.

로 동의하지 않는 점이 생기면, 문제를 다루는 합당한 절차는 관리자와 협의하거나 노조에 호소하는 것이다. 일을 하면서 공노동을 시뮬레이션하는 도중에 "나가는 것"은 불만을 소리내는 것과 마찬가지로 건설적인 것이 아니다. 시간훔치기는 이기적인 선택으로 평가되며, 실제로 그럴 때가 있다. 피면담자 중에는 별다른 동기 없이 배정된 시간을 채우기가 힘들었다는 개인적 이유만으로 시간훔치기를 한 경우가 있다. 다른 피면담자는 복수를 구실로 하는 저항형태를 말했는가 하면, 다른 일부는 정치적 구실을 동기로 시간훔치기를 했다고 말했다. 일정한 형태의 직접행동을 일으키는 이와 같은 여러 방법은 더 연구되어야 할 것이다. 이것은 시간훔치기에 한정된 문제가 아니다; 만약 명백한 이유가 있다면 활동가들은 그것에 대응하는 길이 있을 것이다. 작은 공노동의 하나인 따라하기에 초점을 맞춘 연구를 한다면, 내가 식별하기 어려운 훨씬 많은 뉘앙스를 발견하게 될 것이다.

우리가 만일 시간훔치기에서 저항의 자아 측면만 고려한다면, 이 특수한 형태의 저항에 나설 경우 우리 모두 그 일부가 되기 때문에 "자아"를 동질적인 실체로 오해할 위험이 있다. 우리가 저항의 더 객관적 부분을 고려하여, 다른 사람들은 저항을 어떻게 받아들이는가 그리고 저항이 "표적"에 어떻게 영향을 미치는가 등에 이르면, 시간훔치기는 더욱 모호하게 된다. 특정 일의 잠재적 생산량을 우리가 말할 수 있다는 사실만으로도, 효율 극대화 그리고 가용자원의 유효이용과 같은 소위 임노동에 내재한다고 생각하는 근본원리에 도전하는 것이다. 이와 같은 근본원리가 없다면, 우리가 시간축내기를 할 때 구체적으로 무엇에 저항하는 것인가? 이쯤에서 나는 사회적 상황요인을 강조하고자 하며 이것이 작업장저항에 관한 일반적 평가 전반을 복잡하게 할 것이다.

서론에서 언급한 바와 같이, 나는 일 개념의 포괄적 의미론을 피하기 위하여 현실적 방법으로 "일" 그리고 "일 아닌 것"을 피면담자의 생각에 따라 결정하기로 하였다. 이 실용주의는 일을 비교하거나 또는 일의 일반적인 면을 말하고 부인할 때 문제를 일으킨다. 일의 차이점은 무엇을 생산하는가 또는 어떤 서비스를 제공하는가에 따라 식별될 수 있을 뿐만 아니라, 불투명성, 감시, 생산규범, 효율에도 상당한 차이가 있다. 이런 점이 시간훔치기의 일반적 결과를 탐색하기 어렵게 만든다. 특히 이것은 스트레스가 심한 환경에 대응하려는 종업원들이 일으키는 공노동에서 확실해진다; 이때의 공노동은 종업원이 스트레스 속에서 일을 계속하다 권태증후군에 빠지는 것보다 훨씬 큰 효과를 보장하는 완충제로 작용할 수 있다. 일 사회의 상층에서는, 종업원이 투입하는 시간이 아니라 지식으로 서비스 가치가 평가된다. 우리는 또 자기들 근무시간의 겨우 절반만 일한다며 "제도"를 우롱한다고 큰소리치면서 자신을 우롱하는 것을 생각할 수 있다. 만약 시뮬레이션이나 "체면세우기 일"이 우리 문화의 거대원리가 되고 있다면, 공노동을 가능하게 만드는 시뮬레이션도 역시 적응으로 간주될 수 있을 것이다, 말하자면 저항의 반대가 된다.

내가 가지고 있는 실험적 자료가 결합에 관한 담론[280]을 거부하거나 인정하기에 불충분하기 때문에, 이에 관한 나의 주장은 탐구대상으로 남아 있을 수밖에 없다. 현장 관찰과 면담을 연계하면 저항에 있어서 자아와 대인관계 측

---

280) 제8장 결합된 저항 참조.

면을 판단하기가 용이하였을 것이다. 그러나, 기능장애로 보이는 것이 사실은 자본주의 또는 기업의 권력구조를 재생산한다고 보는 결합담론의 기능주의 색채가, 결합담론의 근본적인 수정을 거의 면역시켜 주었다. 어떤 형태의 공노동에 노동자들이 동참하는가 그리고 공노동이 일 책임감(일 책임감이 있다면) 약화를 어떻게 부추기는가에 주의를 더 기울이는 것은, 우리의 결합담론 이해를 돕고 전후관계의 중요성에 대한 인식을 일깨우게 될 것이다. 종업원은 시간훔치기를 정신적 안전판으로 이용한다는 점에서 "시간 낭비"는 기업과도 경제적으로 결합될 수 있다. 그리고 공노동 시뮬레이션이 실제보다 먼저 일어나기 때문에 결합담론의 적절성 여부를 구별하는 데 도움이 된다.

같은 형태의 전후관계 맥락잡기는 조직부정행위 모든 영역에서 이루어져야 하며 결합담론에서도 마찬가지다. 예를 들면, 자기들이 일하고 있는 조직을 사회학자들이 비판할 때에는 의심할 여지없이 냉소가 결합되어 있다. 내 경험에 따르면, 그런 냉소는 거의 의무적이다– 재무장관에 대하여 적절한 경멸을 품고 있지 않은 사회학자는 수상쩍은 사람이다. 군대조직, 경찰, 왕실에 대한 동일한 냉소는, 확실히 달리 취급되어야 한다. 전문직업, 산업, 그리고 계급에 비교 측면의 고찰이 빠진 문화기술학은 끝없는 양산이 가능하겠지만, 누진적 진전은 없고 기능주의자 분석을 허용하여 조직부정행위 전 분야가 부인될 것이다.

대부분의 작업장저항 연구문헌은 엄격한 이론적 학문화에 짓눌리고 있다. 조직부정행위의 인기가 역풍을 맞기 전 뭄바이(2005:39)는 다음과 같이 기술했다: "저항 연구는 통제를 누르고 저항에 특전을 주는 결과를 만드는 단순한 시계

추 진동이 아니기를 바란다. 그 대신, 일상적 조직화의 복잡한 역동성 속에서 저항을 그 구성요소281)로 탐구하는 협동적 노력에 신호를 보냈으면 한다." 재미있는 것은, 이와 같은 학문적 관심을 모으고 있지만, 저항은 한 "요소"로 남아 있다– 마치 시체가 과학의 해부를 기다리며 대기하는 것과 같이. 나는, 이 책에서 저항이 어떻게 "일상적 조직화의 복잡한 역동성" 일부가 되는지 사례를 제시했다. 달리 말하면, 자아는 노동을 하는 단계에서도 살아 움직인다. 여기에서 피면담자들이 골치않는 문제를 나는 고백하고 싶다– 이 연구의 초점이 무엇인가?– 이것은 내가 이 책을 쓰면서 보낸 몇 년 동안 나를 떠나지 않았다. 이 책과 같은 연구 속에, 또는 전문용어로 채워진 회의자료와 논문 속에 조직부정행위가 존재하는 것을 환영하는 것은, 사회학자의 경력에는 의미가 될 수 있겠지만, 그것이 노동해방282)의 야심을 품은 비판적 연구의 일부라면, 오히려 무의미한 것으로 보인다.

나는 여기에서 이런 비판에 동의한다: 너무 특수한 조직여건 속에서 극히 보잘 것 없는 규칙을 사람들이 어떻게 위반하는가에 관하여 엄청나게 "두꺼운" 설명서를 만들어도 별 의미가 없다. 투렌이 주장하는 바와 같이, 사회학자는 자신의 아족(亞族)을 위한 글쓰기를 초월하는 도덕적 책임이 있다: "만약 사회학이 사회에 대항하는 자아 편을 들지 않는다면, 사회통합과 사회화를 촉진하는 이데올로기 수단이 될 수밖에 없다."(고르, 1999:141에서). 작업장저항 연구가

---

281) 저항이 '조직화' 의 구성요소가 되면, 정상적 보상이 이루어지고 징계사유에서 면제될 것이다.
282) 해방의 야심=emancipatory ambition: 여기에서 해방은 노동해방을 의미하며, 이 말은 제정러시아의 마르크시스트그룹이 스위스에서 결성한 ʻUnion of Struggle for the Emancipation of Lobor)에서 보급된 것이다. 19세기 마르크시스트 슬로건이 21세기 공노동에 살아난다.

빠르게 존경받을 만한 지위를 얻고, 사적으로는 재빨리 "살찐고양이 사회학"283)재미를 누리고 있다(니코라우스, 1968 참조). 이것은 우려되는 현상이다. 작업장 부정행위에 관한 학술연구가 쏟아져 나오는 것은 이 주제에 매력있는 무엇인가가 있다는 것을 말한다. 비록 작업장저항의 "하찮은 행위"가 구조적 차원에서 큰 변화를 불러오지 못하고, 한편으로 그런 행위의 조직화를 어떻게 추진할지 별로 정보를 주지 못한다 하더라도, 그 행위들은 날마다 일을 부인하도록 고무하고 가르침을 주는 생명의 작은 증표다. 작업장 부정행위의 학문적 연구는 그것이 상아탑 안에 머무는 한 그 가치는 한계점에 있다. 내가 제안하는 것은 말에 그치지 않고 일에 저항하도록 대중을 적극적으로 고취하는 것이다. 이것을 어떻게 수행할지 몇 가지 사례가 있다. 푸제(1913[1898])284) 그리고 스프라우스(1992) 연구285)는 상대적으로 정립된 장르에 속하며, 여기에서 작업장 사보타지는 포용되고 접근이 가능한 형태로 분석되고 있다. 나는 최근의 사례인 소위 칼슨(2012)에도 언급했다, 그는 상아탑 학자들이 제공하는 수많은 조직부정행위를 선택 번역하여 누구나 쉽게 이해할 수 있는 재미나는 이야기로 만들었다.

이미 이야기한 것이지만, 공노동 연구가 일 사회학에서 계속 연구되어야 할 과제를 제시한다고 믿는다. 내가 이미 언급한 것 외에, 첫 번째 과제는 일의

---

283) 살찐 고양이 사회학=fat-cat sociology: 미국에서 '살찐 고양이'는 거액정치자금을 제공하는 부자를 의미하며, 여기에서는 지배계급에 봉사하며 명예와 부를 누리는 사회학자를 살찐 고양이에 비유한 것이다.

284) 푸제=Emile Pouget(1860-1931): 6-4 꾸며진 반대 각주 195) 참조.

285) 스프라우스=M. Sprouse: American Workplace: Anecdote of Dissatisfaction, Mischief, and Revenge(1992), 미국노동자의 기발한 회사 골탕먹이기 사례집이다. 한국농촌에는 남의 집 채소, 과일, 가축등을 훔쳐 먹는 '서리' 풍속이 있었다.

개념에 관한 것이다. 칼슨(1986)이 그의 지난 저술 중에서 지적한 바와 같이, 역사를 통하여 일의 개념은, 인간의 모든 활동을 포함하는 것과 더 배타적인 것 사이에서 주기적으로 확대되고 축소되어 왔다. 의심할 여지없이, 우리는 지금 일 개념이 확대되는 시대에 살고 있다. 콜센터 직원, 창고 종업원, 기계 기능공의 활동이 각각 일이라고 불리는 초분류 아래 모집되었다는 것은 우리 시대의 이상한 언어적 경탄이다. 아리스토틀이 "돈이 지급되는 작업은 마음을 흡수하고 약하게 만든다"고 서술한 것은(베더, 2001:9), 그가 아주 구체적 활동을 마음에 두고 있었음을 뜻한다. 일은 필요성이 걸려있는 활동, 우리의 재생산을 위하여 필요불가결한 것이었으며, 지저분한 일거리는 노예와 여자에 속하고, 그 반대인 철학은 그 자체를 유일한 목표로 삼고 있었다. 지금은, 카렐 코지크(1979:183)가 언급한대로 철학까지도 "일"이 되었다. 몇몇 피면담자는 일과 일이 아닌 것 차이를 개념적으로 구분하기 어렵다고 말했다. 고문서 관리자, 카피라이터, 휴가 관리자는 모두 읽고 쓰는 것으로 임금을 지급받았다. 그들이 공노동 기간에 한 활동은 무엇이었는가? 대부분 읽고 쓰는 것이다. 오늘날은, 가만히 앉아 있는 것, 거의 자동화된 생산과정을 지켜보는 것이 일이 될 수 있다. 이미 본 바와 같이, 순수한 공노동 시뮬레이션도 육체활동과 같이 일이 될 수 있다─ 유일한 차이점은 당신이 시뮬레이션 활동하는 것을 아무도 알 수 없다는 점이다. 일은 감정적, 심미적, 육체적, 비물질적, 산업적, 창조적, 안정적 또는 불안정적일 수 있다; 그 일의 결과는 건강보험, 공적 수송, 웹페이지, 청결한 복도, 채워진 여백, 논문, 폭탄, 그리고 수류탄이 될 수 있다. 정치인들이 일자리 창조를 주장할 때 그들이 말하는 일은 어떤 형태인가? 우리가 활동하는 것을 모두 일이라고 간주하고자 한다면, 일 개념의 불균질성에 더 눈을 뜨게 될 것이다. 공노동과 같은 하위범주 그리고 앞에서 열거한 것들은 불균질성을 일깨우는 것이다, 그러나 여전히 우리는 개념적 도구가 필요하다.

이것이 우리를 두 번째 지점으로 안내한다. 스웨덴에서는 계급의식이 이원화되고 있다─즉, 우리(정치인, 언론인, 심지어 사회과학자까지)는 직업을 가진 사람과 노동시장 "밖으로 밀려난" 사람을 구분하는 것으로 만족하는 경우가 있다(데이비드슨, 2010 참조). 이러한 수사학적 이원론 입장에서 보면, 임노동은 오히려 즐거운 공동체 속으로 넘어 올 수 있다, 여기에서 사람들은 내면의 자아를 실현하면서 국가의 부를 보장하지만, 실업자는 무활동, 고립, 기생적 생활에 속한다. 공노동 현상은 몇 가지 점에서 이 이원론에 도전하는 점도 있지만, 임노동의 사회적 계층에 관한 우리의 이해력을 넓혀 준다. 직장생활의 계층화를 연구할 때 고려할 것은 소득과 근로조건이 전부가 아니라는 점이다. 공노동은 우리의 복지를 위하여 똑같이 중요할 수 있다. 이 이슈와 관련하여 볼 때, 대부분의 시간사용 연구에서 실질적 거리가 벌어진다: 여가시간 대에 일어나는 일 관련 활동에는 민감하지만, 일할 때의 사적 활동에 관하여는 신경을 별로 쓰지 않는다(은유적 표현을 빌리면, 호치차일드, 1997 참조). 이 분기점에 가장 근접한 연구는 서론에서 언급한 일의 강도에 관한 것이지만, 그 측정방법은 공노동의 직업적 계층적 분포 패턴을 식별하기에는 정확성이 너무 떨어진다, 질적인 면은 차치하더라도(예를 들면, 내가 분석한 공노동 형태에 따른). 그 경향을 보면, 임노동에 속하는 수많은 활동을 대분류된 "일" 속에 통합하여 "일 집중화"의 일반적 가치를 말하고, 우리가 연구하는 일이 어떤 형태인가는 관심 밖이다(그린 및 미킨토시, 2001; 그린, 2001,2004). 일의 집중성에 관한 연구는, 우리의 임노동 계층 이해에 도움은 고사하고 오히려 흐리게 만들었다. 이것을 회피하는 길은 공노동에서 집중성을 측정하는 것이다, 더 정확히는 일이 아닌 다른 활동에 소비한 시간을 측정하는 것이다. 즉, 지금 집중성 연구가 의존하고 있는 주관적 추정 방법을 대신하는 것이다.

세 번째, 일의 계층적 이해를 심화할 추가적인 측면은 일의 의미를 추구하는 것이다. 사회학자는 종종 의미에 관하여 글을 쓴다, 그러나 그들이 가장 신경을 써야 할 "의미"는 우리가 사물을 이해하는 것과 관계되어야 한다-"명시적 의미" 또는 "해석"으로서의 "의미." 나는 여기에서 의미 개념의 존재론적 목적론적 측면에 언급하고자 한다-"인생의 의미" 또는 "의미없는 직업"에서와 같은 "의미"(드리퍼스 및 켈리, 2011). 이것은 아주 새로운 시각이 아니며, 일의 이런 부분에 실험적으로 접근하려는 시도가 있었다(특히 MOW 국제연구팀, 1987 참조). 그러나 너무 방치되어 왔다. 최근의 논문집 불량한 일은 불가피한가?(와허스트 기타, 2012) 속에는, 무엇이 "불량한 일" 인가를 가리는 풍부한 변수가 있다. 즉, 임금, 직무 안전성, 건강 위험, 일의 강도, 발언권, 직무 통제, 작업장 사회관계, 학습과 승진기회, 작업시간 길이와 같은 근무시간 결정, 반사회적 교대시간 등. 독자도 알 수 있지만, 이들 변수는 일의 의미나 그 실질내용에 대해서는(노동자에 임금이 지급되는 생산적인 활동) 설명하지 않는다; 모두 일하는 조건과 관계될 뿐이다. 이 변수를 기준삼으면 본 연구의 피면담자 다수가 직무-평등 척도에서 상당히 높은 점수를 기록할 것이다; 그들 임금은 평균을 넘었고, 안정된 정규직이며, 일하는 가운데 큰 위험이 따르지 않고, 정상 주간근무 등이다. 그들의 일에서 나오는 문제는 종류가 다른 것이다: 일의 의미가 부족했다.

공노동이 바로 일의 의미에 접근하는 방법의 하나다. 연구자들은 직업상 일이 연구를 방해할 때 어떤 기분인지 다 안다; 연구자들은 모두 무의미한 일을 경험했다. 직장생활 연구자로서, 우리는 무의미한 일에 민감하게 반응하고 저항할 방법도 제시하는 인식의 틀을 짜낼 가능성을 가지고 있다. 이 방향으로 가야 하는 과학차원의, 해방차원의286), 이기적 차원의 이유가 있다. 일의 의미를 깊이 알면 무의미한 일을 거절하는 것이 더 정당화되는 효과가 나온다287). 공노동이 의미하는 제한된 형태의 자율은 임노동의 타율적인 틀을 넘어 자율로 전환될 수 있다.

---

286) '해방'은 노동해방을 뜻하며 19세기 마르크시스트의 주장이다.
287) '일의 의미를 깊이' 안다는 것은 노예노동, 식민화, 강제수용소 등 비판이론학자의 주장을 암시한다.

부록 | 방법론적 노트

           내가 인용한 실험적 자료들은 여러 원천에서 나온
다. 우연스럽게, 최근의 핀란드 공노동 데이터세트에 내 손이 미쳤고 일련의
의문점이 솟았다. 그리고 신문기사, 인터넷 포럼, 기타 학문적 연구에서 최근
의 공노동 사례 보고서 편집물을 수집하였다. 그러나 대부분의 이야기는, 근
무시간의 큰 부분을 공노동에 소비한 사람들과 내가 한 면담에서 나왔다. 이
부록에 나오는 방법론적 고려는 주로 이들과의 면담을 다룬다.

사소한 문제라는 차원을 넘어 확대되는 조직부정행위의 모든 연구는 일정한
방법론적 도전을 받고 있다. 가장 분명한 것은 특수한 부정행위에 가담하여
무엇을 하는지 말할 준비가 된 사람을 어떻게 찾아내느냐는 것이다. 지난 조
직부정행위 연구는 주로 표준 문화기술학 방법을 채택하여, 작업장 선정, 현
장조사 진행, 그리고 행운을 기다렸다(부라보이, 1979; 디톤, 1977; 로이, 1952). 공노동
연구에 뜻을 두고 있는 학자들은 이런 접근방법을 선택하기 전에 두 번, 세 번
생각할지도 모른다. 오늘날은, 새로운 수단의 네트워킹과 표현방법으로, 특

별한 유형의 비밀스런 행동에 가담한 종업원과 통하는 효과적인 방법이 나왔다. 이 부록에서는, 이들 방법을 검토하고, 피면담자 손에 의존하는 문제점도 다룰 것이다.

먼저, 선택과정을 설명할 것이며, 특히 자기 공노동 경험을 말해줄 종업원을 어떻게 찾을 수 있었고 그들이 누구였는가를 밝힐 것이다. 두 번째, 내가 왜 문화기술학 방법 대신 면담으로 결정했는지 설명할 것이다. 세 번째, 면담 과정과 관계된 인식론적 이슈를 밝힐 것이다. 마지막으로, 면담 절차와 분석 전략에 관하여 검토할 것이다.

A1 피면담자

공노동은, 누구나 그것을 경험하더라도(정도 차이는 있다), 사회적 환경에 눌려 그 존재가 부정되어야 한다는 의미에서 "공개된 비밀"(심멜, 1906)로 간주된다. 이 문제는 조직부정행위 학도 사이에 잘 알려져 있다. 제임스 C. 스콧트가 말하는 바에 따르면, "저항은 스스로 들어내지 않는 이기심을 가지고 있다"(스콧트, 1991: x x i). 이 연구의 큰 난제는, 올바른 경험을 지니고 있으면서 그것을 말할 종업원을 어떻게 찾느냐는 점이었다. 이 계획에 정식 착수하기 전에, 2007년 시작하여 열 번 정도의 면담을 했다, 면담자는 전에 친구를 통하여 만난 적이 있지만 나의 가까운 친구는 아니었다. 그들의 제안에 따라 면담이 "비확률적 샘플링"288) 방법으로(로페스 등, 1996) 새로운 응답자를 추가했다.

나는 면담자 선택에 단 한 가지 기준을 가지고 있었다: 근무시간 도중의 공노동에 반시간 또는 그 이상을 소비했거나 소비 중에 있는 응답자를 원했다. 그러나 대부분의 의견은 온건한 유형이었다. 내가 그렇게 과격한 집단에 목표를 맞춘 것은, 공노동의 표준적 설명에 다소간의 도움을 주려고 한 것이다. 예를 들면, 그보다 짧은 "공치기"(시간을 더 줄였을 때의 명칭)는 생산성에 유익하다고 보는 경향이 있다(디에이베이트, 2005; 구베이어, 2012; 스콧트, 1998:235). 또 하나 알려진 경향은 일과 여가 경계선을 흐리는 것이다(알빈 기타, 2011; 박스터 및 크롤-스미드, 2005; 프레밍, 2005a). 특히 지식노동자는 "전자 리시"(상시 접속이 가능한 정보 및 통신 기술) 영향으로 인하여 일하는 시간이 아닐 때도 일하는 습관에 빠지기 쉽다. 결국, 이런 사람은 근무시간에 인터넷으로 사적인 용무를 처리하므로 밑진 시간을 보상받으려 할 것이다. 극단적인 케이스 샘플링의 요점은, 그것이 판에 박힌 통상적 관념에서 해방하여 면담자를 더 조명하게 만든다는 점이다(패튼, 2002: 230-34 참조). 공노동의 표준적 설명을 무시하지 않으면서, 근무시간의 절반에 해당되는 공친 시간이 실제로 생산성을 높였는지 또는 집안 용무로 보상되었는지 따지기가 어렵다고 나는 생각했다.

나는 다양한 포럼에서 선전을 해보았으나 결과는 미미했다(겨우 새로운 면담자 네명). 돌파구가 열린 것은 뒤늦게 사회활동가 웹사이트 마스카.누(쉽게 번역하면 "낭비시간.지금")에 광고를 낼 수 있게 된 다음이다. 마스카.누는 잘 방어된 웹사이트로서(그 뒤에 누가 있는지 감을 잡는 데 시간이 오래 걸렸다), 정치적 텍스트 또는 노동시장의 뜨거운 이슈를 올리며, 이 사이트에서 일 사회는 의심의 대상이 되고 시

---

288) 비확률적 샘플링=사회과학 및 통계학 리서치에서 사용하는 chain-referral sampling, snowball sampling, chain sampling, referral sampling 등을 일괄하며, 주관적 샘플링방법으로 연구자의 의도가 개입되는 것이 특징이다.

간훔치기는 일에 저항하는 수단으로 장려된다. 거기에 있는 제안 난에서 사람들은 익명으로 공노동 경험을 공유하고 들키지 않는 방법을 주고받는다. 광고를 냈을 때 이 웹사이트에는 방문자가 많았기 때문에, 좋은 결과를 얻을 수 있었다.

그 때, 엉뚱한 일이 벌어졌다: 갑자기 그 웹사이트에 나의 이메일 주소만 남게 되었으며, 몇 주 사이에 한 기자가 나의 연구에 관한 인터뷰를 할 수 있는지 물어왔다. 그 때, 이 책 서문에서 언급한 그 신문사의 시간낭비 기사가 전파되고 있었기 때문에 누군가의("학계"를 대표하여) 논평이 필요했던 것이다. 나는 연구계획이 초기단계에 있으며 아직 발표된 것이 아무것도 없다는 것을 설명하고 인터뷰에 응했다. 그리고 연구의 동기가 무엇이며 공노동이 더 일반적으로 알려지기를 바라는 마음을 밝혔다. 스웨덴 일간지 시드스벤스칸에 실린 인터뷰에서 그런대로 나의 개인적 의견을 전달할 수 있었다: 공노동이 "좋은가 나쁜가"를 포함하여 내가 분명히 믿는 바 공노동은 소위 게으름의 결과와 무관하며 또 공노동은 무의미한 일에 대한 합당한 반응일 수 있다는 내용이었다. 두 달이 지나기 전에, 나는 전국 차원의 텔레비전방송 둘, 세 라디오방송, 그리고 네 신문사와 인터뷰를 했다. 그렇다고 그 효과를 과장해서는 안 되지만, 미디어 출현의 가장 큰 효과는 새로운 면담자를 유인한 것이다.

종합하면, 인터뷰 주체에 여성 20명과 남성 23명이 포함된다. 대부분 학위를 딴 사무직 근로자이며, 사무실 공간은 격리되어 주로 사적 영역에서 일하고(다른 사람과 완전히 분리된 것은 아니다), 젊은 층에 속한다(22–51세 사이). 아홉 사람의 인터뷰에서는 그들이 근무시간의 절반까지는 "낭비" 하지 않은 것으로 나타났으며 온건한 형태의 공노동을 하고 있었다. 상세한 분석은 없었지만, 이들 인터뷰가 각종 공노동 전체를 이해하는 데 유익했으며, 특히 내가 "따라하기"라고 부르는 공노동이 그렇다(제4장 참조). 피면담자 열네 명은 서비스 직종(상점 캐시어 1, 청소원 1, 사회복지사 4), 다섯 명은 생산직에 속했으며(창고 종업원 하나, 기계공 둘, 공장노동자 하나), 그리고 나머지는 사적 공적 부분에서 특수한 사무직(웹 개발자 셋, 회계 사무원 하나, 물류 관리자 하나)이었다.

공개적인 공노동 정당화가, 그것이 없었다면 이 주제에 관한 인터뷰에 참가하지 않을 사람들과의 접촉을 가능하게 만들어 주었다고 나는 말하고 싶다. 인터뷰 진행과정에서는 면담자가 항상 "회사 밖에서" 오기 때문에 불편한 점이 있다. 즉, 피면담자는 조직부정행위 가운데 간혹 밝혀지지 않은 의미를 설명하기 곤란하고 방어적인 행동을 취한다는 뜻에서다. 어떤 면담에서는 응답자가 자기들 근무시간의 절반 또는 그 이상이 공노동이었다는 것을 강하게 부인하였다. 접촉을 시작할 때 이것이 그들과 이야기하고 싶은 유일한 이유라는 점을 분명히 했지만, 어찌된 까닭인지 실제로 만나면 이야기가 달라졌다. 조직부정행위를 연구할 경우 피면담자를 찾는 어려움은 그 자체가 하나의 미스터리로 발전할 수 있다. 마이클 안테비의 가발[289] 연구에서와 같이(근무시간 중에 회사연장을 사용하여 자신을 위한 작업을 하는 연구였으며, 동일한 부정행위를 제3장에서 마이클 세류튜도 서술했다), 회사는 작업자 면담을 승인하지 않고 심지어는 작업자가 연구를 진행하지 말도록 권고까지 하는 곳(안테비, 2003)도 있다. 한편, 광고와

---

289) 마이클 안테비=Michel Anteby: 보스턴대학 조직행동론 교수, 일과 관련된 종업원행동 연구에 주력, 가발 =la perruque은 서양에서 법관이 쓰는 가발에 비유한 것. 외관은 사용자를 위하여 일하지만 실제는 자신을 위하여 행동하는 것 의미.

비확률적 샘플링의 결합인 이 연구는 방법론적 문제를 제기하는 것이 분명하다.

첫째, 내가 수행한 것은 큰 의미의 직장생활과 직접 관련성이 없는 예외적인 경우를 단순히 청소한 것이라는 주장이 나올 수 있다. 광고와 비확률적 샘플링은 모두 오직 예외적인 것에만 연결된다는 비난을 받을 수 있다(로우프스 등, 1996 참조). 내가 연구한 것이 우리가 정말 모르고 있던 예외적인 케이스임을 인정하더라도, 보다 가볍게 더 보편적으로 확산되어야 할 이상적인 형태에 해당된다고 주장하고 싶다. 서론에서도 말했지만, 소위 공노동은 예외적인 현상이 아니며, 경우에 따라서는 과격하게 나가는 경우가 있지만, 그것이 아니었으면 그늘에 가려질 것이 밝혀질 수도 있다. 버드 및 다네마르크 등이 말하는 바와 같이: "자연과학 실험의 힘은, 설계된 실험실에서 확실한 미캐니즘으로 순수한 형태가 나올 때까지 연구할 수 있다는 것이다. 사회과학에서 쓰는 대안은, 실제 상황을 연구하는 것이며 거기에서는 미캐니즘이 스스로 평상보다 순수한 형태라고 밝힌다."(다네마르크 등, 2002:105). 중요한 사례연구는 공노동 배후의 술책과 조직적 요소를 투명하게 하는 데 특히 가치 있음이 들어났다.

둘째, 내가 면담자 선정을 엄하게 제한하지 않은 점이 더 진지한 반대가 될 수 있다. 예를 들면, 나는 특정 기업이나 직종에 집중할 수 있었다. 내가 왜 문화기술학과 같은 형태를 선택하지 않은 이유로 돌아가 보자. 내가 한 집단에 초점을 맞추지 않은 결정에는 실용적인 면과 이론적인 면이 있었다는 점을 밝힌다. 선정된 기준과 일치하는 응답자를 찾기 어렵다는 사실을 알았기 때문에, 나는 더 이상의 기준을 추가하지 않기로 결정했다. 더 중요한 것은, 나의 목표가 넓은 범위의 동기와 살아있는 조직적 요소를 구분하는 것이었으며, 이것을 마음에 두고 보았을 때 갖가지 정황이 유용한 것으로 나타났다.

셋째, 마스카.누와 같은 웹사이트에 돌아가면 의문이 생긴다: 당신은 표본에서 어떻게 정치적 편견을 피할 수 있는가? 내가 방금 보통사람과 닮은 데가 거의 없는 골수 좌파 집단과 면담이라도 했다는 말인가? 이 프로젝트의 목표 절반은 공노동 뒤의 동기를 연구하는 것이므로, 이것은 아주 정당한 의문이다. 물론 쉬운 대답은, 비난 때문에 공노동을 숨겨야 하는 문화, 자신의 공노동 경험을 이야기하면 프로테스턴트 직업윤리의 모범에서 벗어나게 되는 문화— 이와 같은 "문화적 각본"(알베슨, 2003)이 깔린 문제에서는 정치적 편견을 피하기가 불가능하다는 것이다. 한편, 실제로 나는 자기들의 일 충성심을 강조하려고 애쓰는 몇몇 종업원을 면담했다. 곧 알 수 있게 되지만, 공노동의 모든 경우가 종업원의 낮은 일 충성심에서 나오는 것은 아니며, 아주 비자발적이며 심지어 부담감으로 경험되는 경우도 있다. 나도 이와 같이 느끼는 사람과 면담을 했다; 특히 스노우볼 샘플링은 이런 응답자와 접촉하는 데 매우 효과적이다. 정치적 편견 문제는 면담자의 동기배경과 공노동 설명 차이점을 관찰하기만 해도 답을 얻을 수 있었다. 이것은 제6장에서 보고되었다. 독자들이 발견한 대로 그 차이는 크다. 내가 왜 그렇게 많은 사람들과 면담했는가의 이유는 정확하게 말해서 여러 이야기를 듣고 싶었기 때문이다. 내가 접근할 수 없었다고 생각하는 집단은 우선적으로 공노동 상황 이야기에 너무 당혹스러워하는 사람들이었다, 그러나 그것은 그동안 수행된 면담연구 모두에 따라다니는 편견이었다.

넷째, 응답자가 면담 전에 가졌던 공노동 의견에 관계없이, 공노동에 대한 나의 견해와 도덕성이 그들이 나에게 한 말에 영향을 미칠 수 있었을까, 특히 일부는 언론을 통하여 나의 생각을 이미 알고 있었을 것임을 생각하면? 내가 "듣기를 원한"(거의 무의식적으로) 것이 무엇이었건 그것을 불러내지 않으려고 분명히 노력했지만(아주 진지하게), "면담환경 짜기"는 여기에서 완전히 피할 수 없었다(어떻게 가능했겠는가?). 그러나, 어려운 과업이 역전된 것은 말해야겠다, 말하자면 공노동은 부끄러운 경험이므로 막아야 한다는 문화적 바탕을 돌파한 것이다. 이런 것은 모두 교과서에서 다룰 이슈로 본 연구와 같은 데에서 발전되어야 하겠지만, 당분간 뒤로 미루려고 한다. "확실한 진실"을 말한다면서 앞 사람 주장을 무시하거나 심지어 왜곡하는 "제 삼자 설명"에 대응하는 질적 방법론290) 내부의 반사적 변화는 환영할 만한 것이다(마틴, 2011 참조). 그러나 오늘날 질적 방법론에 따르는 사람 중에는 면담 과정에서 자신들의 중요성을 과장하는 경향이 있다: 즉 "의미 만들기", "지식 생산하기291)"에 장황한 설명을 붙이고, 그 과정에서 "연구자와 응답자가 상호작용을 통하여 사회적 사실을 함께 만들어낸다"(마바스터, 2003:29).

지적으로 민감한 이들 영역에 파고들 필요는 없다. 우리가 현재의 문화적 바탕에서 나오는 방어적 태도를 피하려고 한다면 "중립적"자세로 공노동을 연구하는 것은 방법론적으로 적절한 생각이 아니다. 이것은 나의 첫 번째 면담

---

290) 질적 방법론=qualitative methodology: 누가, 언제, 어디서, 무엇을 했는가가 아니라 의사결정을 왜 그리고 어떻게 했는가를 추적한다. 연구자가 조사하고자 하는 문화 속에 들어가 생활을 함께하며 관찰하는 방법(문화기술학), 연구자와 응답자가 직접 상대하는 비구조적 면담, 케이스 스터디 등이 여기 속한다.

291) 지식 생산=knowledge generation: 저자의 연구는 공노동에 관한 지식을 생산한 것이다.

에서 경험한 것으로, "옳은가 또는 틀렸는가"의 다툼을 넘을 수가 없었다. 사회학계에 던진 호워드 벡커(1967)의 질문- "우리는 누구 편에 서 있는가?"는 아주 실무적 수준에서 와 닿는다. 어느 편에도 서지 않는다는 면담자는 평균적 의견을 대표한다고 단순하게 가정될 수 있다; 이것을 공노동에 견주어 보면, 비난하는 시각을 품고 있다. 일반적으로 불명예스럽다고 생각되는 현상을 두고 이야기할 수 있으려면, 면담자나 피면담자 모두에 확실한 정치적 자각이 필요하다.

면담할 때나 저술할 때 모두, "공공 사회학"개념이 몇 가지 단계에서 조직부정행위 연구를 고무할 수 있다. 만약 사회학이 한 이슈를 두고 대중과 교감하지 못한다면 별 가치가 없다는 마이클 브라보이의 원칙론적 주장은, 나를 일깨워 주었다. 부라보이가 "전통적 공공사회학"과 "유기적 공공사회학"을 구분한 것은 높이 평가 되어야 한다(브라보이, 2005:7). 전통적 공공사회학에서는 사회학자들이 일반 대중을 설득하고 주류 미디어를 활용하며, 유기적 공공사회학에서는 "사회학자들이 눈에 보이는, 군중적이고 활동적이며 국지적인, 그러면서 때로는 반정부적인 것과 밀접하게 연계하여 활동한다". 후자에 해당하는 형태의 사회학이 문화기술학적 연구에서 잘 나타난다; 사회학자와 활동가의 범주가 흐려질 정도로 상호작용을 하는 완벽한 운동 사례가 여성운동이다(킬라이드먼, 2009; 터너, 1995 참조). 내가 여기에서 특별히 서술하는 속에 가시성, 군중성, 국지적 공공성이 없다 하더라도, 그리고 내가 비록 엄격한 의미에서 문화기술학을 응용하지 않았다 하더라도, 나의 저술에 관한 평가와 반응을 많이 받을 수 있었다, 마스카. 누와 같은 웹사이트가 연결해 주었고 비판적 연구와 같은 활동을 통하여 알게 된 사람들이 있었던 것이다.

응답자에 관한 마지막 이슈는 그들의 근무시간 중 절반 이상이 실제로 공노동에 사용되었다는 것을 어떻게 확인할 수 있느냐는 것이다. 많은 응답자가 나를 괴롭힌 것이 있다면, 회사일과 사적 용무에 시간을 얼마나 소비했는지 추정하는 것이 항상 쉽지 않았다는 것이다. "일" 그리고 "여가" 사이의 경계가 흐릿하다는 일반적 경향이 분명한 이유 중의 하나다— 피면담자 중 몇몇은 거의 정상적으로 집에서 일을 했다. 그러나 내가 대담한 종업원 사이에 재택근무가 아직 "일반화"되지 않은 것은 분명하다. 시간 추정을 구체화시키는 유용한 방법은 일이 아닌 특정 활동을 더 구체적으로 캐는 것이다: 페이스북 및 기타 인터넷 사이트에 사용한 분 단위 시간, 동료와 커피를 마신 시간, 작업이 교체될 때 들어간 "행간" 시간, 흡연 시간, 사적으로 건 전화 시간 등. 종업원 한 사람이 얼마나 일하는가를 판단할 때 일어나는 또 다른 문제는, 공백시간의 유형이 하루 단위로 반복되는 것이 아니라는 점이다. 많은 경우, 파상적으로 온다, 때로는 하루 기준으로, 때로는 주 혹은 월 기준으로.

A2 면담연구와 문화기술학

노동과정이론이나 비판적 경영학 연구는 주로 문화기술학적 사례연구에 바탕을 둔다. 이러한 방법론적 우월성에는 여러 이유가 있다; 면담자료와 실제 행동연구를 "삼각측량"하는 길은 관찰자가 행위자의 주관적 영역을 넘어설 수 있게 만든다. 어빙 고프먼 같은 사람은, "그것이 관찰의 핵심이다. 당신이 그 상황에 도달하지 않으면, 한 편의 진지한 업적도 남기지 못할 것이라고 생각한다"(1989:125)라고 주장한다. 문화기술학적 방법론의 상세한 설명과 그 한계를 건너뛰고, 왜 그것이 공노동 연구를 제약하는지 세 가지 이유를 여기에서 제시한다.

먼저, 오직 한 조직에 관하여 연구할 경우 여러 조직 사이의 차이점과 조직마다가 내포하는 작업활동 형식이 사라진다. 이것을 문화기술학 지지자에 의한 비판의 표본으로 인식해서는 안 된다— 나는 양적 대표성의 상실을 후회하기보다는 오히려 질적 차이성의 상실을 안타깝게 생각한다. 노동자 저항을 분석한 문화기술학 문헌 고찰에서 빈센트 로시그노 및 랜디 허드슨은, "광범한 조직관행의 연속선이 크게 상실되었다"고 지적했다. 그 조직관행 속에서"관리자—종업원 관계의 미세정치적 상황이 벌어지고 조정된다"(2004:18). 다시 말하면, 문화기술학은 특정한 경우의 "두꺼운 묘사"는 가능하지만, 너무 한정된다는 약점에 시달린다. (얇지만) 넓은 묘사가 더 일반적인 관점으로 조직(부정)행위의 개념화에 기여할 수 있을 것이다(좋은 사례로는 호치차일드, 1983;마아즈, 1982;스프라우스, 1992 참조).

둘째, 제조업 일이 압도적이라는 것은 부인할 수 없으며 특히 노동과정 연구에서 그렇다. 서비스 부문이 성장하면서, 노동과정이론의 실험적 바탕이 점차 시대에 뒤처지고 있다는 것을 의미한다. 폴 에드워즈(1986:14)가 주장하는 바와 같이, 사무실 종업원의 사례가 너무 적은 것은 조직부정행위 이론에서는 불운한 것이 아닐지도 모른다— 앞으로 알게 되겠지만, 현대 사무실 일의 요령은 도날드 로이의 1950년대 제조업 연구의 경우와 마찬가지로 대체적으로 동일하다. 그러나, 공노동(이것은 조직부정행위 문제만이 아니다)의 개념화를 위해서는, 피면담자 외에도 일부 다른 원천이 있다.

이것은 셋째 요소와 관련된다. 사무실 노동자의 경우는, 공노동의 외부표현을 관찰하기가 극히 어렵다(로드린 및 베르데르, 2007:60). 일과 사적 활동은 둘 다 컴퓨터 스크린에서 일상적으로 개인이 수행하기 때문에, 한 피면담자가 말한 대로 "순식간에 Alt + F4를 눌러"지워버릴 수 있다.'공노동의 일부는 일을 시뮬레이션하는 것이다. 그것은 몰래하는 것이고 다시 불러내기 위하여 숨겨진 채로 두어야 한다. 캐더린 블리가 인종차별주의자 운동에 참가하는 여성 연구에서 언급한 바에 따르면, 비밀주의가 조사, 참가, 또는 피면담자 접근을 어렵게 만들기 때문에 면담진행 도중에 일어날 차질을 제대로 채울 수 있을까 걱정하게 된다:"비밀스러운 운동의 샘플링 틀을 정확하게 짜는 것은 불가능하다"(블리, 1996:688). 일이 점점 비물질화되고(상징적으로 또 사실상 모두, 고르, 2003) 개인화되면서(알빈, 1997), 일을 더 일반적으로 관찰하기가 역시 어렵게 되고 있다. 다시 말하면, 공노동의 사무실 사례를 문화기술학적으로 연구한다 하더라도, 그들의 경험을 공유하기 위해서는 우리가 완전하게 종업원 손과 마음에 의존하게 된다. 스크린에 뜨는 것이 일인지 일이 아닌지 의문이 생길 것이며, 다 알다시피, 문화기술학 연구자가 어깨너머에서 며칠이고 지켜보는 것을 참아낼 사람이 없을 것이다.

경제성이 떨어지지만 완전한 종업원 신분으로 조직 안에서 몇 년을 보내면서 공노동을 관찰할 수도 있다, 노동과정과 거기에 포함된 사람들의 역할을 일관하여 볼 수 있고, 우리가 공노동에 가담하는 것을 방해하는 문화적 바탕 밑바닥에 도달할 수도 있기 때문이다. 더 경제적인 해법은 소프트웨어 형태로 모든 컴퓨터화된 활동을 모니터하는 것이다. 이것은 원거리 근로자를 통제하기 위하여 일부 회사가 채택하고 있지만(셸렌버거, 2012), 실무적이고 윤리적 이유가 있어 이 방향으로 가지 않는다.

A3 근본적 회의론을 초월하는 면담

면담과정에서 일어나는 실무적 의문에 돌아가기 전에, 이런 형태의 면담연구가 밝혀야 할 몇 가지 이론적 이슈로 가고자 한다. 관찰자료 없이 면담을 진행하는 것은 응답자에 의존한다는 것을 의미한다— 그들이 우리가 바깥세상으로 통하는 창이다; 우리가 주변 상황을 연구할 수 있는 것은 그들을 통해서다. 순수한 면담연구를 따라다니는 인식론적 이슈는(즉, 면담의 어디에서 자료원천이 나오는가) 오랫동안 토론의 주제가 되어왔다. 잘 알려진 인터뷰 조사연구 핸드북에서, 엘리오트 미실러는 그가 말하는 "조사연구 인터뷰의 주류 전통"을 분명하게 밝혔다(미실러, 1993:2). 대체로 당연하게 생각하는 이 접근방법의 관점은— 면담은 정보 교환으로 간주될 수 있으며, 면담자의 질문은 "자극"이라고 볼 수 있고, 피면담자는 단순히 기계적인 "반응"을 보낸다는 것이다(미실러, 1993:10). 이 접근방법은 언어의 중요성을 크게 과소평가한다는 비판을 받는다. 웬디 홀웨이 그리고 토니 제퍼슨(2000:8)이 말하는 바에 따르면: "사용된 언어가 같고, 그들이 똑같은 방법으로 소통을 했다면, 그들이 의미하는 것은 샘플 내의 다수 사람과 동일한 것이다. 이것은 많은 사회과학 리서치에서 기초적인 가정이다."

미실러가 그 핸드북을 쓴 1986년에는 옳았을 것으로 생각되지만, 오늘날 면담을 하는 사회과학자 사이에서 그것이 "기초적 가정"임을 나는 크게 의심한다— 특히 비판적 작업장 연구에서. 우리 시대의 면담연구 가운데 다시 나타나는 "대설화"292)는 오히려 근본적 회의론에 가깝다.

근본적 회의론은 그렇게 근본적인 것이 아닌 관찰에서 출발한다. 왜냐하면, 면담 환경에서 수많은 요소가 피면담자를 움직일 수 있기 때문에 실제로는 느끼지 않은 것을 이야기하게 만든다는 것이다. 면담 하나 하나에 내재하는 힘의 부조화, 무의식적 두려움, 은근하게 표현된 면담자의 기대감이 왜곡의 전형적 원천이다. 매츠 알베슨(2003:19-24)은 면담의 "신실증주의" 접근 비판에서 다른 몇 가지를 제기한다. 문화적 기술에 대한 논담이 관심을 끄는 것은, 어떤 것은 "받아들일 수 있고" 어떤 것은 "받아들일 수 없는가"를 가르기 때문이며, 그것이 공노동과 같은 민감한 이슈를 인식하고 이야기하는 데 영향을 미친다는 것이다. 사람에 따라서는 면담 상황을 "정체성 담론"으로 간주할 수도 있다; 내가 꾀부리기나 기타 조직부정행위를 누구에게 왜 했느냐고 물으면, 응답자는 정확한 대답보다는 합리화 또는 정체성 세우기에 더 애쓴다. 주류 문화의 바탕(말하자면 일 예찬)과 꼭 관계된다고는 할 수 없지만 "도덕에 관한 이야기"가 나올 수도 있고 또는 자기 자랑을 늘어놓는 경우도 있을 것이다—그런가 하면 면담자가 알아차리기 어려운 표정이나 고갯짓으로 나타나는 부분적인 징표가 특별한 면담 상황에서는 "지역" 특색을 구성할 수도 있다(실버맨, 1989 참조).

---

292) 대설화=大說話, grand narrative: Jean-Francois Lyotard의 저술 The Postmodern Condition: A Report on Knowledge(1979)에서, 지식의 제도적 이데올로기적 형태를 비판하는 가운데 사용된 말이다. 이야기체 형식에 담겨진 지식이 설화적 지식이며, 신화나 전설이 여기 속한다. 종교도 이 설화적 지식을 제도화한 것으로 본다. 그가 의미하는 대설화는 '해방 설화'와 같이 구체적 현상에 매이지 않고 내부적으로 연결되어 사회시스템으로 발전하는 것이다. 여기에서는 면담연구와 관련된 이야기의 연속을 빗댄 것이다.

이것이 근본적 회의론의 다음 단계로 인도한다. 면담을 "의미의 공동 구성293)"
으로 이해하는 미실러(1993:52ff) 견해가 처음 나왔을 때, 면담활동과 질적 방법
론에 전반적으로 큰 충격을 주었다. 면담과 면담진행자 관계를 적극적인 "지
식 생산" 참가자라고 이해하는 것은(메이슨, 2002:79참조) 합리화하기 쉽다 – 특히
공노동 연구와의 관계에서는 그렇다. 내가 응답자를 만나면, 우리가 일하면
서 게으름피기한 이야기를 나누게 될 것임은 처음부터 분명한 것이다. 이와
같은 면담 구성이 의미하는 것은, 피면담자가 나에게 이야기한 내용이 자기
들 상사와의 평가회의에서 이야기했을 내용과 다르다는 것은 의심할 여지가
없다. 그러나 "의미의 접합 구성" 관념이 암시하는 것은 더 있다, 말하자면 피
면담자가 면담 이전에 알던 공노동 의미를 폭로하는 것을 넘어, 면담자와 피
면담자는 서로 "언어 행위"294)를 나누거나, 새로운 의미를 구성하게 되며 이
것은 그들의 만남에서 나오는 것이다. 달리 말하면, 이것은 순수한 자아의 느
낌이나 생각의 표현이라고 볼 수가 없다. 회의론자들이 면담자료와 "현실" 사
이의 연계성을 왜 거부하는지 그 이유는 같지 않다. 일부는 위에서 언급한 왜
곡에서 뿌리를 찾고, 일부는 한 걸음 더 나가 언어의 우선성을 강조한다.

실재하는 것과 언어 사이의 연계성이 있다면 무엇이든지 단절하는 경향은 조
직논담분석295)에서 가장 두드러진다(알베슨 및 카레먼, 2011 참조), 그러나 이야기를
의사소통 수단이라고 보는 나와 같은 면담자 사이에서도 강하다. 그 가운데

---

293) 의미의 공동 구성=joint construction of meaning.
294) 언어 행위=speech act: J.L. Austin이 정립한 이론, 예를 들면 '방바닥이 미끄럽다' 라는 말은 조심하라는
　　의미를 내포한다 3-2 저항의 암초 울타리 각주 128) 참조.
295) 조직논담분석=discourse analysis: 사용된 언어(문서화된 것 또는 음성)를 분석하는 다양한 방법을 의미한
　　다. 2-4 객체로서의 자아 각주 89)참조.

홀웨이 및 제퍼슨의 견해를 본다.

지난 몇십 년 사이에 사회이론의 강조점에 대이동이 있었다. 즉, 외부세계는 감각과 정보처리 기법을 통하여 정확하게 파악될 수 있다는 가정에서, 세계를 직접 아는 것은 불가능하다는 가정으로 이동했다. 우리가 아는 모든 것은 언어로 중개된 것이며 언어를 통하여 얻어지는 의미는 세계를 결코 중립적으로 대표하지 않는다. 이러한 이동을 혹은 '세계'에서 '언어'로, 또는 '언어로의 전환' 또는 '해석의 전환' 등과 같이 다양하게 표현한다(홀웨이 및 제퍼슨, 2000:14).

"세계"에서 "언어"로의 이동은 그 동기가 다를 수도 있다. 순진한 해석은 언어를 거치지 않고는 아무것도 인지하거나 경험할 수 없기 때문에 우리는 실재하는 현실에 관하여 "진실 주장"을 해서는 안 된다고 말하는 것이다; 근본적 해석은 언어를 제외하면 사실상 아무것도 없으므로 "모든 것이 문장이다"라고 말하는 것이다. 설화적 접근방법[296]을 채택하는 조직연구에서는, 이야기가 "감 잡기[297]" 또는 "정체성 구성"으로 축소되기 때문에 모두 조직권력구조 재생산 또는 그에 대한 도전에 기여한다(보제이, 1991; 브라운 및 험프리즈, 2003; 가브리엘, 1995). 그러나 "언어는 현상을 비추기보다 현상을 구성한다"라는 생각은(알베슨, 2003:13) 회의론을 넘어 뻗쳐나간다; 그것은 존재론적 주장으로 낯설게 보이지만 "사물 그 자체"(존재하지 않을지도 모르지만)에 관한 지식을 토대로 한다.

---

296) 설화적 접근방법=narrative approach: 교육심리학 용어사전은 전설이나 설화, 놀이, 일화 등을 탐구하는 연구방법이라고 설명한다.

297) 감 잡기=sense making.

더 혼란스러운 것은, 개인의 의미 구성이 초점인 연구에서는 종종 빗나가는 행동을 겨냥한다. 이것은 공노동에 깔린 동기를 다룬 소수의 연구에 특히 해당된다. "중립화 기법"(비비엔 및 톰프스, 2005:675)과 "근무시간 중 자기들의 개인적 용무를 합리화시키려고 (종업원이) 구성하는 의미"(다베이트, 2005:1028)─ 이 두 편의 연구에서 나타난 것은, 이들 관행에 깊은 뜻이 없을 뿐만 아니라(왜 그런 짓을 꾸며야 했는가), 그들이 결론적으로 틀렸다(왜 공노동이 "중립화", 또는 "합리화"되어야 하는가)라고 연구자들이 믿는다는 것이다. 구성주의[298] 접근은 그런 의미에서 초연하다─거기에 실제 있는 것은 무슨 의미인가, 피면담자들이 정말로 생각하는 것은 무엇인가─ 이런 것은 칸트형 인식론과 멀지 않으며, 영원히 숨겨진다. 그러나 우리가 선택하는 "구성"과 "탈구성"은 알기 쉽다, 때로 숙달된 것을 깬다는 분명한 목표가 있기 때문에, 정치적 이론적 동기가 붙은 것이다.

여기에서, 이 연구의 방법론적 이슈와 이론적 이슈가 수렴된다. 우리가 보아온 바와 같이, "저항"의 의미는 그 중점을 자아에 두느냐 또는 대화에 두느냐에 따라 크게 달라진다. 면담을 이론화하면서, 언어 역할이 가장 크게 작용하고 토론되는 철학적 문헌에 학자들은 별로 관심을 두지 않는다. 특히 비판경영학 연구에서는 다음과 같은 의미에서 방법과 이론이 분리된다. 즉, 이론은 초기 프랑크푸르트학파 시각에서 "비판적"이지만, 대표적인 방법은 푸코에서 유래한 대화를 분석하는 형식이다. 이것은, 자아성과 이론에 관한 근본적 가정에 있어서는 이론과 방법이 다를 수 있다는 것을 뜻한다. 그러나 꼭 문제가 되는 것은 아니다. 방법론적으로 볼 때 그것이 내포하는 의미는 실제적 중요

---

298) 구성주의=constructivism : 사람은 경험과 생각의 상호작용을 통하여 스스로 지식과 의미를 구성한다는 지식이론. 피아제의 구성주의 학습이론은 교육학에 큰 영향을 미쳤다.

성보다 해석 쪽에 가깝다. 말하자면, 피면담자는 공노동 역할에서 "산만한" 자아 형식을 단순하게 연출한 것이라고 말할 수 있다. 그러나 투렌이 대표하는 실존주의적 관점에서 보면, 그것도 자아성의 틀에 진입하는 것이라고 말할 수 있다. 공노동과 작업장 저항의 의미를 달리 보면, 면담자와 피면담자가 연대한 산출물이라고 간주될 수 있으며, 빅터 프랭클(1984[1956])의 의미치료법299) 시각에서는 의미의 발견이라고 간주될 수도 있다. 주된 차이점은 자율성이 대화에서 나온다고 보느냐 또는 자아에서 나온다고 보느냐는 것이다(드리퍼스 및 켈리, 2011). 이 둘의 관계를 두고 사람들은 변증법적이라고 말할 수도 있고, 뒤따를 수 있는 것은; 개인은 때로 자신의 입장에서 이야깃거리 틀을 짜고, 때로는 자신이 만들지 않았지만 자유롭게 떠도는 풍문이나 설화의 지배를 받는다는 경험상의 생각일 것이다(알베슨 및 카레먼, 2011). 그러나 놀랍게도 분명한 것은, 학자들이 철저한 회의론, 철저한 사실주의, 또는 그 중간선에 집착하는 것과는 관계없이, 조직 연구에서 이루어지는 대부분의 면담조사는 (내부적)타당성에 신경을 쓴다- 피면담자가 자신의 이야깃거리를 인식하고 있어야 한다고.

더 놀라운 것은, 면담연구 분석의 장에 들어가면, 의미는 면담 과정에서 공동으로 생성되었다고 가정되고 있지만, 피면담자가 인용을 가로막아 파편화된 보고서가 나오는 구조가 되는 것이다. 이것은 연구자와 응답자의 복잡한 상

---

299) 의미치료법=logotherapy(logo는 meaning을 뜻하는 희랍어): 홀로코스트 경험을 한 Victor Frankle은 삶의 의미를 찾는 것이 사람의 가장 강력한 원동력이라고 보았으며(will to meaning), 니체의 will to power, 프로이드의 will to pleasure에 대응하는 것이다. 여기에서 의미가 없는 삶을 살아가는 사람들을 위한 의미치료법이 나왔다.

호작용을 포함하는 넘쳐나는 실험자료를, 의미가 통하지 않는 위험을 무릅쓰고, 보고서에 빠짐없이 담는 것이 불가능하기 때문이라고 주장할 수도 있을 것이다(알베슨, 2002:30;마일즈 및 후버먼, 1994:299). 내가 말하고 싶은 것은, 아무리 자기중심적 면담자라 할지라도 분석과정에서는 피면담자가 실제로 말한 것에 더 관심을 두게 되고 언어행동이 어떻게 상호 "구성되었는가"등은 뒤로 밀린다는 것이다. 면담을 실시하는 의도는 우리들과 다른 경험과 세계관을 가진 사람이 어딘가에 있다는 생각에서 나온다. 방법론적 논담에 들어가면, 지식인의 노동은 과학적, 기술적 또는 그와 유사한 성취로 나타나지 않기 때문에 우리가 "학문적 가학–피학성 변태, 자기굴욕감, 자기학대"에 빠지기 쉬운 반면(마르쿠제, 2008[1964]:178), 면담을 수행하는 행위는 탁상사회학자가 상상하는 것보다 훨씬 더 무엇인가를 알아내려는 지향성을 보인다. 그러나 우리가 정말로 피면담자에게서 배우려고 한다면, 편리한 제 삼자 설명300)에서 우리 자신을 멀리해야 한다. 가장 근본적인 것은, 세넷트(2006) 말과 같이 "사람들을 그들 삶의 유능한 해석자로 진지하게 대하는 것이다."이 연구에서 면담이 진행되는 동안 이 단순한(정밀하지 않다는 의미가 아니다) 인식론을 마음에 두고 있었다.

A4 절차

공노동에서 나오는 왜 그리고 어떻게 의문은 두 갈래 목표 즉, 한편으로는 종업원의 동기를 파악하고 다른 편으로는 조직조건과 개인적 책략을 찾는 것이

---

300) 제삼자설명=third person explanation: 문학에서 말하는 제삼자 화법은, '나–우리' 는 빠지고 '그사람–그들' 입을 통하여 이야기를 전개하는 것으로, 여기에서는 면담자가 제삼자 입장으로 물러서는 것을 경계한 것이다.

다. 처음부터, 나를 가장 사로잡은 것은 그 하나인 동기다. 그러나, 만약 우리가 "왜" 사람들은 이렇게 또는 저렇게 행동하느냐고 직설적으로 묻는다면, 다시 말하면, 연구용 질문을 면담 질문으로 그대로 번역한다면, 돌아올 답변은 우리가 연구를 시작할 때의 추상과 이지적이라는 학문적 틀 속에 머무를 위험이 있다(홀웨이 및 제퍼슨, 2000:35). 동기에 접근하는 좀 더 구체적인 방법은 이야기하는 기법을 통하는 것이다. 그래서 나는 이야기형 면담방식을 채택했으며 곧 독자의 의문점을 풀어줄 것이다.

내가 공노동에 관하여 처음 들은 것은 아내가 나에 들려준 이야기 속에서였다. 아내가 고등학생일 때 대기업에 여름 아르바이트 취업을 했으며 분명한 직무기술서가 없었다. 일단 취업하자, 고문서 창고에서 일하라는 지시를 받았으며 여러 폴더에서 문서를 모으는 것이었다. 그들이 다음 6주 동안 아내를 창문도 없는 차가운 지하실에 격리시키려는[301] 것을 알고 그녀는 순간적으로 실망했다. 고문서 창고는 엉망이었다. 아무리 열심히 일한다 하더라도, 계약 근무기간 안에 분류되지 않은 문서 다발을 처리할 수가 없을 것 같았다. 그것은 얼빠진 일이었으며 당신이라면 원수에게도 그런 일을 시키려하지 않을 것이다. 어느 날 그의 아내는 책 한 권을 백에 넣고 갔다. 그날 그녀는 책읽기 외에 아무 일도 하지 않았다. 오후 감독자가 내려오는 문소리가 나자 잽싸게 일어섰다. 감독자는 아무것도 눈치채지 못했다. 다음 날도 다시 책을 들고 갔다, 그의 아내가 안나 카레니나를 읽은 것은 그 여름이었다.

---

301) 지하실에 '무자비하게 격리' 시킨다는 의미로 표현했지만, 사실은 지하실 작업장에 배치된 것이다.

이야기의 가장 소중한 특색은 그 줄거리와 관계없이, 그것이 서사시이건, 비극 또는 낭만적(가브리엘, 1995 참조) 이야기이건 시작, 중간 그리고 마무리의 기본적 구조를 공유하고 있다는 점이다. 시작에서는, 무엇이 사건을 일으켰나 알게 되고(그녀는 그 일을 좋아하지 않았다); 중간에서는, 사건 자체를 알게 되며(그녀는 근무시간에 책을 읽기 시작했다); 마무리에서는, 사건이 어떻게 끝났는지 알게 된다(그녀는 책을 많이 읽었다). 홀웨이 그리고 제퍼슨이 주장하는 바에 따르면, "이야기가 진실을 알려 줄 투명한 내용을 제공하지 못한다 할지라도, 이야기 구술은 추가설명을 유발하는 방법보다 실제 살아있는 사건에 가깝다(홀웨이 및 제퍼슨, 2000:31). 우리가 "설화(說話)" 형식- 소위 "이야기하는 인간" 또는 "말하는 인간"302)- 에 이미 "기울어져"있다 하더라도(자연적이건 사회적이건)- "여기에서는 관계가 없다(브라운 및 함프리즈, 2003:124). 이야기에 초점을 맞추고 탐구하는 것은 으뜸이고 최고로 실용적이다- 경험과 행동에서 의미를 찾는 방법으로.

이야기형 방법의 중심 논리는 너무 잘 짜여진 "질문-응답 형식의 면담은 응답자 이야깃거리를 억압하는 경향이 있다"는 것이다(홀웨이 및 제퍼슨. 2000:31). 이야기형 접근방법은 응답 속에서 이야깃거리를 식별하고, 면담자가 알게 모르게 짜 맞춘 명료한 틀에서 피면담자를 해방시켜 주는 의미가 있다. 내가 적용을 시도한 특수한 방법은, 개방적 질문으로 시작하고 한 이야깃거리를 마칠 때까지 개입하지 않는 것이다. 언어로 또는 언어 외적 방법으로 피면담자는 자기 이야깃거리를 계속할 용기를 얻는다(투르게먼-골드슈밑트, 2005). 면담의 후반

---

302) 이야기하는 인간=homo narrans, 말하는 인간=homo fabulans: 라틴어 narrans는 영어 narrating을, 라틴어 fabulans는 영어 conversing을 의미하며, 이야기를 만들고 나누는 인간의 특성을 담은 말이다. 이 부분에 나오는 이야기에는 경험이 함축된 것으로 단순한 말과 구분된다.

부에 가면, 면담자는 주제에 집중하면서 벌어진 틈을 채우려고 한다. 이것은 좀 교활하게 들릴 소지가 있다:

> 이야깃거리를 구술하는 조직의 주역이 되면 사람과 사람의 상호작용을 관리하는 기술이 붙으며, 그렇게 되면 이야기 줄거리를 충족요건303), 적합요건304) 등으로 호칭되는 행동의 대분류방식을 이용하여 진행순서에 따라 짜 맞추게 된다. 이것은 이야깃거리 구술을 머리 끄덕임, 자세 변화, 눈썹 올림과 같은 준언어적 그리고 동작학적 단서를 이용하여, 대화의 연장선에서 유지한다(보제이, 1991:110).

이런 기법을 완벽하게 마스터했다고 정직하게 말할 면담자가 거의 없다고 나는 믿는다. 면담자는 단지 촉매자로 존재한다는 생각은 데이비드 실버먼, 알베슨 그리고 그 밖의 사람들이 비판한 면담의 낭만적 관념과 가깝게 느껴진다. 대개의 경우, 처음부터 과묵하게 접근하면 잘 돌아가지 않게 될지도 모른다. 시작하는 질문이 누구에게나 올바른 방향으로 인도하는 것이 아님을 나는 알았다. "당신의 작업환경을 어떻게 생각하고 있는지 말해 주겠습니까?"라고 내가 질문하면, 이야기 중에 공노동 시간을 언급하지 않는 사람이 나온다ー 처음부터 면담 주제 속에 이것이 분명하게 언급된 사실이 있음에도 불구하고.

---

303) 충족요건=qualifiers: 예를 들면, 정신-신체장애인을 위한 교육지원 매뉴얼이 있을 때 그 매뉴얼을 '충족시키는 행동요건'이라는 의미로 사용된다.

304) 적합요건=marker: 예를 들면, 모범적 작업수행 기준이 있을 때 그 기준에 '적합한 행동요건'이라는 의미로 사용된다.

말수가 적은 사람이나 수다스런 사람 모두에 좋은 전략은 질문을 구체화시키는 것이다. 정교하지는 않지만 효과적인 질문을 나는 사용했다: "그것에 관한 이야기를 둘려주겠습니까?" 이것은 아주 단순한 요령으로 아빙 사이드먼의 질적 연구로서의 면담에서 배운 것이다. 때로는 이것이 특정 사건의 기억력을 되살려 실제로 일어난 것을 상세하게 재구성하는 결과를 만든다. 그러나, 모든 형태의 기술적 면담에 대한 권고와 마찬가지로 이것이 누구에게나 통하는 것은 아니다. 사이드먼 자신이 언급한 바와 같이: "이야기를 하라는 직접 요구를 받고 누구나 편안한 것은 아니다. 그런 요청이 자극하여 자기들은 구변이 없다고 생각하거나 또는 구변 좋은 사람은 따로 있다는 생각에 잠길지도 모른다."(사이드먼, 2006:87). 내가 첫 번째 질문을 보완하여(응답자가 토픽을 자연스럽게 커버하는가 아닌가에 따라) 때때로 사용한 다섯 질문은 다음과 같다:

- 일할 시간에 일을 하지 않은 마지막 경우에 관하여 말해줄 수 있습니까?
- 근무시간에 일을 별로 하지 않은 경우에 관하여 말해줄 수 있습니까?
- 일을 하지 않는 동안 수행한 것이 어떤 것인지 말해줄 수 있습니까?
- 배정된 일을 적게 해도 된다는 것을 언제 처음 알았는지 말해줄 수 있습니까?
- 들킬 뻔했던 경우에 관하여 말해줄 수 있습니까?

처음 세 질문은 응답자의 의미-구성을 존중하면서 공노동에 관한 이야기를 불러일으키기 위한 것이었다− 사람들이 자기들 이야기 틀을 잡는(처음에) 다양성이 매우 크기 때문에 나는 동기문제를 개방한 채 맡겨 두려는 의도였다. 나는 어느 정도 성공했다고 믿는다(면담자 영향을 모두 떨치기는 불가능하다 하더라도). 넷째와 다섯 번째 질문은 면담의 다음 단계에서 특히 중요하다(이것은, 응답자에 따라 첫 번째보다 상당히 더 길어질 수도 있다). 이 두 번째 부분에서는 이야기를 시작할 때 들어난 틈새를 채우려고 생각했으며 "어떻게" 질문에 들어가려고 했다- 그들은 공노동을 어떻게 하는가? 여기에서, 면담은 준구조적 길로 들어선다(크베일, 1997 참조)- 이 때 초점은 어떻게 그리고 왜 피면담자는 그렇게 많은 공노동을 했는가, 그들의 전문성, 직업(그 목적과 조직), 그들이 일한 회사에 대하여 어떻게 생각하고 있었는가, 그리고 회사는 어떻게 관리되고 있었는가에 맞추어졌다. 이들 "평범한 의심"에 관하여 질문하면서, 내가 세우려고 마음먹었던 동기를 찾았다는 점은 이야기 할만하다. 한편, 응답자의 답변에서 분명해진 것은, 그들의 이야기에서 나온 다양성은 그들의 설명이 질문에서 유도된 것이 아님을 (전적으로) 암시한다.

솔직하고, 정중하며 신뢰할 수 있는 면담환경을 만드는 것은 공노동이 대중에 어떤 의미를 주는가라는 큰 비밀에 접근하기 위하여 긴요한 것이다. 이것이 성공했는가는 의문으로 남으며, 최상의 판단 적임자는 피면담자 자신들이다. 대부분의 면담은 40에서 180분 사이에서 진행되었으며, 분명히 밝힐 것이 남아있으면 전화로 면담자를 찾는 경우도 있었다. 실험관련 장에서 밝혀진 바와 같이, 면담을 진행하는 동안 나의 주안점이 다소 이동했다, 그리고 어떻게-질문이 동기 관련 질문보다 더 중요하게 되었다.

A5 분석

면담에서 형성된 이야기구성과 이론적 사전연구에 기초하여, 나는 일련의

"제2단계-구성"을 세웠다, 누군가 짐작했겠지만, 이것은 나 자신의 해석이며 추상이다. 이 단계에서 중요한 작업은, 자료 사이의 분명한 연결을 유지하는 것, 출발의 이론적 맥점, 그리고 분석적 개념이다(아스퍼스, 2006:28 참조). 공노동의 여러 국면을 학사학위논문에 올린 세 학생이 자료 분류 과정에 합류했다. 면담연구에서도 재등장하고 조직부정행위 및 시간훔치기 등 기타 저항연구에서도 재등장하는 다섯 국면에 따라 동기의 네 가지 단어를 재구성했다(제6장 참조). 나는 공노동을 일으킨 잠재적 생산량과 일 책임감의 교차점에 관하여 조직환경의 차이를 구분했으며 이것은 똑같이 중요한 것이다(제4장 참조).

이들 두 유형은 기록을 작은 조각으로 토막내지 않고 전체를 마음속에 담음으로서 구성된 것이다. 이것은 이야기형 면담기법이 채택하는 전략으로서 다른 접근방법과 차이나는 점이다. 이야기형 학자들은 "전통적" 분석을 더 비판한다- 자료를 부호화하는 전통적 분석과정이 연구자로 하여금 전기(傳記)적 전후관계를 무시하게 만들어 면담과 동떨어진 인용이 나오게 된다. 내가 한 것처럼 ATLAS/ti와 같은 소프트웨어를 사용할 경우 특히 위험한 것이다- 여기에서 연구자는 모든 면담 결과를 단일 자료 파일에 부호화시킬 수 있고, 부호 사이에 연결고리를 만들고, 그것을 통합하거나 재분류할 수 있지만, 끝내 어느 사람이 무엇을 어떤 전후관계에서 말했는가를 까맣게 잊는다. 그 결과는 "지역사회, 사회기관, 가족, 또는 개인이 처한 실제 세계를 직접 대표하지 않는 인위적 집합"에 머무를 수도 있다(미실러, 1993:26). 우리가 정리되지 않은 대 자료에 직면했을 때 모두 말려드는 이와 같은 경향에 대응하는 방법은, 응답자의 답변 전체를 "어떻게" 그리고 "왜" 의문과의 관계에서 분류하는 것이다(홀웨이 및 제퍼슨, 2000,68). 예를 들면, 대부분의 피면담자가 일을 하는 과정에서 관리자에 대하여 비판적이었지만, 소수만 상급자에 대한 반발로 실제 시간훔치기에 들어갔다. 앞에서 언급한 내 아내 이야기로 돌아가면, 신경쓰이는 상사가 동기요인이 되어, 분류기호 "나쁜 상사"에 관한 말이 나왔겠지만, 그녀가 문서정리 대신 책을 읽은 주된 이유는 단조롭고 무의미한 일을 견뎌내지 못했기 때문이다.[305] 비슷하게, 그녀는 지시받은 대로 끊임없이 일하기보다 책을 읽은 것이 더 행복했다고 말했을 것이다. 그러나 그녀의 시간훔치기 방법은 제4장에서 정의된 "따라하기"와는 방향이 다르다. 그녀는 감정적 우울함을 이겨내고 앞으로 일을 잘 하기 위하여 그렇게 한 것은 아니다. 일을 잘 하겠다는 생각은 전연 없었다. 자료 일부가 떨어져 나가는 위험을 안고 면담 내용을 자동분류기호에 맞추어 분해시키는 대신, 나는 각 면담의 합리성을 집약하는 전체적 "분류기호" 또는 "주제"를 벗어나지 않았다. 이러한 광의의 분류는 제4장과 7장에 제시된 유형에서 요약되었다.

동기와 관련하여 면담을 분석할 때 내가 사용한 중요한 개념은 동기에 관한 용어이었다. C. 라이트 밀즈(1940)는 그의 글 중에서, 프로이드 세대의 심리학에서 생각했던 것보다 동기가 얼마나 더 외부화되었는지 강조한다. "사회학 용어[306]"를 사용한 밀즈(1951:217)의 이 논문은 밀즈의 실용주의 사례이며, 응답자의 "잠재의식" 또는 "내부의 자신"이라는 주장을 피하면서 동기를 연구할 수 있는 사례. 밀즈는 "언어적 전환[307]" 이전에 이미, "동기"가 기본적으로

---

305) 저자의 아내는 아르바이트 일을 찾는 1차 목표달성에 성공했으나, '창문도 없는 차가운 지하실' 환경을 확인하고 '실망했다'. 그녀가 견뎌내지 못한 것은, '단조롭고 무의미한 일'이 아니라 혼자 일하는 차가운 지하실 환경이라고 할 수 있다.

306) 사회학용어=socspeak: soc + speak, sociologese와 유사어, 사회학자들이 사용하는 은어, 여기에서는 motivation에 사회학 고유의 의미를 암시하고 있다.

언어현상이라는 개념을 발전시켰다. 이 이론은 더 유연한 "동기" 관념을 제공한다는 의미에서 오늘날의 사회적 구성주의308) 접근방법보다 더 균형이 잡혀 있으며, 언어에 완전한 우선권을 쉽게 넘겨주지 않는다ㅡ 이것은 정통파 정신분석이 "욕구", "실제 동기", 그리고 "합리화" 가설을 전제로 "체계적 동기 양산하기"와는 다른 것이다(밀즈, 1940:911).

어떤 사람이 한 동기를 가지고 행동하기 시작한다. 그 도중에 그는 부수적 동기를 채택할 수 있다. 이것은 두 번째의 보완적 동기가 효력이 없다는 뜻이 아니다. 말로 표현된 행동의 예상, 그 '이유'는 그 행동을 조정하는 조건일 뿐만 아니라 가까이에 있는 통제하는 조건이다. 이 때, "원인"이라는 용어는 부적절한 것이 아니다. 그 말은 행위자의 행동을 강화시킬 수도 있다. 그것은 자기 행동에 대한 새로운 협력자를 얻을 수도 있다....어떤 행위자가 동기를 말로 표현하거나 둘러대면 그가 경험한 사회행동을 설명하려는 것이 아니다. 그는 단순히 "이유"를 설명하는 것이 아니다. 그는 다른 사람에 영향을 미치고 있는 것이다ㅡ거기에는 자기 자신도 포함된다. 그는 때로 새로운 "이유"를 찾고 그것이 행동을 조정하게 될 것이다(밀즈, 1940:907).

동기에 관한 이와 같은 관점에서 보면, 내가 피면담자의 깊은 속내를 "정말로" 식별했는가라는 의문은 과민한 것이 된다: "개인의 말 뒤를 캐고 우리의

---

307) 언어적 전환= linguistic turn: 철학을 언어와 연계시키는 서구철학의 변화를 의미하며 그 요점은, 언어가 사실을 구성한다는 것이며 이것은 직관을 중시하는 서구철학의 전통을 벗어나는 것이다.

308) 사회적 구성주의=social constructivism: 인간의 발전은 사회적으로 이루어지며 지식은 타인과의 상호작용을 통하여 구성된다는 사회학이론으로, 구성주의 철학이론을 전용한 것이다.

동기-행적을직접 체크하는 방법은 없으며"(밀즈, 1940:910) 그럴 필요도 없다. 동기용어는 항상 사람 사이의 합의 형식에 따라 결정된다- "따라서 사람들이 수용할 것이라는 이유를 찾지 못하면 행위가 포기되는 경우도 있다"(밀즈, 1940:907). 그렇다고 언어를 넘어 아무것도 없다는 말을 하려는 것이 아니다. 동기를 연구하면서 우리의 관심을 끄는 것은 그 사람이 이 순간 혹은 얼마 전에 어느 동기를 품고 있었느냐가 아니라, 응답자 사이에 재등장하는 동기 용어들이다. 도린 콘도(1990) 견해에 따르면, 종업원은 단일 시점에서 상이한 의식수준으로 동의하거나, 따라하거나, 그리고 저항할 수 있다(콜린스 및 아크로이드, 2005:321)- 만약 우리가 정말로 개인차원에서 분석하려면, 인간심리에서 모든 동기의 갈등을 다루지 않으면 안 된다, 그렇게 되면, 한 연구에서 면담 하나면 족할 것이다. 나아가, 모든 면담연구에서와 마찬가지로, 피면담자가 진실을 말하는지 또는 정보를 숨기지 않는지 보장할 길이 없다. "말로 표현된 동기는 개인에 내재하는 어떤 것의 지표로 사용되지 않고, 일어난 행위의 전형적인 동기용어를 추론하는 기초로 사용된다"고 밀즈는 말한다(밀즈, 1940:909). 그와 같은 용어는 제6장에 제시되었으며, 거기에서도 동기문제를 자세히 검토했다. 덧붙인다면, 이들 용어를 "개인 차원의 그 무엇"과 관계시키지 않고 단지 의미구성으로 해석하겠다면 물론 그렇게 할 수 있다: 자료에 기초하여 "그들 자신"의 사실적 의미를 구성하는 사람도 있을 것이다.

공노동 현상(그 다양성을 포함하여)은 모든 면담에서 한결같지만, 그것이 일어나는 환경은 진짜 미스터리를 구성한다. 제6장에서 말한 것처럼, 그것이 무엇보다 동기 용어 해석을 애매하게 만든다. 근로조건, 종업원이 사용하는 계략, 공노동과 관계되는 경영전략을 포함하는 조직관계는 개인별 사례에서 상세하게 나타나지 않는다. 그 주된 이유는, 개인의 시간훔치기가 어떻게 이루어졌는가를 정확하게 설명하려면 특정 노동과정에 대한 상세한 설명이 필요하지만 이것은 이 연구와 무관할 뿐만 아니라 공간도 없기 때문이다. 내가 시도한 것은, 피면담자 사이에서 반복적으로 나타난 계략과 조직조건을 중심으로 일반적 패턴을 분석하는 것이었다; 그리고 다시 폭넓은 설명을 도모한 것이다—개인적 사정을 더 상세하게 밝히면서 큰 그림을 놓치는 두터운 형태를 피했다.

내가 사용한 모든 자료는, 같은 형태의 직업이나 유사한 분야에서 일하는 다른 사람들과 함께 논의되고 크로스체크되었다. 일을 기피하는 종업원의 보다 일반적인 패턴을 연구할 때는, 특히 공노동 현상에 집중하는 스웨덴의 maska.nu 그리고 새로운 덴마크 웹사이트의 dettommearbejde.dk에 익명으로 올라오는 상세한 유형을 검토했다. 나는 또 핀란드 신문(Sunnuntaisuomalainen)이 후원하고 연구조사 전문 회사(Taloustutkimus Oy)가 주관한 공노동 서베이연구를 이용했다. 이 서베이 결과 전체는 발표되지 않았으나 나에게 개인적으로 보내주어 고맙게 생각한다. 이것은 지금까지의 어떤 것보다 철저한 서베이로, 특히 공노동의 상이한 표현을 조사하기 위한 복합 변수(예를 들면 신문 읽는데, 개인적 인터넷 사용에, 복도 잡담에 얼마나 시간을 보냈나)를 사용했다. 이 서베이는 2010년 11월에 실시되었으며, 인터넷 패널을 통하여 핀란드 성인인구를 대상으로 전국을 대표하는 샘플(응답자 1077)로 이루어졌다. 이 자료는 핀란드에서 나왔고 내 연구는 스웨덴에서 이루어졌기 때문에, 그 통계는 참고용으로 사용되었으며 삼각관계로 보지 않았다.

---

[1] 웹사이트 atworkandbored.com(2012.5.27검색)에는, 컴퓨터 스크린 창을 전환

시켜 일을 속이는 것이 얼마나 용이한가라는 아이러니가 소위 패닉버튼이라는 이름으로 게시되었다. 사이버 상으로 게으름을 피울 때, "상급자"가 지나가면 언제나 사용할 수 있는 패닉버튼을 준비하라고 방문자에 권고했다. 그것을 클릭하면, 화면은 "판매 예측" 차트로 채워진다– 아마도 이상적인 "일" 시뮬레이션일 것이다.

       나는 인사노무관리 실무를 체험하고 그 이론을 가르치며 정년을 통과했지만 만족스러운 답을 찾지 못하고 아쉬워하던 중, 이 책을 번역하면서 실마리를 찾았다. 하나는 〈일〉의 의미를 정리하는 것이며 다른 하나는 노사관계의 본질을 이해하는 것이다.

가. 〈일〉과 노동과정

〈일〉은 사람이 살아가는 길이며 행복의 원천이라고 생각하는 〈일문화〉 속에서 나는 살았다. 그러나 일은 착취수단이며 일하는 사람은 기계 톱니바퀴에 지나지 않으므로 자본을 전복시키고 노동자가 주인이 되는 세상을 만들자는 마르크스 주장에 공감하는 저자는, 애써 일하지 말고 시간을 훔쳐 자유를 즐기라는 메시지를 보낸다.

음악채널 클래시카를 즐기는 나는, 연주에 골몰하는 관현악단원의 진지한 표정을 보면서, 저들도 자신의 악기 연주가 톱니바퀴에 지나지 않으며 착취당한다는 말에 동의할지 의심한다. 나의 현장실무 체험에서 보더라도 저자 주장에 선뜻 따라갈 수 없는 이유를 찾고 싶다.

원래 사람은 자연에서 일을 만들어 살았으며, 자연에서 나오는 일은 그 소출로 직접 보상되기 때문에 일한 사람이 주인이 된다. 그러나 산업사회에서는 기업이 만드는 일을 하며 산다. [자연+일+사람] 관계가 [기업+일+사람] 관계로 진화된 것이다. 그 의미가 무엇인가?

첫째, 일의 원산지 변화를 알 수 있다. 일의 원산지가 자연에서 기업으로 이동한 것이다. 둘째, 자연의 일은 그 소출로 일한 사람에 보상되지만 기업의 일은 임금으로 보상된다는 점이다. 자연에서 나오는 소출과 기업이 지급하는 임금이 동격임을 말하며 마르크시스트의 〈노동해방〉 선동이 허구였음을 밝혀 주는 것이다.

여기에서 일의 원형과 노동과정이 분리되는 세 번 째 의미에 접근한다. '얼굴에 땀을 흘려야 양식을 먹을 수 있으리라(창세기 3-19)'는 말씀이 있다. 자연은 양식[일의 원형=일감]을 품고 있지만 사람이 땀 흘려 찾아야 [노동과정] 얻을 수 있음을 말한다.

기업이 공급하는 일은 임금으로 보상되며, 임금은 시간 [노동과정]을 매개로 계산된다. 일의 원형과 노동과정이 분리되는 구조에서 나오는 결과다(임금= 일의 원형 + 노동과정). 일할 시간을 훔치면 임금은 나와도 일은 그대로 남는 사실에서 일의 원형과 노동과정이 분리되는 구조가 확인된다.

이렇게 볼 때, 공노동은 노동과정에서 파생하는 변수이며 일의 원형은 아니다. 일이 무의미하다는 저자 푸념도 노동과정에 초점이 맞추어진 것이며, 저자가 인용하는 프랑크푸르트 마르크시스트의 신랄한 일 저주도 노동과정에 바탕을 둔 것이다.

나. 일의 의미

저자는 샐러리맨이 하는 일이 무의미하다는 전제 아래 공노동 정체성을 세운다. 위장된 복종과 가짜 충성이 노동과정의 일부가 되어 일이 점차 "위장하는 것"으로 격하되고 있다는 현장고발 기록을 인용하며 일이 무의미함을 강조한다.

그러나 일이 그 원형과 노동과정으로 분리되는 구조를 이해하면, 저자의 공노동좌표가 흔들린다. 저자가 일의 무의미성을 강조하는 요인은 노동과정이나 작업장 환경에서 나오는 것이며 일의 원형과 분리된 것이다. 일의 원형은 변하지 않고 항상 그 자리에 대기하고 있다.

우리나라의 경우 15세 이상 경제활동인구의 61% 이상이 기업체에서 일하는 샐러리맨이며 그들의 생활수준은 역사적으로 향상되어 왔다. 이것은 좌파의 저주 대상이 노동과정이며 일의 원형이 아니라는 것을 반증한다.

일은 사람이 살아가는 길이며 희망이다.

다. 노사관계

저자는 노동조합의 파업투쟁이 무력하게 된 21세기 환경에서 개인차원의 저항—공노동이 노동운동의 방향이라고 암시한다. 이것은 노동운동의 역사적 진화를 상징하는 것이다.

1920년대 형성된 독일의 프랑크푸르트학파 소속 마르크시스트들은 계급혁명론의 한계를 인정하고 자본주의 문화 공격으로 방향을 돌려 투쟁 전술을 진화시켰다. 이들이 쏟아낸 일의 냉소적 비판논리 노예노동 – 기계부속품 – 강제수용소 그리고 노동해방은 20세기 노동운동의 지표가 되어 위세를 떨쳤다. 저자가 주장하는 공노동은 노동운동의 3세대 진화를 의미한다. 세계 노동자를 향하여 단결하라고 선동하는 마르크스의 계급혁명을 노동운동의 원조라고 한다면, 노조의 파업투쟁은 2세대 진화를 의미하고, 개인 단위의 공노동저항은 3세대 진화에 해당된다.

그러나 공노동은 기업의 일 공급기능을 소외시키고 샐러리맨의 자아 위에 외롭게 세워진 것이므로, 기업기능을 인정하면 4세대 노동운동이 나와야 옳다. 일을 중심으로 기업과 샐러리맨 관계를 재구성하면, 일의 원형=일감을 가운데 두고 양자가 만나 그 완성을 통하여 서로 필요한 것을 얻는 관계가 된다. 대중교통기관과 승객 사이를 닮은 것이다. 이것은 전통적 노동운동이 설정한 계급적이며 적대적 대립관계를 졸업하는 것이다.

쉽게 말하면, 근대 노동운동은 마르크스의 계급혁명론이 진화하며 그 한계를 극복하는 과정이었다고 할 수 있다. 노동문제를 관리시스템에 흡수하여 안정시키려는 노력이 미국에서 노사관계이론으로 결실했으나 적대적 대립관계를 바탕에 깔고 있기 때문에 21세기 황경에서 퇴색하고 있다.

노사관계 본질은 적대적 대립관계가 아니며, 일을 만든 기업과 일이 필요한 사람이 일을 가운데 두고 만나 서로의 목표를 찾아 동행하는 관계라고 할 수 있다. 차세대 노동운동 방향은 파트너십이다.

2017. 12. 10.

역자 김영환